昭和二十年

第4巻　鈴木内閣の成立

鳥居 民

草思社文庫

昭和二十年　第4巻　鈴木内閣の成立　目次

第15章　徳川慶喜の影（四月五日）

第16章　組閣人事(一)（四月六日）

第15章

徳川慶喜の影（四月五日）

「慶喜恭順」と鏑木清方

四月五日の午前十時、雨は夜明け前にあがったが、薄曇りである。昨日と同様、今日も寒い。

総理官邸の客間に内閣顧問が集まってきている。内閣顧問会は毎週木曜日に開かれる。メンバーは十三人である。政府や軍の責任者から戦況や国際情勢の説明を聞き、顧問たちが質問し、提案をする。

元外相の有田八郎の顔が見える。ほんとうならかれは、この内閣の外務大臣のはずであった。昨十九年七月、総理となった小磯国昭は組閣にあたって、有田を外相にしようとした。ところが、内大臣の木戸幸一が重光葵《まもる》の留任を強く求め、有田の起用に反対したのだった。

有田は重光外相が重慶政府との和平の問題をめぐって首相と激しく争ったという事実を知らない。そして、それが原因で首相が総辞職せざるをえなくなったことをまだ知っていない。

豊田貞次郎の顔も見える。かれも元外相である。外相だった当時、かれが口にした言葉をいまになってはっきりと思いだす新聞記者もいるだろう。対米開戦となる三カ月前のことだった。外務省詰めの新聞記者たちの強硬論に取り囲まれ、大佐時代には阿武隈、山城の艦長だったこともある豊田は激昂し、蒼白となり、「そんなことを言って、君らはアメリカと戦えると思うのか[1]」と言いはなち、記者たちを睨みつけたのだった。

豊田は現在は日本製鉄の社長であり、鉄鋼統制会の会長であることは前に触れた。前軍需大臣の藤原銀次《ぎんじ》郎《ろう》、読売新聞社長の正力松太郎、慶応大学塾長の小泉信三の顔も見える。

広い部屋のなかは冷えきっている。もちろん、火の気はない。栄養不足から人びとは痩せてしまっているが、だれもが着ぶくれている。しかも外套を着たままだ。廊下でだれかと話をしていた内閣顧問のひとりが部屋に入ってきて、いちばん近くにいた者に顔をよせた。内閣が総辞職したらしいという話が口から耳へと伝えられていたとき、内閣書記官長が姿を現した。

書記官長の石渡《いしわた》荘太郎は頭をさげ、いましがた臨時閣議が開かれ、内閣総辞職がきまった、まもなく首相が参内して辞表を捧呈するので、本日の会合はやめざるをえなくなりましたと喋った。

義済会会長の鮎川義介、住友本社総理事の古田俊之助をはじめ、内閣顧問のだれの表情も暗い。内閣総辞職となれば、内閣顧問も辞任する。顧問たちは互いに別れを告げ、客間をでた。

小泉信三は三田の大学へ歩いて帰る。自動車はずっと以前から使うことができない。

かれは首相官邸の門前のだらだら坂を赤坂溜池に向かった。歩くのは慣れている。この一月の末、誕生日の妻に花を贈ろうとして、三田綱町の家と六本木の花屋のあいだを往復したことは、前に述べた。

人影のない霊南坂をのぼる。咲いている桜を見上げて、かれの足はとまった。曇り空のなかで花の白さは輝くばかりである。かれは徳川慶喜《よしのぶ》が詠んだ歌を思いだし、慶喜の端坐している姿が目に浮かんだ。以前に見た絵の記憶である。

信三はその絵を展覧会で見た。上野を訪れたその日のことを、かれははっきりと覚えている。寒い日だった。美術館内の人影はまばらだった。帝国美術院の展覧会は秋に開かれるのがきまりだったが、その年は二月末に開かれた。開幕日は二月二十六日だった。その日には行けなかった。東京に駐屯する師団の一部の部隊が蜂起して、政府高官を殺害し、首都の中心部を占拠したのがその日だった。昭和十一年のことだった。信三が上野へ行ったのは三月はじめであり、そのときには反乱は終わっていたが、反乱の日に降った雪は残り、上野の山は白一色だった。

信三はひとつの作品の前で足をとめた。それが徳川慶喜の肖像画だった。慶喜公は黒木綿の羽織に小倉の袴をつけ、床柱を背にし、わずかに下を向き、一点を見つめていた。整った顔立ちだった。

「日本人のなかでもっとも貴族的な容貌を備えたひとり」とアーネスト・サトウが慶喜

の印象を記している。大坂城で将軍慶喜が英国公使パークスを引見したとき、通訳をしたサトウは将軍を間近で見る機会があった。そしてパークス自身はフランス公使に宛てた私信に、「大坂城もすばらしいが、慶喜の資質のすばらしさにはとても及びはしない」と書き送った。

それから一年あとの慶喜がその絵の姿だった。鼻の下から顎と頬にかけて、うっすらと髭がのび、三十歳になったばかりのはずの慶喜は十歳ほど年老いて見えた。

そして、ある緊張感が見ている者に伝わった。横一メートル、縦二メートルほどの縦物の画面のほぼ中央に慶喜の顔がある。顔から上の部分の背景は二つにわかれ、一方が明《あかり》障子、もう一方が白地に群青色の立葵《たちあおい》の張り壁である。画面の上半分が二つにわかれているその構図が見る者にかすかな圧迫感を与え、それが慶喜の抱く感情であるかのように伝わってくるのだった。

小泉信三はその絵を思い浮かべたのである。

「慶喜恭順」の絵を描いたのは鏑木清方《かぶらききよかた》である。かれとその絵について述べておこう。

現在、鏑木夫婦は神奈川県の茅ヶ崎町に疎開している。茅ヶ崎のいくつも砂丘が連なる海岸は別荘地帯となっている。明治二十年代に清浦奎吾《けいご》や市川団十郎がその砂丘に別荘をつくったのが最初である。関東大震災のあと、別荘所有者は大きく変わった。昭和に入ってから、ドイツ人の別荘が何軒もでき、ドイツ村と呼ばれるようになった一画もある。もっとも、そこに住んでいたドイツ人は軽井沢に移ってしまっている。

鏑木は別荘を持っていたが、それは横浜郊外の金沢にあった。広重の絵本で見た金沢に少年時代からのあこがれがあった。別荘を手に入れたのは、六代目の尾上梅幸や博文館の大橋新太郎の別荘があった大震災以前のことである。昭和になって、すぐ近くの追浜《おっぱま》に海軍航空隊の基地ができ、エンジン・テストのすさまじい音が終日うなりを上げ、かれの部屋の窓ガラスがびりびりとふるえるようになって、その別荘を手放してしまった。

茅ヶ崎に貸してくれる別荘があるという話を長女の清子がもってきたのは、だれもがまだ空襲を恐れていない昭和十八年末のことだった。東京から遠くないし、その家の庭が広いことが気に入った。近くには鏑木夫婦がかつて親しくしていた友人の住んでいることが、清方と妻、照の決意を固めさせた。以前に親しくしていた友人とは、明治三十年代に木挽町《こびき》に住んでいた時期、隣に住み、仲好くしていた刀剣商の小倉陽吉、そしてその縁者の古河鉱山に勤める山田復之助である。

昨十九年の四月、清方と照は茅ヶ崎町に疎開した。次女の泰子とその夫、四つになる男の子も一緒だった。それより前、長女の清子の一家も茅ヶ崎に疎開していた。柳田国男の別荘を借りることができたのである。

清方が住むようになった家はどの部屋も暗かった。山田復之助の家の二階を借り、絵を描くときにはそこに通うようにした。それでは不便だろうということで、山田が自分の家の大部分を提供してくれることになった。この一月に鏑木一家は山田の家へ引っ越した。

こうして清方が茅ヶ崎に住むようになって一年がたつ。このあいだに茅ヶ崎海岸の別荘地帯は疎開者でいっぱいとなった。三万人だった人口は三万五千人を超すようになっている。柴垣、そして松の木立に囲まれた家から、ときに人の声が聞こえてくる。いまはどの別荘も、東京からの疎開者であふれている。

以前には人影がなかった寺の本堂からは子供たちの叫び声が響いてくる。集団疎開の学童たちである。子供たちはいくつもの寺に分宿し、松林と鶴嶺の二つの国民学校に通っている。横須賀の追浜国民学校の学童だと聞いて、なんだ、以前に金沢にいたことのある私たちがここに来ているのと同じではないかと清方と妻が話し合ったこともあったにちがいない。だが、最近になって、かれは子供たちをこんなところに疎開させて大丈夫なのだろうかと思うこともあるのであろう。

疎開者たちは配給物資が東京と比べて少ないと不平をこぼし、闇値が高いと不満を語り、もうひとつ、茅ヶ崎ははたして安全なのだろうかという心配を口にしている。

敵軍は硫黄島を占領してしまい、つづいて沖縄に足をかけた。毎日の新聞には、「本土を窺う」「本土侵襲愈々急」「目標、日本の心臓」といった活字が並ぶようになった。やがて敵軍は相模湾に上陸することになるのではないか。こんな不安を人びとは抱くようになっている。相模湾の海岸の真ん中にある相模川の西岸にある平塚市に上陸するか、東側の茅ヶ崎町に上陸するか、そのどちらかになるのであろう。そのどちらであれ、敵は上陸作戦に先立ち、河口の両岸にある二つの町を焼き払ってしまうにちがいない。はたしてそれはいつのことになるのだろうか。

じつは鏑木清方は疎開したばかりの絵を再疎開しようと考えている。

昨十九年の十一月二十四日からB29による本格的爆撃がはじまった。清方は手許に置いてある絵を安全なところへ移すことにした。土沢《つちさわ》村の土屋に住む原元助に頼んだ。原の家は大磯丘陵のはずれにある。馬入《ばにゅう》川を渡り、平塚に入り、海軍火薬廠の長いコンクリート塀の前を通り、金目《かなめ》村を抜け、金目川右岸の山間《やまあい》にある。昨年九月にはじめてそこに招かれたとき、清方はその昔訪ねたことのある京都洛北を思いだした。比叡山西麓の高野川沿いの八瀬《やせ》、大原の山間の集落が浮かんだのである。

十二月三日、自動車を頼み、十幅《ぷく》の絵を土沢村に運んだ。娘の清子と夫の山田肇が一緒だった。原の家に着いたときは昼近くだった。弁当を持参していたが、昼食を御馳走になった。清方は日記に献立を記した。「白米と赤飯の大きなお結びとお煮染の重箱、大根と葱の酢味噌あえ、かき玉のおわん……」

食事が終わった午後一時すぎ、半鐘が鳴りだした。警戒警報だった。この山間の部落はなんの心配もないはずだった。求めに応じ、清方が自分の絵を床の間にかけようとしたとき、空襲警報を告げる一点と四点打の半鐘が鳴りはじめ、遠くで高射砲弾の炸裂音がした。敵機が見えるとの声がして、清方らは庭へでた。青空のなかに飛行機が凍りついているかのように見えた。はじめて見るB29の編隊だった。動いていないようであったが、たしかに動いていた。青空に張りついたような編隊は、大山、富士山の方角へそろそろと進んでいた。

座敷に戻った人たちは、二幅の掛物の前に坐った。「慶喜恭順」と「三遊亭円朝像」の絵である。

清方は原家の人びとに向かって、三遊亭円朝は私の父の親友であり、私の家では、皆がお師匠さんと呼んでいたのだと語った。そして、師匠は子供だった私が描く絵を褒めてくれ、絵の勉強をするようにと勧めてくれたのだと話した。清方はつづけて、私は円朝師匠とともに草鞋《わらじ》ばきで栃木県の佐野、富田まで旅行したことがあると語った。

円朝は新しい噺《はなし》をつくるための取材旅行にかれを連れていってくれ、清方にとってはその旅行は写生旅行となった。

清方がいまでもはっきり覚えているのは、藤原秀郷《ひでさと》を祀った神社のある唐沢山《からさわ》にのぼった記憶である。その山で採れた松茸を蒸したのが松葉を厚く敷いた大皿に盛られてだされた。明治二十八年の秋のことで、円朝は五十七歳、かれは十七歳だった。

清方は洗練された文章を書くが、名人円朝についてつぎのように綴ったことがある。

「ある時代の円朝の人気は今の芸人の夢にも思い及ばぬことで、円朝の出る寄席の八町四方は何処の席でも霜枯れのありさまだったという。薬師の宮松、銀座の金沢、本郷の若竹、下谷の鈴本といった一流の席ばかりでいつも割れかえるような入。……高座に上ると（着物は覚えぬが、羽織はいつも三つ扇の紋付の黒だった、勿論着流しで）、中央に座を構えて一わたり、見物を見廻して御辞儀をすると急霰のような拍手が起る、徐ろに身を起して御湯を呑む、懐中から手拭、紙の大きな束を取り出して右へ置く、この湯を呑むのに両手で少し捧げ加減にして肘はピッタリ横腹へつけている、大きな湯呑みの上から眼だけが光って見える……」(2)

高座の円朝が口を開く瞬間を清方がこのように記したのは、大正十五年のことだった。そしてその瞬間を絵筆でとらえたのは、昭和五年になってからである。

清方が徳川慶喜を描こうと思ったのは、昭和十年のことだった。その年の三月、上野の寛永寺で催された展覧会にでかけ、徳川慶喜が謹慎していたといわれる部屋を見た。古びた十畳の間だった。突然思い浮かんだのが、あとにもさきにも一回見ただけの慶喜の姿だった。

明治三十二年のことだった。そのとき清方は二十一歳だった。神田猿楽町にある能舞台で宝生《ほうしょう》九郎の「安宅」を見た。すぐ近くの桟敷に慶喜公が家達《いえさと》公と並んでいるのにかれは気づいた。徳川幕府最後の将軍であり、歴史の主役のひとりであった徳川慶喜の間近に坐って、かれは舞台に集中できなくなった。隣の家達公は明治元年に宗家を継いだ第十六代の当主である。慶喜公はすきとおるような青白い顔だった。袴の上に両拳をおき、きちんと静坐して、小ゆるぎもしなかった。

歴史の主役のひとりといったが、江戸っ子の清方の周りには慶喜嫌いを口にする者が多かったはずだ。江戸を薩長に引き渡した張本人だと思っていたからである。若いときには清方もそう思っていたのではなかったか。そしてそれをとがめる気持ちが働いたのかもしれない。

かれが慶喜を描こうと決意して、もういちど寛永寺を訪れたのは、昭和十年十二月末の冷雨が降る午後だった。慶喜が謹慎していた十畳の間に、かれは日暮れ近くまで坐っていた。厳しい寒さだった。肩や背に冷えた鉄板をあてられたように、寒気が骨身にしみた。

かれはその肖像画を完成させ、昭和十一年二月の帝展に出品したことは前に述べた。

清方は、自分の作品のうち、円朝と慶喜の肖像画にいちばんの愛着を抱いてきた。原家の土蔵に運んだ十幅の掛幅《かけふく》のうち、かれ自身の絵はその二幅だけだった。残りの八幅のうちの四幅は、かれの師匠だった水野年方《としかた》の絵、あとの四幅はそれぞれ四人の画家の絵だった。

清方がそれらの絵の再疎開を考えるようになったのは、やがて敵軍が相模湾に上陸すると威されてのことだった。上陸した敵軍が進撃を開始すれば、大磯丘陵の東端にある土沢村も危険だと言われたのである。

じつは清方と照に向かって、熱心に再疎開をすすめる者がいた。小竹無二雄《むにお》という大阪帝大の有機化学の教授である。清方より十六歳年下、五十歳になる。清方は小竹とつきあうようになってまだ数年にしかならないが、非常に親しくなっている。小竹は人に好かれる才能をもち、その努力もする。かれは能登半島の入江にある製氷所を研究所にしているが、東京へ出張のときに、時間をつくって茅ヶ崎の清方のところへ立ち寄る。今年になって、かれは清方に向かい、相模湾は危険だと語り、富山県の井波《いなみ》町に疎開するようにと説いた。

清方はどこへも行くあてはない。かれは東京の外に親戚をもたない。江戸下町を代表する娘だったにちがいないと清方が自慢に思った母親はいわずとしれた生え抜きの江戸育ちだった。やまと新聞の社長だった父親も江戸の生まれだった。妻の照はこれも東京育ち、直参の家の生まれだった。

それだからこそ、小竹は親身になって井波町への疎開を説いたのである。杉の木の屋敷林に囲まれた家々、はるかにひろがる砺波《となみ》平野を清方は想像してみたが、富山へ行く気にはなれなかった。富山の冬の寒さに堪えられないだろうと思った。そんなことよりも、ほんとうは井波町まで行く自信がなかった。汽車に乗り込み、発車のベルが鳴ると、胸が圧迫されて、息苦しくなるのである。かれが土沢村の原家を訪ねて、八瀬、大原に似ていると思ったことは前に述べたとおりだが、その京都旅行は一大決心をしてのことで、東海道を自動車で行ったのである。大正のことだった。

いよいよとなったら、箱根の金時《きんとき》山の麓の小さな部落にでも疎開したい。そこらあたりまでなら、自動車を貸してくれる人がいるのではないか。清方はこんなふうに思っている。

では、作品だけでも井波に疎開させたらどうか、私が弟子と抱きかかえて運ぶと小竹が言った。清方はその好意を有り難いと思った。原家の土蔵に預けた掛幅と手許に置いてあるもののうちからいくつかを井波に移すことにした。

小竹から、四月十日に取りにくるとの知らせが届いた。助教授と講師、二人を連れていくという。清方は疎開させる絵を選びだしにかかった。

まくりのままなら、一束にまるめ込んで運ぶことができるが、掛物に仕立てて箱に入れてあるのだから、持ちにくいし、運びにくい。汽車は鮨詰めであろうし、空襲の恐れがある。四日から五日の旅となるのを覚悟しなければならない。ひとり二本か、三本、全部で六本から九本までだろう。

土屋に預けてある年方の「西光《さいこう》」と「大井子」を井波へ再疎開することにした。そして年方の絵はもうひとつ、家に置いてある「御殿女中」も持っていってもらうことにした。自分のものは、二十年前に長女の清子を描いた「朝涼《あさすず》」と「一葉女史の墓」を疎開させることにした。これで五幅になる。あと二幅は、土屋に疎開してある「三遊亭円朝像」「慶喜恭順」である。(3)

小泉信三は霊南坂をのぼりながら、桜の木を見上げる。清方の描いた慶喜の坐像が浮かび、慶喜の詠んだ歌が口からでる。

「花もまた哀れとおもへ大方の春を春とも知らぬわが身を」

悲しみが胸を突き、目に涙があふれでてきた。この歌こそが、現在のわれわれの身にふさわしいのかもしれない。(4)

小泉信三は麻布台をくだり、芝の西久保町を抜け、慶応義塾大学へ戻った。小磯内閣が総辞職したとのニュースは早くも都内を駈けめぐっている。

それを耳にした人たちは、だれもが溜息をついた。胸に鉛の玉が入ったような気持ちである。小磯内閣はだめだと聞かされ、小磯内閣はしょうがないと自分でも喋ってきた。

その小磯内閣が退陣する。つぎの総理にはだれがなるのだろうか。沖縄の戦いはじりじりと押されている。つぎの内閣は否応なしに本土決戦に直面することになる。敵を撃退できるのだろうか。陸軍首脳の自信のある発言が新聞に載ったことはない。海軍の幹部は黙りこくっている。いったい明日はどうなるのか。だれもが明日を思い描くことができない。

河田烈の慶喜像

午前十一時、同じ四月五日のことである。河田烈《いさお》は丸ノ内二丁目にある岸本ビル四階にいる。関西財閥のひとつである岸本吉左衛門が社長の岸本商店が持っているビルである。大蔵省のかつての部下から電話がかかってきて、河田も内閣総辞職のニュースを聞き知っている。

かれは台湾拓殖の社長である。いま、かれがいる部屋は東京支店内の一室である。かれは自分の椅子をうしろに押しやり、眼を窓の外に向け、宮城外苑とそのさきの坂下門を見つめる。そしてかれが思案にふければ、つぎの首相はだれなのだろうかということにはじまり、日本の行く末を考え、考えつづけているあいだに、思いは徳川慶喜の姿に繋がっていくのではないか。

かれは生前の慶喜を知らない。大正二年に慶喜が没したとき、かれは地方から東京へ戻って、大蔵大臣の秘書官となったばかりだった。大臣は高橋是清《これきよ》であり、烈はそのとき三十歳だった。そこで現在、かれの脳裡に浮かぶ慶喜の姿も、鏑木清方が描いた慶喜の坐像であろう。だが、烈の頭に浮かぶ慶喜が坐っている場所は、上野寛永寺の一室ではない。

これを語る前に、河田烈について述べておこう。かれは六十一歳になる。大蔵省出身である。大蔵次官をやめたあと、拓務大臣の永井柳太郎に懇望され、拓務省の次官をやったことがある。出身省の事務次官をやり、そのあと他の省の事務次官をやるというのは珍しいことだった。そしてわずかなあいだであったが、岡田啓介内閣の書記官長をやったこともある。

こうしたことからわかるように、かれは政治家たちから高くかわれた。主計局長と次官の時期のかれの予算の編成ぶりから、その現実的な視野と手腕を見込まれてのことだった。

かれはなかなかの美男子でもある。広い額、面長な顔に立派な耳がつき、背も高い。若いときには、大蔵省の団十郎と言われたものだ。もちろん、天保の生まれ、明治三十六年に没した九世市川団十郎のことである。

烈にはもうひとつ自慢がある。生粋の江戸っ子だということだ。言葉のつかい方、角帯の締め方、下《くだ》り酒の灘の酒や伊丹の酒の良し悪し、食物の好みに一家言があって、大蔵省の才気煥発の秀才たちもこれには頭があがらなかった。そしてかれの趣味は篆刻《てんこく》である。書記官、局長時代から自分の判は自分で彫った。篆刻とは印材に字を刻することとしか知らない人でも、それが昔から中国の士大夫の趣味、風流であると承知していたから、さすがに河田の趣味は高尚だと感心したのである。

じつは河田の字はだれもがよく知っている。昭和十五年にアルミ貨の一銭を小さくして、直径を一・五ミリちぢめ、一センチ六ミリとした。もともと軽かったのが、いっそう軽くなってしまい、風に吹き飛ばされる一銭玉となったのだが、そのアルミ貨の裏いっぱいに一の字が浮き彫りにされている。見事な筆づかいであり、ずしりと重い一円銀貨に刻み込まれるのが似つかわしい字である。だれもが褒めるその字が河田の筆だった。

その一の字もいまは見ることができない。アルミの一銭玉はすでに回収されてしまったからだ。五銭玉、十銭玉も同じ運命だった。いずれも純アルミ貨だったことから、航空機用資材へまわされることになって、昨年三月に回収されることになったのである。

とるに足りない量ではないかと思う人もいよう。あながちそうでもない。十銭、五銭、一銭玉を合わせて二十億枚とすれば、一千トンほどになる。昨年のアルミ地金の生産は十一万トン、朝鮮、台湾をも含めて十九万トンだったのだから、一千トンの量は九牛の一毛というほどのものではなかったのである。

アルミ貨の代わりとなった新しい硬貨は、錫に亜鉛を混ぜたものである。ところが、錫の生産も思うにまかせないことから、昨十九年の十月には、十銭玉と五銭玉を紙幣に変えてしまった。一銭玉だけがそのまま残されているが、亜鉛の混ぜ合わせが多いその一銭玉は光をまったく反射しないため、てのひらの上のその硬貨は金属とは思えず、泥でつくったおはじきかなにかのように見える。

河田が一銭アルミ貨の一の字を揮毫したのは、大蔵大臣のときだった。かれが大蔵大臣だったのは、昭和十五年七月から昭和十六年七月までの第二次近衛内閣のあいだのことである。大政翼賛会、三国同盟、独ソ戦争、日米交渉、そしてそれが行き詰まるまでのめまぐるしいばかりの一年だった。小さなことだが、大蔵省の地位が低下してしまったのも、その同じ時期からだった。

前に述べたことだが、第二次近衛内閣の発足に先立ち、近衛は主だった閣僚予定者を荻窪の自邸に招き、内外の重要問題について協議をおこなったことがある。新聞が荻窪会談と呼んだ会議である。招致されたのは外務、陸海両軍の閣僚予定者で、大蔵大臣予定者は招かれなかった。重要な国策は、大蔵大臣を加えての五相会議で決めるという昭和十二年の第一次近衛内閣以来の原則は、そのときに破られてしまったのである。

河田が台湾拓殖の社長となったのは昨十九年の九月である。現在、かれが東京にいるのは、議会に出席するためだった。かれは貴族院の勅選議員なのである。一月十三日に上京した。三月二十六日に議会は閉会となった。その日の朝、敵軍は慶良間《けらま》列島の五つの島に上陸した。沖縄本島の西側、那覇の沖合にある島である。沖縄本島に対する海と空からの敵の攻撃は連日つづき、ついに四月一日、敵軍は沖縄本島嘉手納《かでな》海岸に上陸した。

敵は台湾を攻略するつもりではないかと河田は心配していただけに、胸をなでおろしたのであろう。だが、沖縄の戦況いかんによっては、台湾はラバウルと同じように、敵の背後に取り残されてしまうことを覚悟しなければならなくなる。もっとも、ほんとうのことをいえば、沖縄の戦いとは関係なく、台湾はすでに完全に孤立してしまっているのである。

台湾と内地を往復したことのある学生や旅人にとって、高千穂丸、富士丸といった船名は懐かしい思い出としっかり結びついているが、これらの船はいずれもいまはない。台湾航路の定期客船は昭和のはじめまではイタリアその他から買った中古船を充てていた。景気が上向きはじめて、昭和九年にはじめて造ったのが、船客定員八百人の高千穂丸だった。大阪商船の船だった。ずっと基隆《キールン》と神戸とのあいだを往復していたが、昭和十八年三月に基隆を出航した直後に雷撃を受け、沈められてしまった。

高千穂丸建造のあとにつくられたのが、それより一回り大きい九千総トンの高砂丸だった。昭和十二年に就航した。台湾航路が活況を呈し、大阪商船だけで一カ月に八回の配船をするようになったときだった。高砂丸は一千人の旅客を乗せることができた。その二本の大きな煙突の力強さを忘れることができない人がいるし、長い上甲板を胸を躍らせて歩いたことを覚えている人もいる。神戸と基隆のあいだを月に三往復していたが、昭和十六年十一月に海軍に徴用され、病院船となってしまった。

台湾航路を大阪商船と争ったのが日本郵船の子会社の近海郵船だった。そして高砂丸と競い合ったのが、これまた九千総トン、船客一千人の富士丸だった。一本煙突の美しいその船はずっと台湾航路の定期船だったが、昭和十八年十月、基隆を出航して、奄美大島沖で沈められてしまった。

台湾航路の他の旅客船もいずれも徴用され、あらかたは沈められてしまい、高雄と東京のあいだを四昼夜で航海した快速のバナナ・ボートも徴用され、これまた沈められてしまった。

バナナの輸送はとうの昔に諦めてしまい、台湾米の輸送もとっくに断念したが、アルミの地金と砂糖だけはどうしても輸送したいと陸海軍は考えた。家庭用の砂糖の配給は昨年八月に停止してしまっており、砂糖を運ぶのは無水アルコールを製造しようとしてのことであり、航空機燃料の揮発油の代用にするためだった。

たとえば、日糖興業と社名を変えた大日本製糖は門司にアルコール工場を建設し、三百トンの発酵用のタンクを六基建造中である。台湾の砂糖をあてにしての工場建設である。だが、砂糖の輸送も見込みがなくなってしまった。今年のはじめ、海軍が航空母艦を貨物船代わりにして砂糖を運んできたのが、台湾からの物資輸送の最後となった。

もちろん、内地から台湾に物資を送ることもできない。台湾でも四つの製糖会社はいずれもアルコール工場の大増設を計画した。だが、資材が日本から届かないために工事途中で立ち往生してしまっている。今月から工場では製糖作業がはじまるが、できた砂糖は日本に送ることができず、アルコールの原料にすることもできないから、貯蔵しておくしかない。台湾南部の広い平野の畑の真ん中にある大きな砂糖倉庫はよく目立ち、敵機の恰好な爆撃目標となっているから、砂糖は農家に分散貯蔵しなければならない。

人の往来はもちろんのこと、物資の輸送もできなくなって、河田烈はいまは東京になんの用事もない。軍需省の課長のところへアルコール工場の建設の遅れを弁解にでかける必要がなくなり、運輸通信省の海運総局を訪ね、配船を訴えることも無意味となってしまった。

もはや中央政府にとって台湾は存在しないも同然であり、台湾にとって中央政府はないも同じである。じつをいえば、あとのほうは正しくない。河田はもうすこし東京にとどまるつもりである。四月二十五日に開幕予定のサンフランシスコ会議まで待ってみようと思っている[5]。そのとき中央政府はなんらかの動きをするのではないかと考えてのことだ。

サンフランシスコで連合国の会議を開催することは、二月十二日付のヤルタ会議の共同コミュニケが明らかにした。「平和と安全を守るための国際機構を創設」するための会議を開くと記してあるだけだったが、だれもがそのくだりに漠とした不安を抱いた。その項目こそが隠された対日条項にちがいないと思ったのである。

スウェーデン駐在公使の岡本季正《すえまさ》は外務大臣に宛て、「連合国会議デソ連ハ日本ヲ共同ノ敵ト宣言スルコトニナルノデハナイカ」と疑問を提起したのだし、前首相の東条英機は二月二十六日に参内したとき、天皇に向かって、サンフランシスコ会議開幕の「四月二十五日の前後は重大なる時機だと思う次第でございます」と繰り返し述べたのである。

かれらは自分たちの推定の正しさの裏づけとなるのではないかと考えたのは、その国際会議開催の地がサンフランシスコに決められたという事実である。河田もそれに注目したのであろう。サンフランシスコはアメリカ太平洋岸最大の都市である。南にはもうひとつの都市のロサンゼルスがあるが、戦争がはじまるまで、もうすこし正確にいえば、日本にたいして石油の輸出を断ち切るまで、世界第一の石油輸出港を自慢するだけの港町だった。

それにひきかえ、サンフランシスコはアメリカ西部の貿易、金融、文化の中心都市である。そして戦争がはじまってからは、宇品《うじな》と門司を合わせたような重要な港になっているのだといった話を河田烈は聞いたことがあるのであろう。サンフランシスコは太平洋の前線に向かう陸海空三軍の全将兵の乗船港となっているのである。

太平洋の門戸であるサンフランシスコを会議地に選んだのは、日本にたいして重大決議をおこない、日本に降伏をよびかける意図からにちがいない。政府、統帥部は敵側のその宣言になんと答えるだろうか。場合によっては、私は政府から重大な指示を受け取り、台湾総督への親書を携行して、台北へ戻ることになるかもしれない。もちろん、飛行機はまっすぐ台北へ飛ぶことはできないから、ひとまず上海の大場鎮飛行場へ向かい、つづいて上海から台湾へ飛ぶことになるだろう。いずれにせよ、サンフランシスコ会議の開催まで待とう。かれはこのように考えてきた。

そこへ今朝の内閣総辞職のニュースである。だれが首相になるのであろうか。新首相は今月末か来月はじめに発表されるであろう米英ソ三国の共同声明にどのように答えることになるのか。考えつづければ、前に記したように、河田の脳裡に徳川慶喜の姿が浮かびあがるはずである。

孝明天皇の死

河田にとって忘れることのできない出来事がある。昭和十三年の初夏のことだった。役所をやめて、浪人していたときだった。第六天《だいろくてん》の家令である古沢秀弥から電話がかかってきた。至急お目にかかりたい、一刻の猶予もならぬという口上だった。

第六天とは小石川第六天町のことである。神田上水の土手に第六天社が祀られ、その前にある町ということから、第六天前町がその昔の町名である。明治三十年に徳川慶喜が静岡から帰京して、はじめは巣鴨に住まいを新築したが、まもなく第六天に移った。小日向《こびなた》の台地である。慶喜につづき、世子《せいし》の慶久《よしひさ》、孫の慶光《よしみつ》がここに住んできたことから、旧幕臣と縁故者たちは旧将軍家別家を第六天と呼び慣わしている。

ついでにいえば、旧将軍家は明治元年に徳川家達《いえさと》が継いだ。旧幕臣はかれのことを千駄ヶ谷の十六代さまと呼んだ。昭和八年に近衛文麿にその座を譲るまで、明治三十六年から三十年間にわたって、かれは貴族院議長だった、没したのは昭和十五年である。家達の長男は家正《いえまさ》である。外交畑を歩き、トルコ駐在大使を最後に昭和十三年に退官し、現在は貴族院議員であり、六十一歳になる。

烈は大蔵省をやめてから第六天徳川家の顧問となっている。祖父の代まで徳川家の家臣だったという縁故があってのことだった。

横道にそれるが、かれの家系について述べておこう。生粋の江戸っ子であることがかれの自慢だとは前に述べたとおりだが、なによりの誇りは三代前に佐藤一斎《いっさい》がいたことである。佐藤一斎は江戸後期の碩学《せきがく》だった。朱子学、陽明学を講義して、学界の重鎮であり、門人は多士済々だった。大橋訥庵《とつあん》や中村敬宇がいた。幕末の活動家に大きな影響を与えた佐久間象山《ぞうざん》と横井小楠《しようなん》の二人の世論形成家も佐藤の弟子だった。著書も多かった。そのなかでも六十代から八十代までのあいだに刊行した「言志録」四巻は有名である。西郷隆盛がそれを愛読し、そのなかから百一則を抄録したという話はよく知られている。

一斎の蔵書は烈の父の杰《こん》が相続し、烈が引き継いでいる。四谷の住まいにある土蔵を書庫として、四千冊の漢籍と江戸文学書を収めた。関東大震災のときに土蔵は壊れたが、幸いなことに火は入らなかった。拓務次官のときのボーナスをつぎ込み、昭和九年に鵠《くげ》沼《ぬま》の別荘に鉄筋コンクリートの書庫をつくり、蔵書をそこへ移した。

この三月のことだ。かれは日比谷図書館館長の中田邦造に面会を求められた。貴重書を戦火から守り、その散逸を防ぐために、個人所蔵の本を買い上げているのだと中田は語った。すでに加賀豊三郎、井上哲次郎、桑木厳翼の蔵書を譲渡してもらうことになったと説明し、河田の書庫の本を日比谷図書館に収蔵させてもらえまいかと言った。旧蔵書家の名前は永久に保存するつもりだと中田はつけ加えた。考えさせてくれとそのとき河田は答えた。

すでに河田は考えを固めている。中田の話によれば、トラックも、人手もなく、図書の疎開は思うようにいかないのだという。私の蔵書を都に寄贈しても、東京の本の疎開が優先されて、鵠沼の本の疎開はずるずると後回しにされ、揚句のはてはほっておいてもいいということになってしまうのではないか。それなら私が持っているのも同じことになる。だが、そうではない。台湾へ戻って、このさき私の身がどうなるか見当はつかない。せめて鵠沼の蔵書だけでもしっかりと落着き場所を決めておかねばならない。佐藤一斎遺愛の手沢本《しゅたくぼん》は東京都の中央図書館に収められるのがいちばんいいことにちがいない[6]。家族と相談し、そのあと中田館長に会おう。河田はこんな具合に考えている。

河田家の話に戻る。祖父の興《おこる》が没したのは安政六年だった。興の義父にあたる佐藤一斎が八十七歳で他界したのも同じ年だった。それから十年たらずのちに明治維新となった。河田家の側からいえば、戊辰《ぼしん》の大乱である。河田家は名誉と地位をともに失い、一家は離散した。烈の父の杰《こん》は横浜へ行った。

徳川末期、全国の都市が衰退の一途をたどっていたとき、横浜だけは活気にあふれた港町であり、日本有数の富裕な都市になろうとしていた。江戸日本橋の商人、埼玉や群馬出身の繭仲買人、一攫千金を夢見る甲州生まれの商人、関東各地からのごろつきや凶状持ち、そして若い、これまた活発な女性が、その夢の町に集まった。さらにわずかな収入の道を求める旧旗本家人《けにん》の一家、働きながら西洋の学問を学ぼうとする東北出身の旧武士の若者たちが横浜に来た。杰は居留地内のアメリカ人の家で住み込みのボーイとなった。

烈が子供のころ、父から何度か聞かされた横浜の少年時代の話がある。ある日の夕暮れ、杰は買い物を命じられた。雨が降っていた。途中で同じ年配の少年に行きあった。顔を見れば、従兄の田口卯吉だった。傘を持たず、尻っぱしょりで、ずぶ濡れだった。灯油を買いに行くのだと言った。同じ横浜にいて、商店の丁稚小僧となっていると知りながら、会うのははじめてだった。二人は手を取りあって泣いた。杰が十三歳、卯吉が十四歳だった。

のちに東京市の助役となった父や、経済学者、そして文明史家となった田口卯吉の少年時代の話よりも、烈にとって感銘深かったのは、かれの伯父の生き方だった。父より二十歳年上、いちばん上の兄である熙《ひろむ》は、遣英仏使節団の一員として、ヨーロッパへ行ったことがあった。幕府崩壊のとき、かれは三十三歳であり、大目付、役高三千石、築地に役宅を供与されていた。明治になって、かれは新政府に仕えようとしなかった。徳川一門の教育掛《がかり》となって、その半生を捧げたのだった。

こうした伯父がいたことで、烈は第六天徳川家の顧問となっているのである。昭和十三年の初夏のある日、家令の古沢から烈にかかってきた電話の話に戻ろう。古沢の求めに応じ、烈は丸ノ内の日本倶楽部でかれの話を聞いた。

維新史料編纂会総裁の金子堅太郎伯が徳川慶光公に面会を申し入れ、本日午後二時に慶光公は番町の金子邸を訪ねることになっている。そのようなお膳立てをしたのは植村家治《いえさだ》子爵だと古沢は話した。

植村は現在、五十八歳、世田谷池尻町に住んでいる。第六天の顧問のひとりである。かれの先祖は徳川家康に従って軍功をたて、祖父の代までは奈良にある高取藩の領主だった。小藩だったが、譜代大名だった。

ところで、植村は維新史料編纂会の委員のひとりとなっていた。かれは江戸後期の歴史の記述が不公正、不公平だと不満をもっていた。薩長側の偉業や美徳なるものを終始礼讃するのは身贔屓にすぎると説き、関東方についての叙述には事実に重大な歪曲があると批判していた。

それだけの話なら珍しいことではなかった。旧幕臣や旧会津藩士、旧長岡藩士の子なら、だれもが薩長を中心にして書かれた近代史に反感を抱いて育ってきたのだし、河田にしても、同じ不快な気持ちをもっていた。たとえば、かれは幕末などという言葉は聞くのも不愉快であったから、江戸後期と言うようにしていたのである。

そこで、江戸後期、東軍、西軍、戊辰《ぼしん》の大乱といった言葉を使う人たちが集まって、話題がそうしたことに及べば、和装百十七冊、二百二十巻の「孝明天皇紀」をその証拠として挙げることになった。「孝明天皇紀」は明治三十九年に刊行された。宮内省に設けられた先帝御事績取調掛が十五年をついやした。ところが、その刊行部数はわずかだった。たとえば、ぜひ読みたいと願う徳富蘇峰の手に入らず、山県有朋のところになく、清浦奎吾が持っていたのを借りたぐらいだった。(7) それも蘇峰だから借りられたので、第三者の閲読には厳重な制限が設けられ、その引用も許されていなかった。

それがなぜなのかは明白だった。「孝明天皇紀」を読めば、孝明天皇が薩長の活動家たちを嫌い、要するにのちの明治の元勲たちに不信感を抱き、徳川慶喜将軍と京都守護職だった会津藩主の松平容保《かたもり》を深く信頼していたことがわかってしまうからだった。「孝明天皇紀」の話がさらにつづけば、その最後の章が論議されることになるはずだった。「天皇崩ず、聖算三十六」には、慶応二年十二月二十五日の崩御の夜の模様と、そのあとの典医の公報を載せていなかった。だれかがそれを話題にして、聞き手は黙ってうなずくことになったのである。

植村家治がとりあげたのはその問題だった。その崩御の謎を解明することによって、江戸後期の全歴史を洗い直すことができると思った。かれは孝明天皇の突然の崩御の原因を究明し、極悪非道の主殺しがだれなのかをはっきりさせれば、慶喜公を逆賊にしたてあげた大陰謀の全貌が明らかになると考えたのである。

そして金子総裁なら、自分の提言を受け入れてくれるにちがいないと植村は信じた。金子はそのとき八十四歳、枢密顧問官であり、伯爵だった。かれは長州、薩摩とは関係なく、福岡の出身であり、最初にアメリカへ渡ったのは福岡藩の留学生としてだった。学者肌で、穏健な考えの持ち主のかれは、井上毅《こわし》、伊東巳代治とともに帝国憲法を起草した。かれが参加して、憲法に近代的な要素が加わったのだった。つけ加えるなら、かれはいまから二年前、昭和十八年に他界した。

植村は総裁の金子に向かって、孝明天皇の崩御の秘事を調べなければならないと説き、慶光公爵が東大支那哲学科を卒業し、宮内省図書寮に勤務するようになっているのだから、同公がその調査にあたるのが最適であり、同公にその仕事を委嘱すべきだと勧めた。そのあと植村はその経緯を徳川慶光に語り、金子総裁がそれに賛成したのだと述べた。慶光はびっくり仰天した。そんな調査研究をやるつもりはまったくなかった。どうしたらよいものかと迷っていたとき、金子伯爵から会いたいといってきた。

第六天の家令の古沢はこんな具合に語り終え、河田に尋ねた。「金子伯が慶光公爵に面会を申し入れてきたのは、今日の会合でその話をもちだす所存と思われる。ついては公爵がいかに答うべきか、お伺いしたい」

とんでもないことだ、どうにかして断らねばならないと河田は答えた。金子伯と慶光公の会合の時間は迫っていた。タクシーは拾えなくなっていたときだった。日本倶楽部に近い産業組合中央金庫に飛び込み、理事長の石黒忠篤《ただあつ》の自動車を借りた。

現在、陸軍に召集されて中国にいる徳川慶光は、そのとき二十五歳だった。かれは途方に暮れていた。返事を引き延ばすのがよいと河田は言った。問題が問題なだけに顧問たちと協議したいと述べるべきだと勧めた。

実際には、徳川、河田、古沢が心配するようなことはなにひとつ起きなかった。すべては杞憂に終わった。金子堅太郎はその問題をもちださなかった。金子は徳川慶光に向かって、公爵が幼少の折にたしか葉山の海岸でお会い申したように記憶していると語って、世間話に終始したのだった。

河田はよかったと安心したのだが、金子の態度を訝しく思った。金子が会見の間際になって心機一転し、ことの穏やかでないのに気づき、会見を雑談で終わらせたのだと河田は考えた。

河田の解釈はまちがっていたのであろう。旧幕臣の血筋をひく河田は気づかずに徳川贔屓の色眼鏡で金子を見て、かれが考えたこと、やったことを正しく理解できなかったのである。

金子堅太郎は植村家治の申し入れを聞いて、それはいいとうなずいたのではない。大きなショックを受け、つぎのように思ったのである。この男は気が確かなのか。かれの話をハイエナのたぐいが聞き知ったら、よだれを流す。愛国尊皇を看板に掲げ、脅迫と恐喝を仕事にしている連中が徳川慶光公を前から威し、後ろから突つく。そして旧将軍家別家の顧問のひとり、大金をしぼりとるのにはもってこいの渋沢財閥の頭首である渋沢敬三を締めあげるだろう。現在、日銀総裁の渋沢はそのとき第一銀行の常務取締役だった。

金子は如才なくうなずき、植村の話に耳を傾けているようにみせかけながら、このような想像をしたのであろう。それだからこそ、かれは徳川慶光公に会うと答え、つぎのように予測したのであろう。

植村子爵が望んでいること、そしてそれを私に喋ってしまったことを第六天の徳川公が知れば、驚き、慌てるだろう。そこで私が慶光公爵に会い、その問題に触れなければ、すべてはなかったことになったと知り、慶光公は安堵の胸をなでおろすにちがいない。かれは植村以外の顧問たちにこれを話すだろう。顧問たちはびっくりして、植村に向かい、二度とそんなことを口にしないでもらいたいと釘をさすことになる。植村も遅まきながら自分の軽率さに気づき、その問題に触れないと約束する。

事実、こんな具合にことは運んだのである。古沢秀弥は河田烈に礼を言い、うまく片づいてよかったとともに喜んだのであろう。古沢の口が滑らかになって、かつて耳にしたことのある孝明天皇毒殺の噂を語ったのかもしれない。そして古沢は孝明天皇奉葬の話をはじめた。

もちろん、古沢が知っていたはずはなく、慶喜から聞いた話である。

慶応三年一月末の夕刻だった。凍てつく寒さだった。孝明天皇の柩《ひつぎ》を乗せた牛車《ぎっしゃ》が御所の蛤《はまぐり》御門をでた。供奉《ぐぶ》する者たちは青竹を手にし、だれもが徒《かち》だった。右大臣の徳大寺公純《きんいと》、前関白の近衛忠熙《ただひろ》、左大臣の近衛忠房がつづいた。忠熙は近衛文麿の曾祖父であり、忠房は祖父だった。少年の西園寺公望もいた。かれは徳大寺公純の息子だった。

公卿は五十人ほど、武家はごくわずかだった。将軍の慶喜、京都守護職の松平容保、京都所司代の松平定敬《さだあき》、老中の板倉勝静《かつきよ》、ほかに数人だった。白の狩衣《かりぎぬ》を着た下男たちが行列の横に従い、松明《たいまつ》をかざし、忌事の法式どおり、松明の火を内へ傾けて進んだ。人びとは自分の影と前後の人の影を踏みながら、三条、寺町、五条、そして伏見街道をくだっていった。黒い木々の山の輪郭が闇のなかに浮きあがった。月輪山だった。山陵前の坂口に到着したのが午前二時だった。

古沢はさらにべつの話をした。慶喜が京都へ行ったときの思い出だった。

〈明治三十五年六月に慶喜公が新たに公爵に叙せられました。各方面への挨拶を済ませ、公は京都へ向かいました〉

徳川慶喜が国政の中央舞台にいた最後の五年間、かれは将軍後見職、つづいては将軍だった。その五年のあいだ、かれは半年ほど江戸にいた以外、ずっと京都、大坂にとどまっていた。将軍となった人物が京都二条城や大坂城に滞在するなど、かつてないことだった。まさしく非常事態だった。四年のあいだ、慶喜は孝明天皇の支持を得て、内外の危機にたちむかった。

ところが、孝明天皇が突然崩御してしまい、そのあとの一年、慶喜は宮廷を事実上支配するようになった岩倉具視《ともみ》を中心とする長州、薩摩の反幕府連合勢力と闘争をつづけ、ついには敗れてしまった。そして大きな変転があって、三十五年のちの京都行きだった。

古沢は話をつづけた。

〈慶喜公は今熊野にある泉涌寺《せんにゅうじ》のうしろの月輪山へ赴きました。山の中腹に後月輪東山《のちのつきのわ》陵があります。孝明帝の山陵です。高塚の円墳の南に接した御拝所に慶喜公は坐りました。お伴の私は公のうしろに坐りました。公の頬に涙が伝わっているのに気づきました。公はじっと坐ったままでした。一時間ものあいだ、公は動こうとしなかった。三十六年前のその光景は私の眼底に焼きついております(8)〉

今日、四月五日のことに戻る。河田烈は考えつづけているのであろう。考えるのはずっと同じ問題である。今月末にソ連は米英とともに日本に降伏せよと呼びかけてくるかもしれない。そしてかれの頭に浮かぶのは、二月十九日付の新聞が掲載し、読者に大きな不安の波を呼びおこした太平洋問題調査会の日本処理案であろう。

国体の変革を説き、領土を明治以前に引き戻せと主張している日本処理案については、このさき述べねばならず、それをつくった太平洋問題調査会がどういうものなのかも説明する機会があるだろう。

河田烈はさらに考えるのであろう。日本は江戸時代の領土に切り詰められ、台湾をも失ってしまうことになろう。天皇にどのような運命が待ちかまえているのであろうか。

政治権力を剝奪されることになるのか。はたして、それだけで済むのだろうか。

そして前にも述べたとおり、河田の脳裡に思い浮かぶのは徳川慶喜となるのであろう。河田は自分がその場に居合わせたような記憶となって、古沢が語った話を思いだすことになる。孝明天皇奉葬の行列が目に浮かぶ。そのなかの徳川慶喜が浮かびでて、夏の日、月輪山の御拝所に坐る慶喜の姿になるのではないか。

「相馬の金さん」と正岡容

正岡容《いるる》は巣鴨の家にいる。かれは自分の住まいを「城北巣鴨烟花街龍安居」と書くことがある。「龍安居」とはかれの書斎の名称だ。烟花街《えんか》とは色里のことである。巣鴨の花街の真ん中に住んでいるのは、妻の歌子が踊りの師匠だからである。

昨年の三月から、巣鴨の花柳界も活気が消えてしまっている。どの店も商売をやめ、若い女性はめっきり減ってしまった。そして三月十日の大空襲以来、この烟花街でも、だれが熱海へ疎開した、だれが新潟へ行くという噂が絶えない。

正岡はその空襲で二人の友人を失ってしまった。かれらのことを思い、空襲の死者たちのことを考えれば、かれが思い浮かべるのは慶応の大乱のことになる。そして浮かぶのは相馬の金さんである。

相馬の金さんについて語る前に、正岡のことを述べておこう。正岡容は四十歳になる。

小学校入学前は浅草の馬道《うまみち》に育った。二階のおもての窓からは仁王門、五重塔、弁天堂の鐘撞堂が見えた。かれをかわいがってくれた叔母が草双紙を読んでくれ、小芝居や活動小屋に連れていってくれた。明治の末のことである。日本大学の芸術科に通うようになって、かれは岡本綺堂や吉井勇に心酔した。かれはまた落語好きだった。寄席の柱に凭《よ》りかかって、囃子《はやし》の音を聞けば、満足感が全身を浸すのだった。

大震災のあと、多くの芸能人が関西に移り住んだ。正岡も関西へ移った。かれは高座へあがることを決意し、三遊亭円馬の弟子となった。創作落語をやり、文士あがりの落語家ということで珍しがられたが、あまり上手ではなかった。小林一三に声をかけられ、「君、落語家ではなく、役者になったらどうかね」と言われたことがあった。(9) 容は江戸前の細おもてで、いまでもそうだが、新派の舞台に向いた顔立ちなのである。

役者にはならなかったし、落語家渡世もつづかなかった。東京へ帰り、落語の台本を書き、小説を書く生活に入った。最新作は昭和十八年に出版した「円朝」である。

かれは浪曲の台本も書いた。落語ばかりでなく、かれは浪曲も好きだ。浅草公園の寄席で、木村重松の「新蔵兄弟」を聴いたのが最初だった。端正な顔立ちの重松が一段と声を張りあげ、「胸にゃ桜のちらし彫り」と唱った。すばらしいと思ったとき、かれの前に坐っていた職人風の男が「名人」と小さく叫んだ。容の思いをそのまま言葉にしたかのようで、いまもかれははっきり記憶している。

容がつくった浪曲台本のなかでは、「天保水滸伝」が有名である。二代目玉川勝太郎の十八番である。浪曲なんかと小ばかにする人でも、「利根の川風袂に入れて　月に棹さす屋形船」と歌いだす最初の一節は、いつか耳に馴染んでいる。木村忠友の「村井長庵」、相模太郎の「大力無双」も正岡の台本である。

正岡が浪曲の台本を書くようになってからのこの十数年間、浪曲の愛好者は増えつづけ、浪曲ブームがつづいてきている。なによりも人びとはラジオで浪曲を楽しんできた。十日ほど前のことだが、東京放送局の演芸部員が正岡の家に来た。浪曲の聴き方を解説してもらえまいかと頼み、大衆芸能の浪花節のどこがいいのかを話してもらいたい、一晩では足りないなら、二夜連続にしてもいいと言った。

願ってもない機会と容は嬉しく思った。江戸投げ節の哀々切々さをぜひとも聴取者に説明したいと言い、やってみましょうと答えたのである。

浪曲について、もう少し記しておこう。

四月一日からラジオの放送時間は短くなり、娯楽番組は大幅に削られてしまった。浪曲番組も減らされるが、なくなることはけっしてない。このさきも浪曲番組は週に二回、あるいは三回はあるだろう。

浪曲の放送が多いのは、政府の指導があるためだと考える人びとがいる。また、ある人たちは情報局の浪花節重視の方針があるからだと言い、浪曲は武士道鼓吹の大提灯となっている、軍国精神宣伝の媒体となっているのだと思ってきた。

それも事実であろうが、しごく単純な事実を無視してはならない。昭和十年代前半の好景気のなかで、ラジオをもつ家庭が増加をつづけ、ラジオを聴くことが人びとの新しい楽しみとなった。ほかに娯楽をもたない人びと、本を読まない人、映画を観ない人、もちろんのこと、ゴルフ、お茶屋遊び、温泉旅行に行くことができない人びとにとって、ラジオの娯楽番組を聴くことが最大の楽しみとなった。こうしてラジオ聴取家庭は二百万、三百万、そして五百万と飛躍的に増えつづけてきた。

人びとが朝から待ちわびた番組は、音楽やラジオ・ドラマではなかった。講談や落語でもなく、浪曲だった。読切り連続の「近世遊侠伝」が一週間つづくあいだは、風呂屋でも、居酒屋でも、床屋でも、その話でもちきりだった。

ラジオ最大の呼びものは浪曲となった。地方放送局は「浪花節の午後」「浪花節の夕べ」といった番組を週に四回も放送することになった。ついでにいえば、放送がはじまって浪曲という言葉がつくられた。浪花節という言葉では品が悪いと東京放送局の幹部が思ったのである。

浪曲の話をもうひとつつけ加えておこう。前農商相の内田信也が元蔵相の賀屋《かや》興宣《おきのり》に向かって、君がいちばんさきにやられる、唐丸籠にのせられ、アメリカに連れていかれるとからかい、「君は浪曲好きだから、横浜で浪花節で送ってやろう」と笑ったことは、前に述べた。今年の一月二十七日、近衛、岡田啓介、吉田茂、賀屋、内田が赤坂山王の星ヶ岡茶寮に集まり、話が敗戦のことになり、戦争責任者の問題が話題にでたときのことだった。

内田が語ったとおり、賀屋は浪曲好きである。かれは浪曲を歌う芸術だと説いてきた。本気だったのであろうか。かれは若いときから秀才と言われてきた。陸海軍の軍務局の若手の自信家たちが賀屋と予算の折衝をして、かれに押し切られ、その頭のよさ、注意力、老獪さに舌を巻いたものだった。利口な賀屋が自分の浪曲好きを吹聴してまわったのは、かれの韜晦《とうかい》術のひとつだったかもしれず、もうすこしつっこんで考えれば、大きな政治野心をもつかれが庶民性を売り物にするための手段であるにちがいない。

近衛、池田成彬《しげあき》、小倉正恒の三人が浪曲ファンだと語った賀屋得意の話がある。昭和十四年のはじめのことだったが、この四人が、お茶屋で酒を飲んだ。日本を代表する顔ぶれだった。近衛は前首相、平沼内閣の国務大臣、池田は三井財閥の前の大番頭、前大蔵大臣であり、小倉は住友コンツェルンの総帥だった。

賀屋が浪曲の話をはじめた。ほかの三人がラジオで聴いたことがある、レコードで聴いたことがあるとそれぞれ語った。賀屋が手を大きく振り、聴くだけではだめだと言った。

「浪曲は全身芸術である。見て、そして聴いてこそ、その醍醐味がはじめてわかる。三代目の吉田奈良丸の勧進帳を見て、聴いてごらんなさい。何十人の役者で見せる歌舞伎よりはるかに面白い[10]」

こうしてかれは三人を有楽座へ連れていった。かれらが奈良丸の芸に驚き、感嘆し、そのあとは自分ででかけるようになったというのは、賀屋が得意げに語る話である。かれのこの話を三人が耳にしたら、かれらは苦笑したかもしれない。

正岡容の話に戻ろう。かれが三月十日の空襲で二人の友人を失ったことは前に述べた。かれらが行方不明となって一カ月がたち、家族の消息もまったくないから、両人とも、家族ともども焼け死んでしまったのだと容はいまは諦めている。

二人の友人は浅草に住んでいた。ひとりは高篤三といい、俳人である。もうひとりは慶堂李彩という清国生まれの手品師である。一枚の布のなかから水の入った大きな壺をとりだしてみせるのが得意芸だった。正岡は李の伝記を書いたことがある。もっとも、日本出版会から「出版一時保留」の指示がでて、陽の目を見なかった。昭和十八年のことだった。べつに中身に問題があったわけではない。持込み原稿が雑誌に載らないのと同じだった。紙が少なかったからだし、たいしておもしろくなかったからである。

三月十日の未明には、容は妻の歌子とともに、すさまじい風のなか、東の空の真っ赤な火炎を見つめ、寒さに震えながら、朝を迎えた。つづいて十日の朝から夜まで、李の夫婦が来るのではないかと期待し、ほかに行くところはない、きっとやってくると思い、容と妻は落ち着かない気持ちで一日を過ごした。

三月十一日と十二日、容は友人を尋ねてまわった。恐ろしい話をいくつも聞いた。白《しら》鬚《ひげ》橋から吾妻《あずま》橋にかけては焼死体であふれ、堤防の下には溺死した人びとがつながり、浅草から南千住に向かう電車通りは死者でいっぱいだというのだった。高と李の消息はだれからも聞けなかった。それでも容が巣鴨の家へ戻るときには、いまごろ高夫婦は家に来ているにちがいない、李が来ている、妻に向かって空襲の夜の話をしているのだという思いが嵩じてきて、家の近くまで来たときには駈けだすことになったのである。

三月十三日、容は浅草まで行ってみることにした。三筋町、蔵前町、寿町を歩いたが、町はどこにも残っていなかった。遺体を焼く異臭が鼻をついた。李の家の筋向かいには浅草の門跡さまがあった。東京本願寺である。本願寺は何度も焼けた。明暦の大火で焼け、神田明神下から浅草へ移ってきた。享保、そして明和にも焼けた。文化年間に再建された荘厳優美な大伽藍は容の記憶のなかにある。これも大震災で焼けてしまった。そして五度目に再建された本願寺はまたも灰になってしまった。

李の住まいの跡はおよその見当がついた。行く先を書いた立て札はないだろうかと積もった灰のなかに足を踏み入れた。焼けた電線の下をくぐったり、跨いだりして、何度も同じところを回った。言問橋《こととい》の方向に向かうトラックには枯れ木のような焼死体が山積みにされていた。隅田公園へ運ぶのだ、公園を仮埋葬所にするのはほんとうの話なのだと容は思った。高夫婦も、李夫婦もあそこへ運ばれてしまったのであろうかとかれはぼんやりと考えた。

関東大震災に焼け残った浅草寺と伝法院も焼けてしまった。灰と煙で目が痛くなり、足は棒のようになった。ただひとつ嬉しかったのは、浅草公園内の三社明神の本殿が焼け残っていることだった。李夫婦、高夫婦、焼け死んでしまった氏子たちの後生を願って、かれは手を合わせた。そして戦地にいる李夫婦の息子の無事を祈った。そのひとり息子は出征前まで小李彩の芸名で舞台にでていた。

あれから早くもひと月がたつと正岡は考える。現在の東京は慶応末の江戸と同じだ。焼け死んだ人びとは相馬の金さんと同じなのだ。前に述べたことだが、容はこのように考える。

「相馬の金さん」はかれが尊敬する岡本綺堂の戯曲である。相馬金次郎は彰義隊に参加し、上野の山にたてこもった。慶応四年の五月のことだ。だが、戦いは一日で終わってしまった。脱出しようとした金次郎は鉄砲傷を負った。かれを助け、血路を切り開いたのがかれの弟の半三郎だった。根岸の御行《おぎょう》の松までたどりついた。金次郎は動けなくなった。かれはそこで腹を切った。

じつをいえば、金次郎は彰義隊とは無縁の男だった。百俵とりの御家人であり、青山に住んでいた。出世を考えたことはなかったし、有力者や羽ぶりのいい連中に知り合いをもたなかった。政治にはなんの関心もなく、政治的忠誠心ももちあわせがなかった。うすっぺらな楽しみや気晴らしを追い求めるだけの遊び人だった。かれの愛人は常磐津の師匠で、赤坂新町に住んでいた。

金次郎は俗世に住む俗人だった。悪党を気どって、ゆすりをやったこともあった。神田明神下の質屋へ刀箱を持ち込み、十両貸してくれと言った。「刀は見せられない。相馬の血筋でない者が箱をあければ、刀は蛇に変わってしまう」とまくしたてた。もちろん、刀箱のなかに刀はなく、入っていたのは黒蛇だった。こうして金さんはうまうまと十両をせしめとったのである。

もっともこの威しの一件で、かれは役向きのほうが不首尾となり、隠居を申し付けられ、弟が家督を相続することになった。弟の半三郎は兄とちがって、講武所へ通い、武術に励み、兄思いのまじめな青年だった。

そしてある日、突然に徳川の政治体制が瓦解してしまった。もちろん、金次郎にとっては寝耳に水だった。かれと弟は青山の役宅から出ていかねばならなくなった。金次郎にかぎらず、幕府譜代の直臣たちはなんの心がまえもできていないまま、ふりかかった災厄として耐え忍ぶしかなかったのである。

ところが、金次郎が彰義隊に加わると言いだした。弟が兄の上野行きに反対した。御主君は恭順せよと仰せられているではないかと弟は説いた。金次郎は苛だたしげに弟に言った。

「ええ、黙って聞け。おれがこれから上野へ駈け込もうというのは、主人の為でもねえ、忠義の為でもねえ、この金さんの腹の虫が納まらねえからだ。田舎侍が錦切れを嵩にきて、大手をふってお江戸のまん中へ乗込んで来やあがって、わが物顔にのさばり返っている。それじゃ江戸っ子が納まらねえ、第一にこの金さんが納まらねえ」

かれは愛人に向かっては、つぎのように言った。

「本気だ、本気だ、こんな自堕落な人間でも、相馬の金さんは江戸っ子だ。いつまでも小さくなって恭順していられるわけのものじゃあねえ」(11)

向こう意気が強いだけの金次郎の啖呵《たんか》だった。だが、かれひとりだけの気持ちではなかった。

四月十一日に江戸城が引き渡され、寛永寺に謹慎していた慶喜は水戸へ移った。主君がいなくなって、彰義隊の名分は消え、脱落者はあいついだが、それでも二千五百人の最初の隊員のうち一千人が残っていた。かれらの主張や理屈の底にあったのも、「それじゃ江戸っ子が納まらねえ」といった感情だったのである。

金次郎は上野の山へ行った。弟もやむをえずついていった。戦いがはじまった。高性能の後装銃を持った三千の敵に囲まれ、大砲を撃ち込まれて、彰義隊は浮き足だち、たちまち総崩れとなった。かれらは谷中、根岸へ敗走した。

芝居の筋とは関係ないが、つけ加えておけば、三百人近くの彰義隊員が上野とその周辺で戦死し、脱出できた者は北関東、奥州で戦い、生き残って降伏した者は牢に入れられ、ある者はそっと江戸に戻った。たとえば岡本綺堂の父はそのようなひとりだった。上野から逃れ、宇都宮、白河口で戦い、傷を負ったあと、ひそかに江戸に戻り、新しい港町の横浜へ行き、英国公使館に職を得たのだった。

芝居の金次郎はといえば、前に述べたとおり、流れだまにあたってしまい、動けなくなった。なおも意地を張って言った。「なあ、半三郎、おれも御行の松の下で腹を切りゃあ立派なものだ」

そこへかれらを探していた愛人と友人が来た。金次郎は友人に介錯してくれと頼んだ。正岡容が明治座で観たその日、金次郎を市川左団次、友人を中村吉右衛門が演じていた。金次郎が最後の言葉を口にする。「おれも一世一代だ。しっかり頼むぜ」脇差を腹に突きたてる。友人が刀を抜いてうしろへまわる。愛人と弟が手を合わせる。急に雨の音が激しくなる。一発、二発と銃声が聞こえてきて、幕がおりる。明るくなった客席で、まわりの人びとの目が赤かったことを正岡は思いだす。

かれは考えつづける。その明治座も一度焼け、もう一度焼けてしまった。明治時代に建てられた明治座は歌舞伎座に似た建物だった。外装は鼠色で、正面入口は格子戸口の古風な鼠木戸だった。かれはそこで岡本綺堂の「修禅寺物語」を観た記憶がある。地震では倒れなかったが、川を越えての火炎に呑まれ、焼失してしまった。

昭和三年に再建された明治座は四階建てである。三月十日の未明、火に追われた老幼男女がそこへ逃げ込んだ。ところが、楽屋口から火が入り、避難していた数百、数千人の人びとはそこで焼け死んだのだという。東京はどうなってしまうのか、相馬の金さんのわれわれはどういうことになるのだろうかと、正岡はぼんやり考える。

日銀総裁室の渋沢敬三

渋沢敬三は日本銀行本店の二階にある総裁室にいる。広い部屋のなかに暖房はなく、外套を着たままで椅子に坐り、膝に毛布をかけている。火鉢は置いてあるが、火はない。

かれは小磯内閣が総辞職したというニュースをすでに承知している。

ことと次第によっては、大蔵大臣になってくれともういちど声がかかるかもしれないとかれは考える。昨十九年七月に東条内閣が倒れたあと、かれは新首相の小磯大将に招かれた。大蔵大臣になってくれないかと言われたが、固辞したのだった。

それから八カ月がたつ。かれが日銀総裁に就任してからは一年になる。一年前、八カ月前と比べ、情勢はいよいよ悪化している。やがては重大な決断をしなければならなくなる。それをするのは新内閣なのか。それともそのつぎの内閣なのか。

戦争終結のことを考えれば、かれは内浦の網元の家に保存されていた三百六十年にわたる古文書の山のなかに、富士山の記述がなかったのを思いだすことがあったにちがいない。内浦は伊豆半島の頸部にあり、駿河湾のいちばん奥にある。昭和七年にかれは病気療養のため、そこに四カ月滞在したことがある。旅館の部屋に坐り、沖に釣りにでて、夜明けから夜のとばりがおりるまで、真正面にそびえる富士山を一日眺めて暮らし、そのときどきの富士山を話題にする毎日だった。

ところが、戦国時代にはじまり、徳川時代、明治初年までの二千余点にのぼる内浦の文書のなかに、大噴火した富士山、噴煙をあげる富士山、休火山となった富士山がまったくでてこなかった。漁業権、漁撈、魚の販売、税制の覚え書きや記録ばかりなのだから、富士山の記述がなくて不思議はなかったが、それでもかれは興味深く思った。かれは銀行につとめるかたわら民俗学の研究所を開いているが、かれの研究所で刊行した「豆州内浦漁民史料」の序文にその疑問を記したのだった。

内浦の人は富士山について記すことはなかったが、かれらの視界にはつねに富士山があった。同じように、現在、敬三の脳裡には戦争終結の問題がある。だれの胸中にもその問題があるにちがいないとかれは思う。ところが、その問題は、かれが検討し、決裁する書類にはでてこない。かれが目を通す参考資料にでてこない。もちろん、新聞、刊行物にもでてこない。

それどころか、かれは日銀の部下たちとこの問題を論じたことはない。かれが日銀内でいちばん信頼している副総裁の谷口恒二《つねじ》ともこれについて語り合ったことはない。毎日、金融機関や企業の首脳、政府の長官と会っているが、かれらと話し合って、この問題に踏み込んだことはない。かれがこの問題をひとり考えれば、浮かびあがるのは祖父の顔であり、祖父との対話になるのであろう。そして今日、小泉信三が徳川慶喜を思い浮かべたように、かれの脳裡にも慶喜の姿が浮かぶのであろう。

渋沢敬三は四十八歳になる。かれは渋沢栄一の嫡孫である。栄一譲りの丸顔の福々しい風貌である。大正十年に東京帝大経済学部を卒業して、横浜正金銀行に入行した。ロンドン支店に勤務して、博物館と音楽会へ通い、イタリアからノルウェーまでを旅行した。大正十五年にかれは第一銀行に勤めを変えた。戻ったというべきであろう。第一銀行は祖父栄一がつくった銀行だった。敬三は入行してすぐに取締役兼調査部長となった。

第一銀行は昭和十七年末に三井銀行と合併して、帝国銀行と名前を変えている。現在、丸ノ内の本店に勤める井上薫は、渋沢邸でおこなわれた催しものをはっきり覚えている。(12)井上が第一銀行に入行したのは昭和四年だった。最初に配属されたのが審査課だった。

同じ部屋に取締役の渋沢がいた。重役室に入らず、三十人ほどいる大部屋に机を置いていたのである。渋沢は十歳年下の井上に気軽に話しかけた。翌五年の四月、井上は渋沢に招かれ、三田綱町の邸を訪ねた。

その邸については前に触れたことがある。伊藤文吉、浅野良三、蜂須賀正といった政財界の二世、大名華族の邸といくつかの寺院がゆったりと敷地を分けた三田丘陵の一画にある。昭和十八年十一月に大東亜会議が開かれたときには、渋沢の邸は独立インド仮政府主席のチャンドラ・ボースの宿舎となったこともある。帝国ホテルから寝台が運びこまれ、給仕人と料理人が出張してきたのだった。

井上が渋沢邸を訪ねたのは、それより十数年前のことになるわけだが、広大な庭園の木々のあいだにはかがり火が焚かれ、招待された大勢の有名人がそここに集まっていた。太鼓がどろどろと高く低く響き、笛の音が鳴り、紺のはっぴ姿の若者たちがそのリズムに合わせて踊りだした。天龍川上流の村に伝えられてきた花祭と呼ばれる神楽だった。夜がふけるにつれ、踊りは荒々しくなった。小鬼が跳びはね、大きな鉞《まさかり》を持った鬼が出現した。暗闇のなかから鬼が突然現れると、体がすくみ、闇のなかに鬼が消えると、恐る恐るうしろをふり返ってみることになったのである。

井上が渋沢と同じ部屋にいた時期、渋沢は一日中そとへでていた。夕刻に戻ってきたかれは経済界の動きを説明し、政界の裏話、陸海軍の内幕を語って、井上を驚かせた。

なによりも渋沢の交友網のひろさに井上はびっくりした。

井上が驚いたのも道理、渋沢は大会社の幹部を知っていたばかりでなく、軍幹部、高級官吏、上層政治家たちと親密な関係を維持してきた。かれは財界でも屈指の交際家である。かれは人に会うのが好きだし、宴会好きである。新橋、柳橋の芸者でかれを知らない妓《こ》はいないとだれかが言えば、いや、日本中の芸者に知られていると反論がでたものだ。

なによりも、かれは座敷をもつのが巧みである。「座敷をもつ」というのは、有能な芸妓がお座敷を陽気にとりまとめることだが、敬三は客と芸妓たちを楽しくさせる手腕をもっている。要するにかれは万事に細かい気づかいをみせることで、人気があった。たとえば上海に行っても、かれはそのような気づかいをみせた。上海を訪ねた金融界の幹部は多いが、浙江《せっこう》の財界人たちに好かれ、信頼されたのはかれひとりだと言われたものだった。かれはまた、上海の日本人コミュニティにある何軒かのお茶屋で遊んで、芸者たちのすべてに、ほんとうに粋な方だと言われたのである。

かれが財界人として多忙な毎日を送りながら、べつにつづけてきたのが、同好の士を集めての民俗学の研究である。アチック・ミューゼアム、のちの日本常民文化研究所を主宰してきた。先ほど述べた伊豆の内浦の研究も、そこでおこなわれた。研究所は三田綱町の邸内にある。研究者や大学生たちが毎日そこに集まった。渋沢の帰宅は夜の十時すぎが普通だったが、ただちに研究所へ行き、かれは同人や地方から来た研究者たちと十二時すぎまで話し合った。

敬三が自分でおこなった研究は魚名の方言の収集とその整理だった。そのような辞典をつくれば、「延喜式」をはじめとする古文書の解読、魚介、漁業史の研究に役立つだろうと思ったのである。昭和十二年と十三年の二年間は、かれは出勤前の午前六時半から八時半までの二時間、かならず机に向かった。「日本魚名集覧」の第一部を昭和十七年に出版し、昨年十月に第二部を刊行した。

そこでかれの本業のほうだが、昭和十六年末にかれは第一銀行の副頭取となった。翌十七年三月に日本銀行に迎えられ、副総裁となった。そして昨年三月にかれは総裁に昇格した。マーシャル群島があっというまもなく敵の手に渡ってしまい、太平洋の中心基地であるトラック島が徹底的に叩かれ、首相が「今やまさに帝国は文字通り隆替《りゅうたい》の岐路に立っている」と述べたときだった。

退勢を食いとめ、巻き返しを図るためには、方法はただひとつあるだけだった。航空戦力を増強しなければならず、そのためには航空機の生産を大幅に増やし、搭乗員を大々的に訓練しなければならなかった。昭和十九年度の航空機の生産目標は二万機だったが、それを二倍半の五万機とした。

日銀総裁となった渋沢はインフレーション政策によって原料と資材不足の隘路を突破

しようとした。航空機生産工場と関連する資材工場の拡充と新設のために、資金を無制限に供給できるようにした。日銀は日本興業銀行と戦時金融金庫に厖大な資金を貸し出した。

だが、日本銀行券の大増発によって、航空戦力を二倍にすること、二倍半にすることはしょせん不可能である。高進するインフレだけが残ることになる。そして現在は、戦費と生産資金ばかりではなく、工場の疎開費用と空襲による戦争保険金の支払いが必要となり、巨額の資金を放出しなければならなくなっている。これまた日本銀行券の増発でまかなわなければならない。

三田綱町の家には、すでに敬三の家族はいない。妻の登喜子と二人の娘、則子と黎子は十和田湖に近い青森の三本木《さんぼんぎ》町に疎開している。二十歳になる長男の雅英《まさひで》は昨年の十月に召集され、前橋の陸軍予備士官学校に在校している。

研究所にもメンバーの姿はない。最盛期には毎日二十人もの研究者が集まっていたのだが、かれらのあらかたは出征してしまい、残っている者も東京へでてこられないようになり、だれもが研究する時間と余裕を失ってしまっている。敬三の魚名収集と整理の仕事をずっと手伝った内田ハチも、近く秋田へ疎開する予定である。

ところが、邸内は無人ではない。敬三は邸を開放している。母家の一部と研究所には三田警察署の幹部が寝泊まりしている。近くの赤羽国民学校に駐屯している警備隊の将校も泊まらせてもらえないかと言ってきている。また邸内には横穴式の大きな防空壕があり、これも隣近所の人びとに開放している。

昨日の夜明け前の空襲については前に述べたとおり、三時間にわたって爆撃はつづき、敵機はいたるところに爆弾を落とした。防空壕は隣組と近所の人びとでいっぱいになった。渋沢邸の隣に住む小泉信三も、文久三年の生まれ、八十歳になる母を背負って、この防空壕に避難してきたのだった。

「徳川慶喜公伝」

今日、四月五日のことに戻れば、総裁室で渋沢敬三は依然として考えつづけているのであろう。思い浮かぶのは祖父の栄一であろうとは前に記したことだが、思いだすのは祖父が皇族懇談会で語ったという話になるのではないか。

敬三が祖父からその話を聞いたのは、昭和のはじめだった。かれの祖父は昭和六年に没したのだから、昭和三年か、四年のことだったにちがいない。栄一は皇族懇談会に招かれ、つぎのように話したのだという。

「国というものは、つい、なんとなく永久不変につづくものと考えがちだが、そう長くもない自分の一生涯を顧みても、そのあいだにナポレオン三世は亡び、またしばらくしてプロシャがたちあがり、種々の変化のあと、半世紀も経ずに消亡してしまっております。一国が一個人の生命より短かいこともあるので皆様方もただ晏如《あんじょ》としていてはいけない。充分御勉強になるようにと申し上げた[13]」

一国の運命について語るのであれば、当然ながら徳川政府の滅亡を例に挙げ、フランスから帰国し、横浜港に到着したときのかれ自身の思い出を語らねばならなかったにもかかわらず、祖父はそれを口にしなかったのだと敬三はいま考えるのであろう。つづいて、かれの脳裡に浮かぶのは二十八年前のことになるはずである。

大正六年夏の思い出だった。敬三は湯河原の旅館に逗留している祖父を訪ねた。祖父は七十八歳、敬三は二十歳だった。

その前年、祖父と敬三とのあいだで争いが起きた。敬三は理科に進学すると言い張った。かれは動物学者になりたいと思っていた。祖父が反対した。それというのも、それより数年前、栄一は敬三の父の篤二を廃嫡にしていた。そこで栄一はどうしても直系の孫を自分の後継者に育てたいと願っていたのである。半年の反抗のあと、敬三は動物学者になるのを断念した。祖父が涙をこぼし、母の敦子は泣いて喜んだ。敦子の夫の篤二は家をでて、愛人と暮らしていた。

そしてその翌年の夏休み、仙台の第二高等学校の英法科に在学していた敬三が湯河原を訪ねたのは、祖父を安心させ、喜ばせようとしてのことだった。天野屋の広い座敷に祖父はひとり机の前に坐っていた。慶喜公伝の序文を書き終えたばかりだった。徳川慶喜公の伝記は多くの人をわずらわし、二十数年かかってやっとできあがり、半年のちにには上梓の予定となっていた。

　どうして栄一は徳川慶喜の伝記を編纂したのか。

　栄一は青年時代に一橋家の家来であり、慶喜の家臣の一員だった。もともと栄一の生家は武蔵国血洗島《ちあらいじま》で農業を営み、一橋家とはなんの関係もなかった。かれは一橋家に仕官し、採用され、上司からその才能と手腕を認められて、出世したのである。幕閣でも、外交、軍事部門を中心に、身分にかかわりなく、優れた人材を重要ポストに登用することになっていたから、徳川の政治体制がずっとつづけば、渋沢はやがて大蔵大臣になり、外務大臣となったことはまちがいない。

　だが、徳川の政治体制はつづかなかった。幕府軍と反幕府軍が鳥羽伏見で戦い、幕府方が敗れた。このさき述べる機会があると思うが、徳川側はまだまだ戦うことができた。ところが、慶喜は江戸に逃げ帰り、上野寛永寺にひきこもり、恭順の意を表した。こうして徳川政権は瓦解した。

　渋沢栄一はそのとき、将軍慶喜の弟の昭武《あきたけ》に随行して、フランスにいた。故国の情報は断片的に入った。帰国の船旅のあいだにも、日本からのニュースが届いた。栄一とかれの仲間は憤慨し、興奮を抑えかねていた。怒りは慶喜に向けられ、公が腑甲斐ないのだ、臆病なのだという非難になった。横浜の埠頭に上陸したとき、すでに年号は明治と変わっていて、元年十一月だった。日本を離れていた一年半のあいだに、徳川政府が崩壊してしまった現実を、かれは改めて知ることになった。

慶喜公が正しかった、自分の見方は単純にすぎたと栄一が思うようになったのは、それから二十年のちのことになる。かれは慶喜の伝記をつくろうと思いたった。慶喜ははじめは伝記編纂に反対だった。やがて関心をもつようになったが、伝記の完成をみないで、大正二年に他界した。

やっとのことで伝記のすべてができあがった。そして前に述べたとおり、栄一が序文を書き終わったとき、孫の敬三が来たのである。序文は、四百字詰めの原稿用紙にして三十三枚もあった。栄一は敬三に向かって、声をあげて読んでくれないかと言った。

敬三は読みはじめた。全体の半分ぐらいまできた。

「……斯《か》くして追々と歳月を経るに従って、政権返上の御決心が容易ならぬ事であったと思うと同時に、鳥羽・伏見の出兵は全く御本意ではなくて、当時の幕臣の大勢に擁せられて、已むを得ざるに出た御挙動である事、而して其事を遂げんとすれば、日本は実に大乱に陥る、又仮令《たとえ》幕府の力で薩長其他の諸藩を圧迫し得るとしても、国家の実力を損する事は莫大である、殊に外交の困難を極めて居る際に当って左様な事をしては、皇国を顧みざる行動となると悟られた為である事、又茲《ここ》に至っては弁解するだけ却《かえつ》て物議を増して、尚更事が紛糾するから、愚と言われようが、怯と嘲けられようが、恭順謹慎を以て一貫するより外はない、薩長から無理と仕懸けた事ではあるが、天子を戴いて居る以上は、其無理を通させるのが臣子の分であると、斯《か》く御覚悟をなされたのだという事を理解したのは、実に明治二十年以後の事であった。

　爾来折々公に拝謁して直接に御話をも伺い、又種々の人からの談話をも聞き、之を綜合して前日の疑念が益《ますます》解ける様になって来た。

　例えば曩《さき》には怯懦の疑があったが、若《も》しも彼《か》の時に公が小勇に駆られ、卒然として干《かん》戈《か》を執って起たれたならば、此日本は如何なる混乱に陥ったか、真に国家を思うの衷情があれば、黙止せられるより外に処置はなかったのであるという事を、染々《しみじみ》と理会したのである。

　斯様に理会して見ると、公が国を思う所の御思慮の深遠なる事は、私どもの凡慮の及ぶ所ではないと深く感激して、公が此の如き御心で彼の如き態度に出で、御一身を犠牲になされる苦衷は、人に語るべき事ではない、却て他人よりは逆賊と誣いられ、怯懦と嘲られても、じっと御堪えなされて、終生之が弁解をもなされぬというは、実に偉大なる御人格ではあるまいかと、尊敬の念慮は弥益《いやますます》切なるのであった。……」(14)

　じつは敬三はここまで読むことができなかった。目がうるみ、文字がかすんだ。涙が頬を伝った。こらえようとして、せき込み、涙はとまらなかった。(15)

　敬三がじっと思いにふければ、湯河原の夏の日に祖父の前に坐った自分の姿が浮かび、徳川慶喜の決断にたいする祖父の評価を思いだし、ふたたび現実に戻ることになるのであろう。やがて重大な決断をしなければならなくなる。慶喜公がおこなったような決断が必要となる。慶喜の役割を果たすのはだれであろうか。

かれは首を横に振り、その問題を考えるのをやめ、べつの計画に考えを移したのではないか。

重大な決断をくだしたそのあとには日本はどうなるのか。停戦ともなれば、取付け騒ぎが起きよう。金融界、そして財界は大混乱となろう。そんなことよりも、今年はともかく、来年は食糧不足となり、国民は飢えに苦しむことになるにちがいない。領土はどこまでせばめられるのか。工場はどれだけ残るのか。版図は半分になってしまい、そこに七千万の同胞が生活していかねばならなくなる。

さきのことはまったく見当はつかないが、たしかなのは共産勢力が力を強めるということであろう。いかなるかたちで戦争が終わるにせよ、ヨーロッパと同様、日本でも共産党が活動の自由を得るにちがいない。モスクワや延安からは共産主義者が戻ってくる。共産党は左派グループを味方に引き入れ、戦争責任者の追及とブルジョワジーの打倒を叫び、ゼネストを指導して、権力の奪取に邁進することになるにちがいない。

渋沢はこのように考え、さらに思索をつづける。戦いのあとの見通しをたて、将来の問題を考え、できればこれからおこなわれることが長期目標と背馳しないようにしなければならない。研究会を開き、外部から学者を招かねばならない。永田清、大熊《おおくま》信行、板垣与一《よいち》、土方成美《ひじかたせいび》、本位田祥男《ほんいでんよしお》といった経済学者の顔が浮かぶ。論壇で活動し、政策当局に協力し、ときに問題を投げかけてきた学者たちである。だが、かれらを招くつもりはない。だれを呼ぶかはすでに決めてある。大内兵衛だ。

大内は少々危険な人物かもしれない。だが、このさきの日本経済はどのようになるか、どのようにしなければならないかを描くことができるのは、かれのようなマルクス経済学者ではないのか。渋沢はこんな具合に考えているのである。

五十六歳になる大内兵衛は以前に東京帝大経済学部の教授だった。昭和十三年二月にかれは同僚の二人の教授と法政大学、東北大学の教授とともに逮捕された。いわゆる「教授グループ」事件に連座したのである。

大内らの逮捕に先立ち、内務大臣の末次信正が部下の警保局長の富田健治、警視総監の安倍源基《あべげんき》とどんな協議をおこない、さらに内務大臣が文部大臣とどのような会話を交わしたかは、このさきも明らかにされることはないであろうが、逮捕の狙いが政治的なものであったことは明瞭だった。国全体に警戒心を起こさせ、教育界に大きな衝撃を与え、さらには大学の進路をしっかりと定めようとしたのである。

当然のことながら、第一審で大内は無罪だった。もっとも有罪の者が二人いた。そして昨十九年九月の二審の判決は、八人全員が無罪となった。だが、東京帝国大学は大内とほかの二人の教職復帰を認めなかった。大内は淀橋柏木にある大原社会問題研究所に通っている。研究所の運営費が鮎川義介の義済会によってまかなわれていることは前に述べた。大内はアダム・スミスの「国富論」の翻訳をしてきた。昭和十五年九月から昨年十一月までかかった。

渋沢は大内を個人的には知らない。日銀には大内の弟子はいくらでもいるが、かれは学生時代に大内の教室にでたことがなかった。知っているのは、大内が義済会の月例会に欠かさず出席していること、教授時代に学生たちの就職の面倒をよくみたといった話である。前頭クラスの多い経済学者のなかで、その小男は大関の風格をもっているという評判である。

大内兵衛に会ったら、単刀直入、「戦争もいよいよ終末に近づいた。戦後はいろいろのことが難しいと思う。それで、それらについて知恵を借りたい[16]」と言うことにしようと渋沢は考えつづける。

大船駅の近衛

近衛文麿は大船駅構内の引込み線にとまった旅客列車のなかにいる。午後二時半になる。同じ四月五日である。

遠くの線路に十人近くの女と子供たちが見える。かがんでなにかをしている。石炭を拾っているのだ。機関車から捨てられた灰のなかから燃え残りの石炭を探しているのである。

近衛は東京へ行こうとしている。今朝早く、木戸幸一から小田原の近衛の別宅に電話がかかり、重臣会議を今日の午後四時に開くと告げてきた。内田信也からも電話が入った。重臣会議に先立ち、岡田啓介と牛込の寺田甚吉の邸で協議をすることにした。

近衛は岡田がいよいよ肚《はら》を打ち明けるつもりなのだと思った。鈴木貫太郎大将を推したいから、協力を願うと言うにちがいなかった。ほかに首相候補はいないから、鈴木を推すしかなかった。だが、岡田の本心を聞いておかねばならなかった。鈴木内閣をつくって、どうやって戦争終結にもっていくつもりなのか、岡田の考えを確かめねばならなかった。午後二時四十五分に会うことにした。

だが、約束の時間までに牛込に着くことはとてもできない。それどころか、午後四時の重臣会議にも間に合いそうにない。

列車は小田原始発十二時十五分、東京には午後二時十五分の到着予定だった。ところが、保土ケ谷駅と横浜駅のあいだの線路が八十メートルにわたって破壊されてしまっていた。四月四日未明の爆撃によるものだ。一日半たった現在、まだ完全に復旧していない。下りの旅客列車が大船駅を離れ、これまた下りの貨物列車が通りすぎた。だが、近衛が乗っている上りの列車は動かない。

近衛は考えにふける。昨日の午後三時に木戸から小磯内閣総辞職の知らせを受けて以来、ずっと考えてきた問題を繰り返し考えることになる。そして考えつづければ、小泉信三が徳川慶喜を思い浮かべ、河田烈や渋沢敬三がこれまた慶喜を思いだしたにちがいないように、かれの脳裡にも慶喜の姿が浮かぶことになるはずである。

近衛は慶喜の役割を果たすのが自分の運命なのかもしれないと友人に語ったことがある。いつからかれはそんな具合に考えるようになったのか。ほかの人びとがかれを慶喜と比較し、似ていると述べたのを承知していて、それに反発する気持ちが働いて、わざとそのように言ったのかもしれない。じつは近衛が十五代将軍と似ていると語った人たちは、慶喜を褒めず、近衛を褒めることもなかったのである。

近衛と慶喜を対比して、それを文章にしたのは田中惣五郎が最初だったのかもしれない。田中もこの二人に敬意を払わなかった。現在五十歳になる田中は中学校の教師であり、余暇に歴史を題材にした評論や伝記を書いてきた。「維新の英傑」「近代日本官僚史」といった著書がある。

かれの考えはもともと左寄りである。かれが「革新」といった名前の雑誌に「近衛と慶喜」という題の論文を載せたのは昭和十四年のことである。最初の一節はつぎのとおりだった。

「現代は、資本主義末期の現象を呈して居るとはいえ、果して十五代であるかどうか判定に苦しむところがあり、苦しまぬとしても、明言を憚るものがないとはいえまい」

田中は反資本主義的な態度を隠さなかったが、もちろん、隠す必要はなかった。昭和のはじめのマルクス主義につづいて、そのあとは協調組合主義が流行し、組織し、統制された経済にしなければならないと主張して、自由市場原理に反対する風潮はとぎれることがなかったからである。

田中は徳川慶喜が歴史に果たした役割をつぎのように述べた。

「幕末の幕府は、家茂《いえもち》、直弼《なおすけ》的な保守派がまず敗退し、第二段において慶喜、容保《かたもり》的な修正派がこれに代り、これの敗退によって一片づきついたと見るべきであり……」(17)

そのあと田中は近衛について論じようとした。近衛はそのとき首相をやめ、平沼騏一郎が首相だった。だが、近衛は過去の人ではなかった。やがてかれは新しい国民政党を結成し、ふたたび首相となり、庶政一新に取り組むものと多くの人びとから期待されていた。

そこで田中はつぎのように書くつもりだったのであろう。「守旧派」のあとを継いだ慶喜と同じく、近衛は「第二段」の「修正派」の役割を果たすことになるにちがいない。そして慶喜と同じ運命をたどるのではないか。ところが、田中はこのように書こうとはしなかった。ずるずると慶喜の略歴を綴り、それで終わってしまった。おそらく田中が編集者に向かって、近衛と慶喜を対比して語ったときには、自分の着想をすばらしいと思ったのであろう。だが、かれは書きはじめてみて、これはおもしろくないぞと気づいたのではなかったか。

自分が見つけだしたように思ったアイデアは、反対陣営の連中が喋っている主張と同じだった。皇道派の退役将軍や財界人、右翼の幹部たちが不平を洩らし、近衛は左翼勢力の俘虜《とりこ》になってしまったと語り、かれは仮面をかぶった共産主義者に騙されているのだと非難していたことは、田中の耳にも入っていたはずだ。まさに田中が考えた論旨と同じだった。徳川慶喜の名前を挙げるか、挙げないだけのことだった。

保守派の人びとが近衛の動きに神経をとがらせ、警戒の声をあげるのは当たり前だった。ところが、革新派の一員である私が、近衛は慶喜の役割を果たすことになるだろうとさかしら顔に言いたてて、いったい、なんの利益があるのか。田中はこのように考えたにちがいない。

こうして田中の「近衛と慶喜」はわけのわからないものになってしまったのであろう。だが、田中と反対陣営の人びとが慶喜の名前を挙げ、近衛との対比をおこなうことになった。例えば尾崎秀実が逮捕されたあと、そのような話をする人たちがいた。尾崎は昨十九年十一月に刑死してしまったが、かつては近衛の側近のひとりだった。かれは近衛の秘書官たちが集まる朝飯会に加わり、総理官邸内に執務室をもっていたこともあった。

かれは近衛に多くの意見書を提出した。そのなかには国民組織論もあった。かれが捕らえられたあと、情報に通じた者はつぎのように言った。〈尾崎は近衛をケレンスキーにしようと企んだのだ。十五代将軍にしようと仕組んだのだ〉

もっとも、尾崎秀実が逮捕される前に、近衛は内政、外交政策を百八十度変えてしまい、革新勢力を見捨ててしまったのがほんとうの話だった。そこで革新派の人びとはいずれも近衛の変心に落胆し、かれは気力に欠けている、がんばり抜くことができない、結局はお公卿さんなのだとこぼし、徳川慶喜とよく似ていると嘆息したのだった。おそらく田中惣五郎や逮捕される前の尾崎秀実も、そんな不平不満を語っていたにちがいなかった。

そして近衛がアメリカとの戦いを回避しようとして、大きな譲歩もやむをえないと主張するようになれば、さらにべつの人びとも加わって、かれは決断と勇気に欠く、徳川慶喜によく似ていると非難の声はいっそう大きくなったのである。

近衛は自分に対するこのような陰口や批判を承知していたからこそ、逆にわざわざ自分を慶喜と比べてみせることになったのであろう。かれは有馬頼寧《よりやす》につぎのように語った。

「ぼくは慶喜公の役割をするのではないかと思う」

同じときのことか、それともべつの機会にか、かれはつぎのようにも言った。「慶喜公は十五代将軍になる以前、十三代将軍になる話があった。もし慶喜公が十三代の将軍になっていたら情勢はもっと違った形をとったであろうし、慶喜公自身の運命ももっと違ったものであったかもしれない(18)」

有馬は近衛がそれをいつ語ったのかを明らかにしなかった。アメリカとの戦いがはじまってあとのことだったのではないか。昭和十八年か、それとも昨十九年のことだったにちがいない。

近衛がいよいよ慶喜の役割を果たさねばならないと考えたのは、昨十九年六月末のことだった。七月一日に、かれは山本有三に電報を打った。来てくれといったのである。山本は昨十九年の三月から栃木市万町《よろずちょう》に疎開していた。東京行きのその日の切符はなかった。翌二日の切符も売り切れだった。やっとのことで、七月三日に山本は近衛の荻窪の家を訪れた。

「徳川の負けっぷり」

山本は現在、五十七歳である。文筆活動は昭和十八年十二月号の「主婦の友」に「米・百俵」を発表したのが最後となった。その戯曲は昨年六月に新潮社から刊行された。山本が近衛と第一高等学校で同じクラスだったことは前に記したし、かれが近衛のブレーントラストの一員となっていることも前に述べた。首相時代の近衛がラジオで講演して、なかなか文学的だと評判のよかったことがあったが、その草稿を書いたのが山本だった。

また、今年の一月から山本の肝煎りで、志賀直哉、安部能成、田中耕太郎らが集まり、会合を重ねてきている。これについても前に述べた。この三月末のことになるが、山本はある人から注意を受け、「近衛氏の命を受けて、山本氏が秘密会をやっている」という噂が飛んでいると教えられた。海軍大学校に勤務しているフランス文学者の河盛好蔵《かわもりよしぞう》が岩波書店の吉野源三郎に話したのだという[19]。どうしてそんなところにいる者がこの集まりのことを知っているのかと山本は薄気味悪く思い、やがて憲兵の耳にも入るにちがいないとかれは心配している。

昨十九年七月三日のことに戻る。山本は近衛の邸を訪ね、かれの話を聞いた。東条内閣を打倒し、大転換をおこなうつもりだと近衛は語った。大転換がなにを意味するのかは山本にも見当がついた。声明を書いてくれないかと近衛が言い、さらに説明して、東条の暗殺をも辞さないのだと語った。山本が不意を打たれて驚き、もうすこし詳しく話してくれと言い、それはできないと近衛が答えた。

二人のあいだで押し問答がつづいたあと、近衛は明後日にふたたび会おうと言い、つぎのようにつけ加えた。「君、維新の際の、徳川の負けっぷりね。あの話、あさって、もう一度、聞かせてもらいたいんだが[20]」

山本はうなずいた。前にかれが語ったのは、江戸城明渡しの話だった。小説や芝居に何度もとりあげられたことのある勝海舟と西郷隆盛の有名な談判の場面だった。

幕府の陸軍総裁の勝と官軍督府参謀の西郷は江戸高輪の薩摩藩邸で交渉した。隆盛は江戸攻撃を中止すると約束した。そして徳川慶喜の備前藩お預けという処分をとりやめにし、かれを出身地の水戸で謹慎させることにとどめた。

西郷の度量と勝の腹芸によって、江戸開城は平和のうちにできたと褒めたたえられる逸話であったが、ほんとうは勝が策略を使い、英国公使に頼み、背後から西郷に圧力をかけさせていたのだと山本は近衛に語った。英国公使のパークスが降伏条件の緩和を西郷に押しつけたのだ。パークスの部下の回想録を読んでいて、それを裏づける事実を見つけたのだと山本は説明したのである。

山本有三が読んだのはアーネスト・サトウの回想録だった。それは昭和十八年のはじめに出版された。翻訳した塩尻江市は後書きでつぎのように述べた。

「本書はアーネスト・サトウが、文久二年来朝から明治二年賜暇帰英まで六年半の間のことを、主としてその日記に基いて書綴ったもので、我国外交史上の貴重な文献であるばかりでなく、当時の国内政情、人物、世態、風俗等に関する興味深い記録である[21]」

塩尻は京都帝大の法経図書館からその原書を借りて読んだ。はじめて知る事実にあふれ、注意力がすみずみまでゆきとどいた本だった。図書室主任の天野敬太郎に向かって、どうしてこんなおもしろい本をだれも訳そうとしないのかと尋ねた。

その本がロンドンで刊行されてから二十年ものあいだ放っておかれたのは、そのなかにめんどうな箇所があるからだった。孝明天皇の死についての記述があった。消息に通じている日本人から、天皇は毒殺されたと聞いたとサトウは書いていた。塩尻は天野からそんな説明を受けたのであろう。

それでも塩尻は翻訳したいと思い、日本評論社の森三男吉に相談した。菊判四百ページの本だから、翻訳すれば上下二冊となる。二冊の本となれば、日本出版会が用紙不足を理由に挙げ、出版を認めないことは目に見えていた。半分に縮めることにした。問題の箇所も削ってしまった。

そしてもうひとつ、原題が「日本における一外交官」というのもまずかった。どうして敵国の外交官の回想録をいまこの御時勢に出版する必要があるのかと詰問されるにちがいなかった。「幕末維新回想記」という無難な題に変えた。なんなくパスした。

こうしたわけで山本有三はサトウの回想録を読み、江戸攻撃がはじまる直前、勝がサトウに会っていた事実を見つけだした。勝はサトウに向かって、慶喜公は寺にひきこもり、謹慎していると語り、それにもかかわらず、なおも攻撃するというのなら、慶喜公の命を守るために戦いをつづけざるをえないと述べた。勝はさらにつづけて、英国公使のパークス卿はミカドの政府に影響力をもっているのだから、戦いを未然に防ぐために尽力してほしいと懇請していた。

有三はサトウの回想録から、パークスが西郷にはっきりと警告している事実をも見つけた。慶喜にたいして苛酷な処分、とくに体刑をもって臨むならば、欧州諸国の世論はその非を鳴らし、新政府の評判は大きく傷つけられることになると告げていた。

山本有三はこうした発見を近衛に語ったのだが、再度聞かせてくれということで、近衛は戦争終結の方策を探しているのだと思い、首相暗殺の計画を聞いたのにつづいて、これは大変なことだと興奮した。山本は三鷹下連雀の自宅に帰った。かれは東京にいるときはそこに寝泊まりしていた。

七月五日の朝、山本はふたたび近衛を訪ねた。話をはじめたが、近衛は上《うわ》の空だった。山本が言葉をきっても、近衛はうなずきもせず、質問もしなかった。山本の意気ごみはしぼんでしまった。前に語った話の中身と同じなのだから、近衛が熱心に耳を傾けないのも無理はないと思い、いい加減なところでやめてしまった[22]。

近衛が山本の話に退屈していたのは事実だった。近衛が山本から聞きたかったのは、勝が薩長側との取り引きに際して、英国を利用したといった話ではなかった。勝海舟の機略といった物語にはなんの関心もなかった。かれが山本に向かって、「徳川の負けっぷり」を話してくれと言ったのは、まさにそのとおり、「負けっぷり」それ自体だった。

近衛はなにを考えていたのか。かれが山本に「徳川の負けっぷり」を話してくれないかと言ったのは七月三日のことだったが、その前日の七月二日、近衛は内大臣秘書官長の松平康昌《やすまさ》を招いた。かれはひとつの文書を示し、内大臣にそれを渡してくれと頼んだ。

それは戦争を終結させるための計画書だった。四百字詰めの原稿用紙にして六枚ほどだった。その冒頭はつぎのとおりだった。

「サイパン戦以来、海軍当局ハ連合艦隊ハスデニ無力化セリトイイ、陸軍当局モマタ戦局全体トシテ好転ノ見込絶対ニナシトイウニ一致セルモノノ如シ。即チ、敗戦必至ナリトハ陸海軍当局ノ斉《ひと》シク到達セル結論ニシテ、只今日《ただ》ハコレヲ公言スル勇気ナシトイウ現状ナリ」

敗北は不可避だと説き、近衛はつづけて述べた。

「此ノ際、陸海軍統帥首脳ヲシテ率直ニ右ノ事実ヲ確認セシムル事急務ナリ。ソノ方法トシテハ、事統帥に関スルヲモッテ陛下ヨリ厳然タル書面ノ形式ニテ御下問アラセラルルコト至当トス」

「右ノ御下問ニ関シ、次ノ場合考エラル。

一、直チニ辞表捧呈。

二、恐懼《きょうく》聖断ヲ仰グ。

三、敗戦ノ責任ヲ恐レ、明確ナル奉答ヲ避ク。
以上ノ中、三ノ場合ニハ有耶無耶《うやむや》ニ終ラズ、アクマデ御追究ヲ必要トス。

現内閣辞職ノ場合ニハ直チニ皇族（高松宮ヲ最適任トス）ニ組閣ノ大命ヲ降《くだ》サレ、新内閣ノ輔弼《ほひつ》ニヨリ時ヲ移サズ停戦ノ詔勅ヲ下シ給ウ」

近衛はさらにつけ加え、東条内閣が辞職したあと、戦争継続を標榜する中間的内閣を組織せしめることに反対して、その理由を記した。

「敵側ハ東条ヲモッテヒトラート相並ビ戦争の元凶ナリトシ、攻撃ヲ彼一身ニ集中シツツアリ。他ノ責任者出デ戦争ヲ継続スル時ハ、責任ノ帰趨不明トナリ、ソノ結果ハ累ヲ皇室ニ及ボスベシ(23)」

近衛はこのような計画をたてはしたが、とても木戸の支持を得ることはできまいと思ったのではないか。

近衛はつぎのように考えたのであろう。昭和十六年九月から十月にかけての対米交渉のもっとも重大な時機に、木戸は拱手傍観していた。かれの助力が必要だったときに、かれはなにもしてくれなかった。木戸はアメリカへの譲歩に反対し、主戦派に与《くみ》していたのだ。かれには三年前のその負い目がある。停戦しなければならないとはとても自分の口から言いだせまい。無条件降伏となるのを覚悟してでも、停戦しなければならないと口をきることはできないだろう。近衛はこんな具合に考え、木戸を味方に引き入れることは無理だと思っていたのであろう。

ところで、近衛は戦争終結のその計画をつくったとき、東条内閣を倒すためには木戸の協力を必要としないと見ていた。かれが山本有三に仄めかしたように、東条を暗殺しようとする計画があった。近衛のところに小畑敏四郎が来て、参謀本部のひとりの将校が東条を暗殺する機会を狙っていると報告した。東条暗殺を企む海軍軍人のべつの計画があることも、近衛は知っていた。

だが、東条内閣の打倒に成功しても、ただちに戦争終結にもっていくことはできない。これも近衛が承知していたことであった。

暗殺を企んでいる者たちは、東条を排除しさえすれば、もっとうまく戦うことができると考えていた。かれらの念頭には降伏などありはしなかった。肝心なことは、その暗殺計画を承知し、暗黙の支持を与えている者たちがまだ戦争はどうにかなるのではないかと思い、無条件降伏に近い降伏を受け入れる覚悟ができていないということだった。

かれらは連合艦隊が存在していると言い張るにちがいなかった。マリアナ沖海戦であらかたの優秀な空母機搭乗員を失ってしまったが、それでも空母群は残り、戦艦、巡洋艦、駆逐艦も健在だった。それらがあるかぎり、停戦に踏み切ることはできなかった。

近衛はこうしたことを知っていた。では、どうしてただちに戦争を終結しなければならないといった計画をつくったのか。かれはその意見書を木戸に呈示するだけでなく、ほかの何人かの重臣にも示すつもりだった。内大臣と重臣たちが口にしようとしない問題、考えることを避けようとする問題を論議させるきっかけをつくり、かれらに戦争終結の覚悟を促そうとしてのことだった。そしてかれの第二案に支持を集めることが、かれのほんとうの狙いだったのであろう。

かれは木戸に宛てた意見書のなかに、第二案を記していた。東条内閣を退陣させたあと、「従来主戦論ヲ唱エ来レル強硬分子ヲモッテ」「中間的内閣ヲ組織セシムベシ」というものだった。そのような内閣をつくったら、「責任ノ帰趨不明トナリ、ソノ結果ハ累ヲ皇室ニ及ボスベシ」と述べたばかりだった。だが、ただちに戦争を終結できないのなら、中間的内閣をつくるしかなかった。そして停戦の時期は、連合艦隊が出撃し、「コノ決戦ノ結果、敗北明瞭トナラバ、ソノ時停戦スルモ遅カラズ」と説いていた。

さて、「ソノ時」はいつごろになるのか。敵はサイパンから北上して、小笠原諸島を侵攻するかもしれなかった。それとも、フィリピンか、台湾を攻撃することになるかもしれなかった。敵軍の攻撃のテンポは早かった。昭和十八年十一月にギルバート諸島が占領されたのにはじまり、マーシャル群島が無力化され、つぎにトラック島、パラオ島が襲われ、サイパンが侵攻されるまで、二カ月から三カ月ずつの間隔だった。このさきいずれの進路をとるのであれ、三カ月あとには敵の新たな攻勢があり、連合艦隊は迎撃にでざるをえず、航空戦力が欠けている以上、結局は潰滅するか、潰滅に近い状態になると覚悟しなければならなかった。そこで三カ月か、四カ月さきに戦争を終結させるというのが近衛の真の計画だった。

近衛は内大臣や重臣たちがかれの計画の第一案に反対しても、第二案には賛成せざるをえないだろうと見ていた。だが、十一月か、十二月に連合艦隊が全滅してしまったとき、かれらは停戦を決意できるのか。またも尻込みするのではないか。言を左右にするのではないか。近衛が「徳川の負けっぷり」を考え、山本有三にそれを尋ねることになったのは、こうした理由からだった。

慶応四年の春、幕府の陣営はまだまだ戦うことができ、戦いつづけて、負けることはなかったはずであった。

たしかに慶応四年一月、幕府軍は鳥羽伏見の戦いで敗れた。だが、それは小さな戦いの小さな敗北だった。それより前に起きた戦い、二百五十年前の大坂夏の陣と比べればわかるとおり、その戦いはとるに足りない小さな戦闘だった。徳川慶喜側の軍隊は一万五千人、薩長軍は四千五百人、双方合わせて二万人たらずの戦いにすぎず、わずか三日間の戦いであった。徳川方にとって、その敗北はたいした痛手とはならなかった。つぎの戦いで勝ちさえすればよかったのである。

それはともかく、なぜその戦いに負けたのか。徳川方は戦場に薩長軍の三倍余の兵力を集めながら、どうして敗北したのか。士気が劣っていたわけではない。徳川軍の突撃隊は白兵戦を敢行し、敵の大砲陣地を占領しようとした。その邪魔物を取り除きさえすれば、まっすぐ抵抗なしに進撃でき、京都を無血占領できるはずであった。ところが、刀をかざした突撃隊の果敢な突進は、左右両側面からの反撃によって阻まれた。徳川方の軍隊は激しい銃火を浴びせられ、大きな犠牲をだし、撤退せざるをえなくなった。夜襲を試みたが、これもうまくいかなかった。市街戦となって、民家が燃え、燃えさかる火炎に照らしだされた徳川軍の将兵は狙い撃ちにされた。

いつの世も同じである。勝負を決したのは武器の優劣だった。勇気や熱誠ではなかった。たしかに兵力は徳川方が優勢だった。だが、戦場が狭く、その優位は役に立たなかった。勝敗を定めたのは小銃の優劣だった。徳川方の兵士たちが持っていたのは旧式な小銃だったが、長州の兵士たちが持っていたのは新式の小銃だった。それより十数年前にクリミア戦争ではじめて使われるようになったライフル銃だった。施条《ライフル》された銃であり、射程が長かった。幕府歩兵隊が持つ旧式なゲベール銃より、照準が数倍も正確だった。

徳川方の陸軍首脳たちには鳥羽伏見で敗れた理由はわかっていたはずだった。ライフル銃を入手しなければならなかった。容易なことだった。多くは望めないにせよ、フランスから最新式の後装銃を輸入することだってできた。それこそが勝利を保証する銃だった。先込めの銃の一発に対し、後装銃であれば、三発を発射できた。射撃の迅速性に加え、地面に伏したまま射撃できるという大きな利点があった。

東軍はつぎの戦いの計画をどのようにたてればよかったのか。箱根峠に防衛線を構え、フランス製の虎の子の山砲二隊を配置し、ライフル銃を持たせた予備隊を置くことだった。そしてもうひとつ、幕府の艦隊と二千人の歩兵部隊を乗せた輸送船団を伊豆半島西岸の戸田《へだ》あたりに秘密のうちに進出させることだった。抜群の火力と機動力をもった幕府海軍こそは、薩長を圧倒する戦力だった。西軍の攻撃部隊が三島を出発し、箱根峠へ向かって前進をはじめたとき、水陸両用部隊は戸田を出航し、沼津港に歩兵部隊を上陸させ、西軍を後背から攻撃すればよかったのである。

当然ながら鳥羽伏見の戦いのあと、慶喜の部下たちは戦うべきだと説いた。戦い抜いてこそ、汚名をそそぎ、嫌疑を晴らすことができると主張した。フランス公使もまた慶喜に向かい、戦いつづけよ、勝つことができると助言した。ところが、慶喜は徳川家の栄光を守ろうとせず、自分と家臣たちの運命をかえりみず、その身上と将来に目をつぶり、主戦論を斥けた。かれは主戦派の幹部たちを追放し、停戦、降伏に踏みきり、恥辱を受け入れたのだった。

家康になれず、慶喜にもなれないが

近衛が乗った列車は相変わらず大船駅にとまったままである。かれは護衛役の警官に指示し、大船駅の駅長のところまで行かせた。東京への電話を頼ませたのである。新橋駅に電話をさせる。新橋駅長は内大臣府と牛込の寺田甚吉邸に近衛公の到着が遅れることを知らせる。

近衛は考えつづける。

かれが戦争終結のための計画書を松平康昌に渡してから六日あとの七月八日、かれは木戸に会った。木戸は自分の考えを明らかにはしなかったが、外務大臣の重光が第二案を支持したと語った。重光は和平は早いほどよいと言いながらも、いまただちに停戦、降伏することは国内の事情からとうてい無理だと語り、艦隊決戦に敗れたときを待たねばならないと述べたというのだった。宮内大臣の松平恒雄も第二案に賛成したと木戸はつけ加えた(24)。

こうして近衛は曲がりなりにも宮廷高官と外務大臣の意見をひとつにまとめることに成功した。そこで一日も早く東条を片づけなければならなかったが、かれが暗殺されるのを待つ必要はなかった。近衛が木戸に意見書を示してから二週間あと、東条内閣は崩壊してしまった。そして中間的内閣の小磯内閣があとを継いだ。

近衛はつづけて考えるのであろう。

あのとき三カ月あとには艦隊決戦が起きるだろうと私は予測した。連合艦隊が全滅してしまったら、十一月、遅くとも十二月には、小磯をやめさせ、皇族内閣をつくり、停戦を発表するという段取りだった。

ところが、その計画は十月二十二日に私が関西旅行へ出発する前に滅茶苦茶になってしまった。内大臣と外務大臣が徳川慶喜の勇気と決断をもたなかったからではない。私の戦争終結の構想を粉々に打ち砕いてしまったのは、十月十五日から十月二十日まで新聞とラジオが連日のように発表をつづけた台湾沖航空戦の勝利の報道である。それこそ赫々《かくかく》といった形容どおりの大勝利だった。近衛はこんな具合に振りかえるのであろう。

こういうことだった。

昨十九年十月十日、敵機動艦隊の空母機部隊が沖縄の飛行場と那覇港を襲った。翌十月十一日、同じ空母機部隊はフィリピン北部を攻撃し、十月十二日には、台湾の新竹から屏東《へいとう》までの航空基地と基隆《キールン》と高雄の港を銃爆撃した。その夜、鹿児島の鹿屋《かのや》基地の雷撃機部隊が反撃にでた。十三日、十四日も敵空母機部隊は台湾各地を攻撃した。沖縄、台湾、フィリピン北部の基地航空部隊がひきつづき敵艦隊を捕捉し、魚雷攻撃をおこなった。

十月十三日、大本営は空母一隻を撃沈し、一隻を撃破したことを明らかにした。翌十四日の発表は、前日の公表分を加え、空母三隻を撃沈、一隻を撃破と告げた。そして、十五日の午後三時、大本営は大勝利を発表した。

首相官邸では歓声があがった。海軍省の新聞記者室には一升瓶が持ち込まれた。だれもが久しぶりに顔をほころばせた。夕刻には、東京都内各駅の新聞売場に長い行列ができた。長かった苦しい試練がやっと終わったのだとだれもが思った。

その夜、福島県郡山市の公会堂では工場競演の芸能大会が開かれた。産業報国会が主催し、放送局の後援だった。日東工鉱業と改称した日東紡、三菱電機、保土谷化学の従業員でいっぱいだった。娘たちの踊りが終わり、長い拍手がつづいたあと、司会役のアナウンサーが登場した。

紙を手にして、「台湾東方海面の敵機動部隊は昨十四日来東方に向け敗走中にして、わが部隊はこの敵に対し、反覆猛攻を加え、戦果拡充中なり」と読みあげ、ホール内は沸き立った(25)。つぎを聞こうとして、堂内は静まりかえった。航空母艦七隻を撃沈、駆逐艦一隻を撃沈、航空母艦二隻、戦艦一隻、船種不詳十一隻を撃破したと語った。人びとは総立ちとなった。歓声はやまず、二千人の人びとは喜びに酔った。

翌十月十六日の夜、湖南省衡山《こうざん》の戦闘司令部に宮崎周一がいた。かれは第六方面軍の参謀長だった。現在、かれが作戦部長となり、市谷台にいることは前に述べた。前線ではラジオだけが情報源だった。暗い壕のなかで手探りでラジオのスイッチをひねった。真空管のフィラメントが紅くなり、雑音にまじってニュースがはじまった。空母の撃沈は十隻、撃破は三隻と告げた。部下が前に聞いたのと同じ内容である。宮崎はほっと息をついた。大勝利はまちがいない。日記に「戦勢の挽回の望みあり」と記した。

十月十七日の夕方、富山県東砺波郡《ひがしとなみ》城端《じようはな》町にある城端別院善徳寺の食堂には百八十人の子供たちがいた。渋谷の常磐松国民学校の集団疎開の学童たちである。先生が坊主頭とおかっぱ頭に向かって、大戦果を説明した。敵空母十隻を撃沈し、三隻を撃破し、敵戦艦、巡洋艦を撃沈したという話である。子供たちは手をたたいた。お腹を空かせても、戦争に勝ったほうがいいとひとりの男の子が言った。そうだ、そうだと皆が口を揃えた。夕食が終わったばかりなのにだれもが空腹感を抱き、事実、空腹だった。雨がつづいて、野菜が集まらなかった。前日につづいて夕食は、薩摩芋の葉の酢のものとほとんど実の入っていない味噌汁だけだった(26)。

それから二日あとの十月十九日の午後六時、大本営は台湾沖航空戦の総合戦果を発表した。撃沈、撃破した敵艦艇は四十五隻にのぼった。そのうち空母は、撃沈が十一隻、撃破が八隻だった。

敵機動艦隊は四つの空母集団に分かれ、それぞれのグループは四隻ないし五隻の空母を基幹とし、高速戦艦、巡洋艦、駆逐艦を率いていた。第一群から第四群までの敵の空母のすべてを撃滅してしまったことはまちがいなかった。ところが、その発表の三十分前、午後五時半に大本営はべつの発表をしていた。輸送船団を伴った敵艦隊が十月十七日にレイテ湾に侵入したというのだった。

どうして敵は攻撃できるのだろうかと腑におちなかったが、敵も死に物狂いなのだ、破れかぶれなのだと、だれもが思った。

そして、フィリピン沖で海戦が展開された。人びとは残敵掃討と考えた。ところが、そうとはならなかった。だれもがおかしいなと思った。それればかりか、レイテ島に上陸した敵軍を殲滅できなかった。さっぱり見当がつかなかった。十一月一日の午後一時には東京のはるかな上空をはじめてB29が飛んだ。あの台湾沖航空戦の大勝利はなんだったのだろうかと人びとは思い、なんとも言いようのない疲れを感じたのである。

近衛が東京を出発し、京都へ向かったのは、前にも述べたとおり、十月二十二日だった。だれもがまだ勝利に酔っているさなかだった。近衛は京都にとどまり、大阪、高野山に足をのばした。汪兆銘《おうちょうめい》が名古屋の帝大病院で没し、十一月十一日に近衛は京都から名古屋へ向かった。すでにそのときには人びとの気持ちは完全に冷えきっていた。

名古屋から東京へ帰る列車で、近衛が東条英機と同じコンパートメントで顔を合わせたという話は前に述べたことがある。東条も台湾沖航空戦の大戦果などとっくに忘れてしまっていた。

近衛は思案をつづけ、昨十九年十月の出来事を振りかえり、以前に何回か考えたことをもういちど考えてみることになるのであろう。

台湾沖航空戦では、敵の空母にたいした損害を与えることができなかったのだ。一隻の艦船も沈んでいないと発表した敵側の主張を信じることはできなかったが、敵にかすり傷を負わせるにとどまっただけなのはまちがいない事実なのだ。

だからこそ、敵はただちに陸軍部隊をレイテ島に上陸させたのだし、つづくフィリピン沖海戦でこちらが敗退することになってしまったのだ。どうして及川古志郎《こしろう》はあのようなでたらめな台湾沖航空戦の大戦果を発表させたのであろうか。近衛はこんな具合に考えつづけるのであろう。

昨十九年十月に軍令部総長の及川古志郎がなにをしたのかを振りかえってみよう。

十月十三日、十四日、十五日、かれは最新の情報が記入された海図を見ながら、その大戦果をそのまま信じてしまったのであろうか。

航空戦の戦果はあてにならず、信用できなかった。かつてブーゲンビル島沖の航空戦、あるいはギルバート諸島沖の航空戦を鳴り物入りで報じたことがあった。それらの戦果がいずれも誇大であったことは、あとになれば連合艦隊、軍令部のだれもが気づき、及川も承知していたはずであった。

戦果の確認は昼間の戦いでも容易ではなく、見誤りが多いものだ。台湾水域における雷撃機部隊の出撃は薄暮か夜間にかけてだった。夜間では戦果の確認はさらに難しかった。

そんなことよりもなによりも、搭乗員の能力の低いことが問題だった。敵の攻撃のテンポが早く、毎度のことながら、基地航空部隊は再建の途上にあった。充分な技倆をもった搭乗員は少なく、艦型識別の訓練を積んでおらず、実戦の試練を受けた搭乗員はわずかだった。

夜間攻撃だから、照明弾が不可欠だった。攻撃隊に協力する照明隊が照明弾を投下したが、暗夜の海上にひろく散在する敵艦をうまく照らしだすことができなかった。そして雲が低く、照明弾の投下が低高度だったために、照明の範囲が狭かった。攻撃機はここは幽界ではないかと思うような青白い光のなかで、荒れ狂う海原に敵軍艦を探した。攻撃隊は照明下に敵の軍艦を見つけだすことはできず、対空射撃をおこなっている砲火を見つけ、雷撃するしかなかった。

敵艦の艦型をはっきり確認できることはまずなかった。そんな余裕はとてもなかった。沈没をしっかりと確かめることも不可能だった。味方機が燃え、敵艦のシルエットが火炎のなかに一瞬浮かびあがり、たちまち闇のなかに消えてしまったのを、攻撃機の搭乗員は雷撃の成功と思いちがいをした。

前線の司令部は、攻撃に参加した数十人の搭乗員の報告を慎重に分析しなければならないはずであった。夜の明けるのを待ち、敵機動部隊のあとを追った索敵機の報告を検討しなければならないはずであった。ところが、南九州や台湾の司令部は不確かな敵艦撃沈の報告をすべて寄せ集め、そのまま戦況速報とした。

及川古志郎はそれらの電報を読み、敵艦隊を攻撃する航空戦力のあらかたを掌握しているのが福留繁であることを思い浮かべ、敵ゲリラに捕らえられるといった恥辱を受けたばかりの福留は、是が非でも汚名をそそぎたいと望んでいるのではないかという懸念がかれの脳裡に浮かんだはずであった。かれは次長と第一部長に向かって、あわてて戦果を発表する必要はないと言うべきだった。横浜日吉《ひよし》にある連合艦隊司令部にたいしては、戦果の判定をしっかりおこなったのかと問いただし、もういちど確認し直すように命じよと指示すべきだった。海軍だけの戦いではすまず、陸軍が防禦の準備をしなければならなかったから、戦果を慎重に判定することは絶対に必要だった。

そのような機会は何回もあった。ところが、及川はそれらいい加減な戦果を十月十三日から十月十九日までつぎつぎと発表させ、天皇にもそう報告したのである。

なぜだったのか。雷撃機部隊をはじめ、基地航空部隊の士気を維持するためには、戦果報告をそのまま発表するしかないと及川は思ったのであろう。それだけだったのか。肝心な理由はまたべつにあったはずである。及川は敵の空母部隊にたいした手傷を負わせていないと気づいたとき、戦果報告をそのまま鵜呑みにし、それをかまわず発表させてしまい、敵の機動艦隊を撃滅したといった事実をつくりあげなければいけないと考えたのである。

いったい、どういうことだったのか。敵の攻撃空母の損害が軽微なら、敵は上陸作戦部隊の船団とそれらを掩護する艦隊を前進させ、ミンダナオ島か、その周辺の島に向かわせるはずであった。

敵がフィリピンに足がかりを築いてしまったら、南方地域のすべての陸軍部隊は孤立してしまうことになろう。もちろん、そんなことは及川にとって二の次、三の次の問題だった。重大なことはただひとつ、日本と南方地域が分断されてしまったら、瀬戸内海にとどまる空母部隊は石油不足のために動けなくなり、シンガポール水域の戦艦と巡洋艦の部隊は弾薬不足に陥ってしまうということだった。

二つの艦隊はもはや温存しようとしても、温存できなかった。大和と武蔵をはじめとする連合艦隊のすべてを出撃させ、艦隊決戦をおこなわなければならなかった。すでに定められていた戦略計画であったが、なにがなんでもやらなければならない局面となっていた。

ところが、投入できる航空部隊はわずかだった。空母航空部隊はもはやないも同然だった。フィリピン、台湾、沖縄の基地航空部隊はあらかたの戦力を失ってしまっていた。

もちろん、及川はそうしたことを承知していた。そして航空戦力なしに戦う艦隊決戦がどのような惨烈な結果に終わるかといったことも、かれは知悉していた。

さて、及川が承知していたことがさらもうひとつあった。近衛がつくった戦争終結の計画である。内大臣、宮内大臣をはじめ、岡田啓介、小林躋造《せいぞう》といった海軍の長老がその計画を知っていたのだから、海軍の責任者の耳にそれを入れておこうと考えた者がいたであろうし、まちがいなく及川は耳にしていたはずである。連合艦隊が全滅したときに、戦いをやめねばならない、無条件降伏に近いものになろうが、それもやむをえないと説く近衛の計画を知って、及川はどのように考えたであろうか。

基地航空部隊が台湾沖で敵艦隊を撃滅したと発表しなければならなかったのは、こうしたわけからだったのである。

大船駅にとまっている客車のなかの近衛は考えつづける。

昭和十六年十月に海軍大臣だった及川はアメリカとの戦争に反対だとついに言わなかった。戦争を回避するためには、中国から撤兵しなければならなかった。及川は中国を失うことの全責任を海軍が負わされるのを恐れて、対米戦に反対だと言えなかった。それから三年あと、軍令部総長の及川の念頭にあったのは、昭和十六年十月とまったく変わりなく海軍の名誉を守ることだけだった。

海軍が敗戦の全責任を負わされることになるのを恐れたからこそ、かれは台湾沖航空戦の大戦果なるものを発表させたのだ。その戦果がまるっきり嘘に近いとわかったあとになってなお、かれはかまわず空母十九隻を撃沈破したと発表させたのだ。及川は連合艦隊がまもなく全滅してしまうことを知っていたのだ。そこで、連合艦隊なんかは必要としない、基地航空部隊がありさえすれば、海軍はまだまだ戦うことができると宣伝しようとして、あの大戦果を発表させたにちがいない。

近衛は考えつづける。

こうして私の第二案も潰されてしまった。ところで、連合艦隊が全滅してしまったのはまがうかたなき事実であり、基地航空隊が敵の侵攻を阻止できないことも明瞭だから、戦争の主役はずるずると海軍から陸軍に交代してしまうことになった。陸軍の首脳は本土決戦を説くようになった。

私は戦争終結のためのべつの案をたてざるをえなくなった。以前に考えた構想に戻ることになった。陸軍の首脳を更迭し、支那事変にかかわったことのない、そしてアメリカとの戦争にも関係していない真崎甚三郎と小畑敏四郎の二人に陸軍を握らせ、戦争を終結させるという計画である。

ところが、またも木戸が反対した。そこで私は重臣たちの支持を糾合し、木戸に圧力をかけることにした。岡田啓介、平沼騏一郎、若槻礼次郎、高松宮に向かって、私の計画を説き、内大臣は戦争終結のためになにもしようとしないと仄めかすことによって、木戸をいぶしだしてやろうとした。

はたして木戸は慌てた。かれは重臣ひとりひとりがお上に自分の考えを申し上げるという手だてを考えた。こちらも準備を整えた。岡田、平沼、若槻をして、陸軍首脳を入れ替えねばならないと申し上げさせようとした。

ところが、私を除いて、だれひとり、陸軍大臣と参謀総長を更迭すべきだと主張しなかった。一日も早く戦争をやめねばならないと申し上げる者さえいなかった。

近衛は考えつづける。

私は小磯首相に手を貸すべきだったのか。小磯が望んでいた内閣改造を助けてやり、吉田茂を外務大臣にして、小磯内閣を和平内閣にするようにと導くべきだったのか。何度考えても同じことだ。小磯が重光に向かって、やめてくれと言っても、重光は絶対にやめはしない。重光は木戸に助けを求めるだろう。木戸は吉田茂を嫌っているし、警戒している。小磯が木戸に向かって、外務大臣を更迭したいと言っても、木戸は反対しよう。外務大臣を吉田にしなければ、小磯内閣を延命させても、なんの役にも立たない。

それにしても、小磯はどうして突然やめてしまったのか。木戸とのあいだになにかあったのか。それとも、小磯は杉山と喧嘩をしたのか。

近衛が考えつづければ、当然ながら後継首班の問題に戻るはずである。岡田啓介と平沼騏一郎は鈴木貫太郎を首相に推すつもりだ。若槻礼次郎も鈴木を推すにちがいない。木戸も同調しよう。近衛はこのように見ている。だが、かれ自身は鈴木を推すことに乗り気ではない。かれは鈴木を強硬派と見ているからだ。

それだからこそ、昨十九年七月十八日の重臣会議で、かれは鈴木を首相に推したのだった。即時停戦ができないなら、「主戦論ヲ唱エル強硬分子」を首相にすべきだと説いたのが、かれの戦争終結計画の第二案だった。ところが、鈴木を首班として奏薦することに、岡田啓介と米内光政が激しく反対した。二人の海軍出身者は東条内閣の打倒に手を貸したばかりだった。そこで、そのあと同じ海軍出身の鈴木を首相にしたら、陸軍は烈火のごとく怒るだろう。岡田と米内はそれを恐れたのだった。それから八カ月がたち、鈴木を首相にしても、もはや陸軍がつむじを曲げることはあるまいと岡田は考えているようであった。

だが、鈴木の態度は変わっていない。相変わらず強硬だと近衛は見ている。かれが最近、鈴木に会ったのは、二月の末、永田町の吉田茂の邸でだった。鈴木は徳川家康の小牧・長久手《ながくて》の戦いの話をはじめた。家康が最後までがんばりつづけ、ついに和議に持ちこんだ故事を語り、あくまで戦い抜き、アメリカをして戦いに倦きさせればよいのだと説いた。

鈴木には内外の情勢がわかっていないのだと近衛は思っている。首相になってそれがわかれば、かれは考えを変えるか。近衛は首をかしげる。なんではあれ、徳川家康になることができず、そして徳川慶喜になることもできないだろうが、鈴木大将を推すしかない。

車輛間の緩衝器がつぎつぎと鳴った。どうやら列車は動きだす気配である。

第16章

組閣人事(一)

(四月六日)

鈴木、市谷台に行く

四月六日午前五時、鈴木貫太郎は床を離れた。強い北風が吹き荒れ、庭の樹や竹藪を揺すり、ガラス戸を叩いている。冬に戻ったような寒さである。今日は例年花冷えになる特異日だが、今年もこれだけは変わりがない。部屋の寒暖計は摂氏四度までしかあがらない。

午前七時になって、鈴木は岡田啓介に電話をかけた。新内閣の軍需大臣をやってくれないかと頼んだ。軍需大臣などとんでもない。なにはともあれ、そちらへ行く、車をまわしてもらえまいかと岡田が言った[1]。

じつをいえば岡田は、鈴木からの電話をいまかいまかと待っていたのである。平沼や近衛の配下が口をだす前、陸軍があれこれ言いだす前に組閣本部に乗り込んでいなければならなかったからである。

鈴木と岡田は格別親しくしてはいないが、二人のあいだには太い絆がある。鈴木は慶応三年生まれであり、岡田は明治元年の生まれである。もっとも、一カ月のちがいがあるだけだった。慶応三年生まれで生き残っている海軍長老がもうひとりいる。財部彪《たからべたけし》である。海軍兵学校では、財部と岡田は鈴木の一期下だった。

財部はロンドン軍縮協約の第一の犠牲者となった。全権のひとりとしてその条約に調印したかれは、海軍部内の非難攻撃を浴び、海軍大臣をやめざるをえない羽目に陥った。そして軍事参議官を二年ほどやったあと、昭和七年に隠退してしまった。鈴木と岡田はそのあとも公職にあった。鈴木は現役を去ったあと、侍従長を続け、岡田は首相になり、昭和十一年二月二十六日、二人は襲撃された。危うく死地を免れたのは、二人ともに偶然だった。こうして九死に一生を得た二人は、目に見えない糸で繋がれることになったのである。

組閣本部は鈴木の邸である。午前八時、岡田が来た。書記官長をだれにするつもりかと岡田が尋ねた。鈴木の頭には、町村金五、広瀬久忠、左近司《さこんじ》政三《せいぞう》といった名前がある。町村と広瀬の二人は、昨夜、鈴木が木戸から聞かされた名前である。大命降下のあと、鈴木は木戸と話し合った。木戸はたまたま上京していた町村に会ったのだという。書記官長になる気はあるかと内々に打診してみたが、そのような重い責任は負いかねると答えたのだという。木戸は話をつづけ、広瀬久忠はどうであろうかと語ったのである。

鈴木はどう思っているのか。かれは内閣の大番頭には左近司政三がいいのではないかと考えている。鈴木が大正末に連合艦隊司令長官だったとき、左近司は旗艦長門の艦長だった。そのとき以来、鈴木は左近司を信頼している。左近司は六十五歳、現在は貴族院議員である。海軍兵学校の卒業は永野修身《おさみ》と同期、米内光政より一期上である。

岡田が答え、左近司は国務大臣にして、相談相手にすればいいと語り、書記官長には迫水久常《さこみずひさつね》はどうかと勧め、迫水は年は若いが、経験が豊富だと言った。腑に落ちない表情を浮かべている鈴木に向かって、岡田は書記官長が迫水でなければならない理由を急いで説明しようとしたのであろう。

それというのも、あの岡田の女婿は危険な策士だ、共産主義者ではないのかと語る者がいて、鈴木は迫水についてのそんな話を耳にしたことがあるにちがいなく、岡田も自分の甥のそうした噂を聞いたことがあったからである。

どうして迫水久常が岡田の甥であり、娘婿でもあるのかをここで説明しておこう。岡田の次女の万亀が久常の妻であることから、久常は岡田の女婿である。万亀の生母が亡くなったあと、久常の父の妹の郁子が岡田の後妻となったことから、岡田にとって久常は甥になり、久常は岡田を叔父さんと呼んできている。

岡田と鈴木とのあいだの会話に戻れば、岡田はつぎのように語ったのである。

〈新内閣は陸軍とごたごたを起こさないようにしなければならない。それが書記官長のいちばんの任務となる。迫水は陸軍の次官、局長、課長クラスと折り合いがいい。左近司政三は海軍出身であり、広瀬久忠は海軍と親しい。だが、左近司、広瀬は陸軍と親しくない。迫水なら、このさき難しい局面となっても、陸軍とうまくやっていけるでしょう〉

鈴木は迫水を書記官長とすることに賛成した。じつをいえば、岡田がまっさきに鈴木の邸に乗り込んだのは、邪魔が入らないうちに内閣書記官長を迫水に決めてしまうためだったのである。つづいて話は、今日の組閣の段取りをどうするかということになり、主だった重臣を訪ねてまわることにしたいと鈴木が語り、岡田が言った。

〈重臣はあとまわしにして、まず最初に陸軍省へ赴き、陸軍大臣の推薦を依頼したほうがよいでしょう〉

岡田が記憶しているのは、米内内閣の組閣のときのつまらぬ鞘当てである。

五年前の昭和十五年一月のことだった。阿部信行内閣が挂冠《かいかん》した。だれもが後継首相は畑俊六と信じていた。朝日新聞の政治部長も畑で決まりと思い、「大命、畑大将に下る」という見出しの号外をだしてしまった。ところが、首相に任命されたのは米内光政だった。内大臣の湯浅倉平《くらへい》と岡田啓介がひそかに相談して選んだのだった。皆が驚いた。近衛や平沼は重臣である自分たちになんの相談もなく、湯浅が米内に決めてしまったことに憤慨した。陸軍の幹部は地団太を踏んだ。だれも組閣本部なんかに行くなと息まいた。

組閣参謀長の石渡荘太郎が陸軍省軍務局に電話をかけ、陸軍から使いがみえないがと言った。「米内閣下がこちらに挨拶にみえるものと思って、待っております」と切り口上の返事が返ってきた。大命を受けた者を呼びつけようとするのかと石渡が怒った。行くつもりはないと米内が言った。「こちらでお待ちしているからお出でください。こちらからは伺いません」と石渡が告げた。

それを聞いた陸軍の幹部たちが、いまにみていろと腕に縒《よ》りをかけることになった。

今回、陸軍側が首相にと推したのは、昭和十五年一月のときと同じだった。教育総監の畑俊六だった。だが、昭和十五年のときと違って、是が非でも畑を首相にしようという熱意が軍務局員のあいだにはなかった。敵の攻撃を阻止できる、形勢を逆転できるという自信をもっていないために、かれらは自分たちの陸軍代表を首相に強く推そうという意気ごみを欠いていたのである。

だが、鈴木貫太郎が首相に選ばれたと知って、陸軍軍務局員は眉をよせ、口もとをゆがめることになった。次期内閣は鈴木大将でという声が以前からあるのを承知していたから、かれらは驚かなかったが、それにしても、どうして鈴木なのかと機嫌が悪い。鈴木はロンドンの「屈辱条約」を支持したひとりであり「君側の奸」と呼ばれたひとりではなかったか。だからこそ、かれは二・二六で狙われることになったのだ。若手の陸軍軍務局員はこんな具合に見ているのである。

岡田は陸軍側が鈴木にこのような不信感と警戒心を抱いていることを承知している。鈴木は岡田の忠告に従い、まず陸軍省へ行くことにした。鈴木一《はじめ》が陸軍省軍務局に電話をかけた。

鈴木一は鈴木貫太郎の長男である。四十五歳になる。対米戦争がはじまる直前のことだったか、月刊誌のひとつが各省の有望な課長クラスをとりあげたとき、かれは農林省の期待株として挙げられ、「温厚篤実、割合パッとせぬようだが伸びる人」と書かれたことがある。そのときかれは文書課長だった。現在は山林局長であり、昨年からはじまった松根油採取運動の指揮をとってきた。

かれの住まいは巣鴨にあり、丸山町まで歩いて十分たらずである。今朝早く、父の家に来た。かれは秘書官になって、耳の遠い父を助けるつもりである。

陸軍省軍務局では、鈴木大将が挨拶に来ると電話がかかってきたと知って、だれもがちょっぴり機嫌がいい。だが、そんなごまかしで騙されはしないぞと思っている。

昨夜遅く、軍務課長の永井八津次《やつじ》は部下の白井正辰《まさとき》、田島俊康とともに、陸軍側の要求事項をまとめた。鈴木にそれを突きつけ、鈴木がそれを呑まなければ、こちらは尻をまくり、つぎのように言うつもりである。「陸軍大将、中将のなかに陸軍大臣就任にうなずく者はありません」宇垣内閣を流産させ、米内内閣に引導を渡したときのお馴染みの台詞《せりふ》である。

午前九時半、鈴木は市谷台に杉山元を訪ねた。長男の鈴木一が従っている。鈴木は杉山に向かって、「このたび大命を拝しました」と挨拶し、陸軍の協力を要請し、陸軍大臣の推薦を求めた。杉山はそれを制し、陸軍側の要望を述べ、それを記した書面を手渡した。

「一　飽ク迄大東亜戦争ヲ完遂スルコト
二　勉メテ陸海軍一体化ノ実現ヲ期シ得ル如キ内閣ヲ組織スルコト
三　本土決戦必勝ノ為ノ陸軍ノ企図スル諸施策ヲ具体的ニ躊躇ナク実行スルコト[2]」

鈴木はそれに目を通し、「まことに結構です」とはっきりと言った。あっけない返事が返ってきて、杉山はとまどった。次期陸相に阿南《あなみ》大将を推薦すると言わねばならなくなった。細かいことは阿南大将と相談すると答え、鈴木は立ちあがった。会談はわずか数分で終わった。

隣室にいた次官の柴山兼四郎と人事局長の額田坦《ひろし》が顔を見合わせ、どちらともなく、これはまずいと言った。鈴木を送って廊下まででた杉山が戻ってきた。「もういちど、とくに第一項について、鈴木大将の肚《はら》をしっかりとたしかめて頂きたい」と柴山が言った。[3]杉山も軽くいなされたように思っていたところだったので、一瞬、鈴木のあとを追おうかと考えた。すでに鈴木は階段を降り、玄関へ向かっていた。

車寄せのところで、依光好秋《よりみつよしあき》が鈴木とゆきあった。依光は高知二区選出の衆議院議員である。五十歳になる。東京毎夕新聞、読売新聞の政治部記者をやったあと、朝鮮総督府の秘書課に勤務し、朝鮮総督秘書官をつとめ、そのあと政界入りし、昭和七年以来四回当選している。昭和十七年の選挙では最高点だった。かつては政友会に所属した。現在は津雲国利《つくもくにとし》の子分である。

依光は陸軍参与官だから、市谷台に日参している。昨日は陸軍が推す畑俊六元帥が首相に選ばれるものとかれは信じ、陸軍省軍務局がつくった閣僚名簿に載っている閣僚候補を訪ねてまわり、相手方はもちろんのこと、かれ自身も高潮したムードのなかにいた。本来なら今日はもっと忙しく飛びまわることになるはずだったのが、首相は鈴木貫太郎大将に決まってしまい、かれは気落ちしている。これから本館二階の軍務課へ行くつもりである。

依光は鈴木大将を間近に見るのははじめてである。しゃんと腰をのばし、元帥杖でも持つかのようにステッキを手にしている。八十に近いはずだが、太い眉の顔は若々しい。杉山大臣との話し合いはうまくいったようだ。依光はそう思った。泰然たる態度の鈴木を乗せた車を見送って、海軍嫌いのはずの依光はなんということなく心がなごんできたのである。

警戒警報のサイレンが鳴った。午前九時四十五分である。B29一機である。偵察に来たのであろう。依然として北風は吹きつづけ、強制疎開のあとの広い空き地と焼け跡から灰と土埃を巻きあげている。丸山町の鈴木の家の石垣に沿った坂道には、乗用車が並び、警官の姿が見える。鈴木の車が戻ってきた。

内務省、農商省の局長が車から降りる。だれそれを大臣にしてほしいと陳情するためだ。ベテランの衆議院議員たちもやってきて、新聞記者たちに囲まれる。旧民政党、旧政友会からのつぎの入閣候補者のリストを持ってきている。

近衛系、平沼の側近者も来る。そして市谷台や霞が関の赤煉瓦に出入りしているロビイストや右翼団体の幹部たちが現れる。組閣本部へ足を踏み入れたことで、国家レベルの政治に参加していることの証拠にしようとする人たちである。鈴木の家にはとても入りきれないから、かれらは隣の千葉三郎邸に案内される。千葉の家のいくつかの部屋と離れを借り、組閣本部の分室としている。

千葉三郎について語っておけば、千葉県茂原《もばら》町の大地主の三男である。茂原界隈では、眼科医の千葉先生の息子といったほうが通りがいい。七代つづいてきたといわれる眼科医だからである。三郎は東大法学部を卒業し、いくつかの会社の社長をし、衆議院議員でもある。五十一歳になる。

迫水久常も姿を見せた。午前十時、組閣本部に海軍の将官が来た。軍令部総長の及川古志郎である。鈴木との話し合いは、二、三分で終わり、かれはすぐに去った。後任の海軍大臣をだれにするかを相談のために来たのだろうと新聞記者たちは思い、次期海軍大臣には長谷川清大将となるのだろうか、吉田善吾大将が再登場するのかもしれないと語り合っている。

午前十一時、陸軍航空総監の阿南惟幾《あなみこれちか》が組閣本部に来た。陸軍大臣をお願いすると鈴木が阿南に向かって言い、海軍大臣はだれになるのかと阿南が尋ね、鈴木が答えた。

「昨年七月、小磯大将に大命降下の際、小磯、米内両大将をお召しになっての御下命であったので、米内さんは多分お受けにならないと思いますが、一応、米内さんにお願いしてみたい。お受けがなければ、長谷川清大将に交渉したい。御意見はありませんか」

阿南はうなずいた。米内大将は小磯首相との連立の責任を負ってやめるだろう。やめるのが当然だ。陸海軍の協力、陸海軍の合同ができないのは、米内が元凶だ、かれが邪魔をしてきたからだ。阿南はこのように思っている。かれは長谷川大将を知っている。米内よりはいいのではないかと思っている。(4)

阿南はつづいて書記官長にはだれがなるのかと尋ねた。迫水久常にするつもりだと鈴木が答え、阿南が賛成だと言い、「他の人が話にでてきた場合には、あらかじめ陸軍の同意を得て欲しい」とつけ加えた。

阿南が去ったあと、鈴木は家を出た。首相官邸に向かった。鈴木は小磯と会った。昨夜遅く大命を拝したのだと鈴木は挨拶し、海軍大臣には米内大将を留任させたい、また外務大臣には重光氏を留任させたいが、了解していただきたいと言った。

小磯は米内と重光の名前を耳にして、心穏やかではない。米内に対するかれの不満は大きい。「協力内閣を組織せよ」の御諚《ごじょう》を拝しながら、米内は私に協力しようとしなかった。私が重慶との和平を求めて努力しているあいだ、かれはまったく知らぬ顔だった。

海軍のこと、海軍の利害だけしか、かれの頭にはなかった。鈴木に自分の皮肉が通じないことを承知しながら、小磯は言った。「米内君は海軍部内では人望も篤いようですから、適任かもしれません(5)」

小磯は語りつづけ、米内君の採用を拒否する意味で言うのではないがと断り、戦争中の首相は軍部大臣を兼任することが必要だと説き、「海軍大臣には閣下自ら就任されることを勧告申し上げます」と言った。

小磯はそのような話を鈴木に説いただけではない。総辞職を決めてから、かれは総辞職の理由を説明して、陸軍大臣を兼摂しなければ国政の運営は不可能だと、陸相の兼任を杉山元帥に申し入れたが拒絶された、そこで辞任したのだと語ってきている。しかし、ほんとうの理由はちがう。

前に述べたことを繰り返しておこう。四月三日、天皇は外務大臣、陸海軍両大臣を個別に呼んだ。繆斌《ミョウヒン》を仲介役に使っての重慶との和平工作をどう考えるのかとかれらの意見を尋ねた。三人がそれぞれ反対だと答えた。翌四月四日、天皇は首相に向かって、三人の閣僚が繆斌工作に反対している、繆斌を帰国させたらどうかと言った。天皇はうっかりしていて気づかなかったが、閣内不統一の事実をはっきり指摘してしまったことになり、小磯の面目は丸潰れとなった。

これまた前に述べたことを繰り返すなら、閣議の決定は多数決をもってすることをえず、全員一致でなければならない。そして内閣官制第二条が定めたとおり、内閣総理大臣は閣内の意見を一致せしめるよう努力する職責を有する。閣内を統一せしめることができない場合は、辞職するしかない。

こうして小磯は総辞職を決意することになったのだが、辞任理由として、かれは陸軍大臣兼摂の問題をとりあげ、繆斌の問題については口をぬぐった。なんといっても、天皇が直接介入することになった政治問題であった。それをべらべらと喋るのは不謹慎だと考えたのだし、かれ自身の名誉ともならないと思ったのである。

それだけに小磯の胸中の怒りは大きい。すべては私をやめさせようとした木戸が仕組んだ陰謀にちがいない。陰謀の筋書きをつくったのは重光であろう。小磯はこう考えている。かれは鈴木に向かって言った。「重光さんの留任はおやめになったほうがよろしいでしょう」

鈴木はなにも尋ねなかった。うなずいて、椅子から立ちあがった。丸山町の自宅に戻り、海軍省にいる米内光政に電話をかけるつもりである。

長谷川清の昭和十四年の予測

海軍省二階の大臣室には、米内光政と三人の将官がいる。軍令部総長の及川古志郎、軍事参議官の長谷川清、次官の井上成美といった顔ぶれである。

及川古志郎は丸山町に鈴木貫太郎を訪ね、米内大将を海軍大臣に採用してくれと申し入れてきたばかりである。

長谷川清は宮城県柴田郡の船岡村にある第一火薬廠を視察していたのだが、ただちに戻れと電報が入った。小磯内閣が総辞職したと知り、なんの用事か見当がついた。米内大臣から大臣を引き継いでくれと言われるのだと思った。政変があれば、自分がつぎの大臣だと語られているのをかれは知っていた。だが、かれはまた、米内大将を留任させるべきだという声があることも承知していた。

長谷川は海軍省の玄関に入った。当直士官から、さきに次官室へ行ってもらいたいと告げられた。長谷川は次官の井上成美に会った。井上が言いよどんでいるので、長谷川はかれの言わんとすることがすぐにわかった。米内大将の留任でいいではないかとかれは言い、大臣室に向かったのである。

長谷川清は六十一歳になる。及川古志郎と年は同じで、海軍兵学校も同期である。米内光政よりは二期下である。かれらと同じく、長谷川も日本海海戦に参加した。すべての人びとが記憶している日本海海戦を描いた戦争画「三笠艦橋の図」のなかで、東郷長官、参謀長、参謀、艦長、航海長、砲術長の背後の一段と高いところにいるのが長谷川少尉である。測距儀を覗いているから、残念なことにかれの顔は見えない。

長谷川は、昭和十五年十一月から昨年末までのあいだ、ずっと台湾総督だった。かれを東京へ戻すようにとりはからったのは、次官の井上成美である。

それは台湾防衛の問題と絡んでいる。昨十九年十一月のことだった。海軍首脳部は敵軍が台湾に攻撃をしかけても、海軍部隊を投じないことに決めた。ひとつひとつの戦場に航空戦力を投入する余裕はまったくなかった。一カ月でも、二カ月でも時間を稼ぎ、搭乗員を訓練し、航空機を揃えねばならなかった。

もともとは台湾は海軍の島だった。対米開戦と同時に、フィリピンにあった四つのアメリカの空軍基地を叩き潰したのは、台湾南部の台南と高雄を基地とする海軍航空部隊だった。こんな具合に台湾は海軍の支配地域であったことから、台湾総督には海軍将官が充てられてきた。

だが、海軍が台湾の防衛から手を引くことになれば、台湾を守るのはおれたちだと陸軍がのさばりはじめ、総督の長谷川は居づらくなるだろうと井上成美は考えた。かれは米内に向かって、台湾総督の椅子を陸軍に譲ってしまったほうがよいと勧めた。長谷川は辞任し、陸軍の安藤利吉《りきち》があとを継いだ。安藤は第十方面軍司令官を兼任のままだった。第十方面軍はその前身が台湾軍だった。昨十九年九月に作戦軍らしい名前に変え、数字番号にしたのである。

長谷川は昨年十二月に東京へ戻ってから、軍事参議官となっている。前任の小林躋造とちがい、長谷川は現役のまま台湾総督になっていたからだ。長谷川大将に米内大臣の相談相手になってもらい、政変が起きて、米内大将が留任できない場合には、米内大将には軍令部総長をやってもらい、長谷川大将に海軍大臣になってもらう。これが井上の考えてきた人事構想である。

小磯内閣総辞職のニュースを聞き、長谷川大将のことを思いだし、六年前にかれから聞いた話、この六年のあいだに何度も思いだしたことのある話をいま、もういちど思いだす人がいる。

岡本伝之助である。かれは昭和十七年の総選挙で初当選した衆議院議員である。現在、四十八歳になる。横須賀市大滝町でさいか屋というデパートを経営している。もっとも、デパート本館は昨年はじめに海軍に供出し、海軍工廠工員の食堂となっている。

岡本が長谷川から話を聞いたのは、長谷川が横須賀鎮守府司令長官だったときのことである。昭和十四年の春のことで、長谷川は大将に昇任したばかりのときだった。岡本はかれと横須賀市田戸《たど》にある小松で酒を飲んだ。小松は海軍が贔屓《ひいき》にしている料亭である。横須賀の軍港の発展とともに繁栄をつづけてきた。

三国同盟の問題がふたりのあいだで話題になった。ドイツと同盟を結ぶのか、結ばないのか、さっぱりらちがあかないときだった。同盟成立を望んでいたのは陸軍だった。

同盟に反対していた筆頭は海軍であり、海軍大臣の米内光政、次官の山本五十六、軍務局長の井上成美のトリオがドイツとの同盟に絶対反対の態度をとっていた。海軍省には右翼団体が押しかけ、大臣や次官に辞職を迫り、かれらの暗殺を計画する連中がいるといった物騒な噂も流れていた。

岡本は横須賀鎮守府がそのための対策をたてていると聞いたこともあったにちがいない。いざというときに海軍省を守るために、陸戦隊一個大隊を芝浦に送り込む用意をしているといった話である。また海軍省の煉瓦塀を補強するために、横須賀海軍工廠から軍艦の舷側部に使う鋼板を送りだしたという話も聞いたにちがいない。

だが、岡本は海軍内にドイツとの同盟に賛成する人たちがいることも知っていた。海軍省の課長クラスは三国同盟締結を支持し、横須賀鎮守府の若手の士官たちもドイツと手を結ぶべきだと主張し、かれらが小松で酒を飲めば、あの見かけだけの金魚大臣めがと米内を罵倒していたのである。そして岡本自身も、孤立している日本はドイツ、イタリアをパートナーとすべきだと思っていたのではなかったか。

ところが、長谷川はドイツとの同盟には反対だと語りはじめた。

〈日本がドイツと手を握れば、アメリカが戦争に介入するのを阻止できるのだと同盟支持派は言う。かれらは敵を英国ひとつにしぼることができると説いている。そうはいかない、ドイツと手を結べば、日本は英国とアメリカを敵にまわすことになってしまうと

警告すれば、アメリカなんかたいしたことはないとかれらは言いだす〉

長谷川清は話をつづけた。

〈私はアメリカに二度勤務した。最初に赴任したのは、アメリカが参戦した半年あとの大正六年の末だった。

日本はそのとき英国と同盟を結んでいたから、すでに大正三年八月にドイツに宣戦布告していた。アメリカはずっと参戦しなかった。アメリカがドイツと戦うことになったのは大正六年四月になってである。

ところで、ドイツの軍高官や政府首脳はアメリカを敵にまわすことを気にかけていなかった。アメリカは海軍国ではあっても、陸軍国ではなかったからだ。フランスにアメリカの歩兵部隊を送るとなれば、三十万、五十万の若者を徴募し、訓練することから始めねばならなかった。小銃、大砲、戦車を新たにつくらねばならなかった。だが、アメリカには大規模な軍需工場がなかった。

若者たちを徴集し、訓練し、鉄砲を持たせ、やっとのことでフランスに送り込むことになったとしても、つぎにはドイツの潜水艦が待ちかまえている。もちろん、上陸できる者もいるだろう。だが、団結心をもたず、忠誠心を欠くアメリカ兵などものの数ではない。

ドイツの新聞雑誌はこのような文章を載せていた。じつは、われわれも同じようにアメリカの参戦を甘く見ていた。

前にも語ったように、私がアメリカへ行ったのは、アメリカが参戦して半年あとだった。そのとき町に貼られていた大きなポスターをいまでも思いだす。アンクル・サムが、英国を女性に擬人化したブリタニアの腕をとり、それぞれ槍とサーベルをもう一方の手に持ち、「ともに進もう。ブリタニア」と大きな文字が入っている図柄だった。

ニューヨークのハドソン河の両岸には造船台が軒をつらね、全力をあげて駆逐艦と駆潜艇を建造し、輸送船をつくっていた。五十台の船台をずらりと並べ、五千トンの船をいちどに五十隻つくるといった具合だった。飛行機の大増産も、私がアメリカに到着したときには、はじまっていた。飛行機が強力な攻撃兵器となったのは第一次大戦からだ。アメリカは年間二千五百機の飛行機をつくり、イギリス、フランス、イタリアにそれら飛行機を輸出していた。アメリカの大統領はその十倍の二万五千機をつくってみせると言った。だれもが大法螺だと笑った。私も信じなかった。

厖大な設備と原料、労働力、経営スタッフが必要だった。ところが、自動車産業が航空機の生産に参加することになった。私がアメリカに行ったときには、航空機製作者協会といった組織が動きだし、めんどうな特許問題を解決してしまっていた。自動車工場は航空機エンジンの設計から生産、検査の方法を習い覚え、航空機の大量生産は軌道に乗ろうとしていた。

ドイツの潜水艦はどうしていたか。アメリカが参戦して丸一年がたった大正七年三月には、ドイツ潜水艦は脅威ではなくなっていた。駆潜艇と飛行機の新しい対潜部隊がドイツの潜水艦を沈め、大小五百の工場でつくられた機雷の壁がドイツの潜水艦の活動を完全に逼塞させてしまった。私はアメリカの兵員輸送船に乗せてもらい、大西洋を往復したから、よく知っている。

すでにそのとき、フランスの前線には三十五万人のアメリカ軍部隊が展開していた。アメリカ兵は臆病者でもなければ、役立たずでもなかった。そして参戦に強く反対していたアメリカ人が、戦争に加わっていちばん好戦的となった。アメリカはさらに五十万、百万の軍隊を送ろうとしていた。

ドイツ軍首脳は自分たちの読みの浅さを悔やむことになった。どうしたらよいのか。方法はひとつしかなかった。アメリカ軍が兵力を増強し、百万人となってしまう以前に、英仏軍にたいして大攻勢を敢行することだった。その戦いで英仏軍に決定的な打撃を与えることができれば、戦争を終わりにすることができるかもしれなかった。それができなければ、敗北を待つしかなかった。ところが、ドイツ軍は英仏軍を殲滅できなかった〉

長谷川は話をつづけ、三国同盟なんか結んだら大変なことになると語り、つぎのように言った。

〈普段はわからない。だが、いざとなったら、アメリカの潜在的な工業力とか、そういうものの恐ろしさは大変なものだ。陸軍の連中にはそれがわからないのだ〉⑹

そして長谷川はつぎのように締めくくったのである。

〈アメリカの戦略は南北戦争以来同じだ。アメリカはその置かれた地理的条件から、国民と資源を動員するための充分な時間的余裕がある。用意ができて、そのあと圧倒的な物量で敵と戦おうとする〉

岡本はうなずきながら聞いていたが、そのときにはさほどの感銘を受けなかった。それでも長谷川の締めくくりの言葉はかれの記憶に残った。それから一年半あと、昭和十五年十月に三国同盟は締結されてしまった。そのとき長谷川は横須賀にはいなかった。その年の五月に軍事参議官となっていた。そして十一月には台湾総督となって、台北へ行ってしまった。

それからまた一年あと、アメリカとの戦争がはじまった。岡本が長谷川の警告をはっきり思い浮かべたのは、昭和十八年秋になってからだった。ソロモン諸島で消耗戦がつづくさなかのことだった。

わが方は十対一の劣勢で戦わねばならず、以前に追浜の海軍航空隊にいた優秀な飛行機乗りが毎日のように戦死しているのだと聞かされたときだった。横須賀生まれの者は、だれもが追浜にある横須賀海軍航空隊を海軍航空の主柱と自慢に思い、当然ながら日本の主柱だと誇りに思っていただけに、岡本は身内の死を告げられたように大きなショックを受けたのである。

そして敵の本格的な反攻がはじまった。その攻勢の主役となっているのが、就役したばかりの高速空母と高速戦艦、新しく編成された空母機部隊だと教えられ、「普段はわからないけれど、いざとなったらアメリカの潜在的工業力は……」と語り、「そのあと圧倒的な物量で戦おうとする」と説いた長谷川の言葉が、岡本の念頭にあらためて浮かぶことになったのである。

岡本は小磯内閣総辞職のあとの後継首相にはだれがなるのだろうと考え、前から噂されていたように鈴木貫太郎枢密院議長なのだろうかと思い、つづいてかれは長谷川清の顔を思い浮かべ、かれが語った話を思いだし、つぎのように考えるのである。やっと長谷川大将が海軍大臣になる。遅すぎた。昭和十五年か、十六年に大臣になるべきだったのだ。かれが大臣になっていたら、及川大将や嶋田大将と同じように、ずるずると開戦に賛成してしまったであろうか。長谷川大将はおとなしいと言われる。いや、長谷川大将は外柔内剛だ。かれが大臣だったら、アメリカを相手とする戦争がどんなことになるかをはっきりと説き、開戦に反対したにちがいない。海軍大臣が戦争に反対したら、戦争になりはしなかったのだ。岡本はこんな具合にいま考えるのであろう。

そしてこれは伏見宮の責任なのだと思いもしたのであろう。海軍の大御所的な存在である伏見宮は海軍最高幹部の任免に最終の発言権をもってきた。伏見宮のお気に入りは及川古志郎大将、永野修身大将、嶋田繁太郎大将である。長谷川大将は伏見宮に嫌われてきたために大臣になれないのだという噂を岡本は耳にしたことがあったからである。

長谷川清は台湾から東京へ戻ってきて、気が重い毎日である。戦いをつづけて、なんの見込みもない。こうしたことはすべてはじめからわかっていたはずではなかったか。どうしてアメリカとの戦いに踏み込んでしまったのか。今更そんなことを悔やんでもしようがないと思っても、対米戦のはじまる前から東京にいなかったかれは、考えてもしようがないことをついつい考えてしまうのであろう。

前にも触れたとおり、長谷川は昭和十五年十一月からずっと台北にいたから、開戦にいたった正確な経過を知らない。断片的な噂を知るだけだ。軍令部総長の及川古志郎に尋ねてみたいと思うことがあったにちがいない。前に触れたとおり、かれは及川と兵学校で同期だから、遠慮のない仲である。だが、どうして戦いを回避できなかったのかとかれに尋ねることはできないのであろう。

及川が内大臣に告げた千二百機と二十隻

及川古志郎のほうはどうであろうか。

戦いを回避できなかったのかと長谷川清に尋ねられ、海軍の努力が足りなかったのではないかと問われたら、及川はなんと答えるであろうか。たしかに私の努力は足りなかったかもしれない。だが、吉田善吾大将が海軍大臣をつづけていたとしても、あるいは君が海軍大臣だったとしても、私と同じことしかできなかったのだ。及川はこんな具合に答えるのであろう。

かれに眠れない夜があって、昭和十六年九月、十月の日々を思いだすことがあれば、つぎのように自分に言って聞かせようとするにちがいない。

海軍はアメリカとの戦争に自信がないと、私は言わなかった。対米戦争には反対だと主張しなかった。当然なことだった。そんなことが言えるはずはなかった。海軍が戦争を回避したいということを口外しないと部下たちと決めた約束があり、私はそれを守らねばならなかった。そして、あのとき、だれひとり私のやり方に反対した者はいなかったのだ。

だからこそ、十月十六日に近衛内閣が総辞職したとき、前の軍令部総長の伏見宮は私に向かって、次期内閣でも海軍大臣をつづけてやるようにと勧めたのだ。伏見宮はそのとき戦争は不可避だと主張していたひとりだった。戦争を回避したいと望んだ筆頭には、次官の沢本頼雄がいた。ところが、かれも私に留任するようにと説いたではなかったか。

私は海軍大臣をやめたあとも、軍事参議官になり、つづいては海軍大学校の校長を兼任することになった。新設された海上護衛総司令部の長官、そして昨年八月からは軍令部総長になっている。だれもが私のやったことを正しかったと認め、私を支持してきたからにほかならない。及川はこのように考えようとするのであろう。

四月五日、昨日のことである。及川古志郎は内大臣の木戸に招致された。午後二時のことだから、近衛が乗った東京行きの列車が大船駅へ着いた頃である。木戸は新首班を選ぶにあたって、統帥部の責任者に戦いの見通しを尋ね、新政府に対する統帥部の要望を聞こうとしたのである。

木戸は、及川が語った要点を日記に記した。

「戦力の維持については過早に実行すると却《かえ》って逆効果となるを以て時期を見つつあるが、将来は海軍の余れる兵を工場に入れて力を維持し、航空機月産千二百、潜水艦月二十位は維持して奇戦的勢力の発揮に努むる考えにて、勿論楽観は出来ざるも、そう悲観したものにあらず(7)」

木戸はほっとしたのであろう。楽観論や希望的観測にぬか喜びを繰り返し、台湾沖航空戦の大勝利に騙され、これまでに何回も苦い思いを噛みしめてきたにもかかわらず、「そう悲観したものにあらず」と語る軍令部総長の見通しを聞けば、幾分かは気が楽になったにちがいない。

ところで、及川が語った話は真実なのであろうか。

かれは「航空機月産千二百を維持」すると言った。もちろん、それが陸海軍合わせての生産数字であるはずはない。海軍だけの生産数字である。千二百機の月産とは事実なのか。

千二百機の生産とは、練習機を含めての昨年十一月の数字だった。空襲がはじまったのは、その月の二十四日だった。最初に爆撃されたのは武蔵野町にある中島飛行場の武蔵製作所だった。名古屋の三菱がつぎの目標ではないかとだれもが思っていたとき、十二月七日に名古屋を中心としてマグニチュード八の大地震が起き、関東大震災以来の大災害をもたらした。被害が大きかったのは陸軍機の工場だったが、海軍機工場も無傷ではありえなかった。そして十二月十三日に三菱の名古屋発動機製作所が爆撃を受けた。二百六十四人の従業員が殺され、二百四十五台の工作機械が破壊された。

それからは二日おき、三日おきに、中島、三菱、川崎の航空機工場が交互に絶えまなく爆撃され、関連工場も焼かれ、破壊されてきている。同時に航空機工場の疎開も進められている。工場から工作機械を運びだし、紡績工場、製糸工場、あるいは国民学校の雨天体操場、トンネル内に移している。

空襲と地震で痛めつけられ、それに疎開が重なって、昨年十一月の千二百機の生産が、この一月、二月に維持できたはずがない。三月の海軍機の生産は練習機を含めて九百機

だった。(8)

では、四月の生産は千機に伸び、五月の生産は千二百機に回復するのか。そんな見込みはない。

幸いなことに、この数日のあいだの航空機工場の被害はとるに足らない。三月三十日の朝、名発《めいはつ》が狙われたが、敵機の爆撃手の照準はでたらめだった。そのあとは昼間爆撃から夜間爆撃に変わって、午前一時からの空襲となっている。四月一日の深夜には中島の武蔵製作所がB29百機に襲われたが武蔵の被害は寄宿舎だけだった。四月三日の深夜には中島の小泉、三菱の静岡、立川にある立川飛行機が総計百五十機によって襲撃された。これまた被害はわずかだった。

だが、敵はこのさきも夜間爆撃をつづけると思わせて、いきなり昼間爆撃に切り換え、こちらの防空戦闘機隊の油断につけ込み、低空から航空機工場を狙おうとするかもしれない。明日の昼間、中島の武蔵か、三菱の名発が襲われ、そのどちらかの重要部門が破壊されれば、発動機の全生産量はたちどころに三分の二か、半分近くに減ってしまい、五百機、四百機の生産量となってしまう。そして材料と部品の不足が、四百機の生産を維持することさえ、難しくさせる。

及川が「航空機月産千二百」と言ったのは、現在のことであれ、このさきのことであれ、事実からは遠い。だが、木戸は疑いをはさまなかったのであろう。航空機の生産数字は木戸も小耳にはさんだことがあるはずだが、なんといっても数字の種類が多い。計画数字があり、修正された数字がある。要求の数字、受注数があり、工場渡しの数字がある。そして飛行試験完了の数字がある。どんどん減っていく。ところが、そこで終わらず、またもぐんと増える。つぎの計画数字がいくつもでてくる。数字だけを聞いたのでは、なんの数字か見当がつかない。

中身はどうでもよく、三個師団より七個師団のほうが陸軍軍人の安心感の支えになるとは前に述べたことだが、飛行機の生産数字だって同じだ。多い数字を耳にしたほうがだれもが嬉しい。軍令部総長が千二百機の生産を確保すると語ったのだから、木戸はそれを信じ、航空機の木製化がすすんでいると聞かされていたであろうから、アルミニウムの不足を心配することもないと思ったのであろう。

では、「潜水艦月二十位」というのはどうなのか。

木戸は驚いたにちがいない。潜水艦の建造には、起工から竣工まで一年以上かかるのが普通だから、月に二十隻をつくるとはなかなかの成績だと思ったはずである。いや、いまは戦艦や空母の建造を中止してしまっているのだから、ドイツなみに、月に二十隻ぐらいの潜水艦をつくることができて当たり前だと思ったのかもしれない。

潜水艦といえば、木戸は、潜水艦の活動が精彩を欠いていることを残念に思ったことがこれまで何回もあったにちがいない。戦争前には、戦いが起きたら、潜水部隊は太平洋を所狭しとばかり暴れまわり、大活躍するものとだれもが信じていたのだし、木戸もそのように期待していたからである。そして戦争がはじまり、すべての戦線でわが軍はふるわないようになってしまったが、ほんとうなら潜水艦だけはひとり攻勢にでて、息もつかずに攻めたて、敵をおおいに苦しめ、敵の士気に深刻な影響を与えていてもよいはずだった。木戸は海軍の将官に向かって、どうして潜水艦はめざましい活躍をしないのかと以前に尋ねたこともあったにちがいない。電波探信儀と電波探知機が劣っていることに加え、作戦に参加できる潜水艦の数が少ないためだという説明を聞いたことがあったのではなかったか。

そこで毎月二十隻の潜水艦をつくると聞けば、及川が言うとおり、戦いの前途はまるっきり見込みがないわけではないのかもしれないと木戸は思おうとしたのであろう。巧みな防禦の戦いをつづけて、敵の攻撃をもうしばらく遅滞させることができるのではないか。

ところで、月産二十隻の潜水艦とはどんな潜水艦なのか。木戸は知らないであろうが、この三月末でほとんどの潜水艦の建造をやめてしまっている。どうして潜水艦をつくることをやめたのか。だれもが残念に思っているとおり、潜水艦は役に立たず、なんの働きもしないからである。

潜水艦の戦いは精彩を欠くなどといったものではない。さっぱりうまくいっていない。

もちろん、うまくいっていないのは潜水艦の戦いだけではなかった。ひとつひとつの戦いのたびに、こんなはずではなかった、残念だと乗組員から艦長、司令、司令官が思いつづけてきた。そしてこんなはずではなかったと海軍軍人が最初の幻滅を味わった戦いが潜水艦の戦いだった。

潜水部隊の悲劇

昭和十六年十二月八日、空母機部隊が真珠湾を襲った。沈めたのは、戦艦と巡洋艦、駆逐艦だった。真珠湾に空母の姿はなかった。

アメリカは六隻の空母を持っていた。太平洋へ配備しようとしても、大西洋へ戻そうとしても、空母はパナマ運河を利用しなければならなかった。ところで、それら空母はパナマ運河を通るとき、艦名文字を消し、ほかの姉妹艦の名前を書き入れるようにして、日本側の諜報員の頭を混乱させていた。そこで連合艦隊司令部はアメリカが太平洋に何隻の空母を留めているのか、その正確な数を摑んでいなかったし、その所在もはっきりわかっていなかった。昭和十六年十二月のはじめ、太平洋に派遣されていたアメリカの空母は三隻だった。エンタープライズはウェーク島に戦闘機を運び、真珠湾へ戻ろうとしているところだった。レキシントンは爆撃機をミッドウェーに輸送途中だった。三隻目のサラトガはカリフォルニア沖を航行中だった。

敵の空母がどこにいようとかまわなかった。真珠湾を攻撃すれば、敵太平洋艦隊司令部は太平洋のどこかにいる二隻か三隻の空母に、真珠湾への入港を下命するだろうと連合艦隊司令部は読んでいた。それら空母のすべてを沈めてしまうつもりだった。三つの潜水戦隊、二十七隻の潜水艦が真珠湾のあるオアフ島を取り囲み、航空攻撃が終わったあとも、待機をつづけた。各艦長、乗組員たちはいずれも功名心に燃えていた。

　こちらが予期していたとおりのことが起きた。真珠湾攻撃から十日のあいだに、レキシントン、サラトガ、エンタープライズの三隻の空母は護衛艦艇を伴って、それぞれ真珠湾にあわただしく入港し、戦闘準備を整え、ふたたび出航した。

　ところが、待ち伏せをしていたこちらの潜水艦は敵の空母に一発のパンチも浴びせることができなかった。敵空母が真珠湾に入港するのに気づかなかった。出港してくるのも見つけそこなった。空母らしい船影が真珠湾へ向かうのを発見した艦長佐野孝夫の伊《い》七十潜水艦は逆に沈められてしまった。

　敵側の警戒が厳重にすぎた。敵の哨戒機が三十分から四十分の間隔で上空を飛び、駆逐艦のスクリュー音が一定間隔で聞こえた。こちらの潜水艦は海中に釘づけにされ、昼間の行動を完全に麻痺させられた。夜になってそっと浮上し、大急ぎで充電し、無電を発信し、敵の対潜艦艇が近づく前に潜航することになった。手も足も出なかった。

　クェゼリンの基地に引き揚げてきた潜水艦の艦長と乗組員たちは目を充血させ、疲れはてていたが、なによりも大きなショックに呆然としていた。海軍首脳陣の衝撃も大きかった。

潜水部隊の戦法と戦術は長年にわたる熱心な研究があり、徹底した訓練があった。演習では潜水艦の攻撃はいつも成功した。旗艦長門をかこむ駆逐艦の警戒は役に立たず、長門の聴音探知機も功を奏さなかった。潜水艦はそっと忍び込み、発射を終え、長門の後方に浮上して、得意げにその艦名を示したあと、また波間に姿を隠した。

艦橋に立つ連合艦隊司令長官の山本五十六をはじめ、司令部の参謀、そして旗艦の艦長と部下たちはいずれも舌を巻き、大変な技倆だと感嘆し、やがては潜水部隊が大きな戦果をあげるものと確信したのだった。

それがこのざまだった。日本の潜水部隊は世界一と信じ、それを疑っていなかっただけに、だれもがびっくりして当たり前だった。だが、かれらは自分たちの戦術が古くさいのだと考え直すことができず、実戦的な訓練がじつは畳の上の水練にすぎなかったのだと認めることができなかった。

アメリカ側はどうであったか。開戦に先立ち、アメリカ海軍は英国海軍から港や泊地をどのように守ったらいいのかを教わっていた。英国海軍は開戦当初、自国の軍港や河口に忍び込んだドイツ潜水艦に大暴れされた苦い経験のあと、対抗策を編みだしていた。そしてハワイの戦いの五カ月前から、アメリカの海軍は実際にドイツの潜水艦を相手にしていた。昭和十六年七月から大西洋で哨戒活動をおこない、ドイツの潜水艦を捜索し、捕捉する実戦の訓練を積んでいた。そこでハワイ周辺の狭い水域をしっかりと防衛するのは、アメリカ海軍にとってわけもないことだったのである。

連合艦隊司令部はハワイ水域で討ちそこねた敵の空母を殲滅しようと計画をたてた。ミッドウェー島を攻略することによって、ここに敵艦隊をおびきよせようとした。ところが、返り討ちにあってしまい、四隻の正規攻撃空母を失うという悲運に見舞われた。そして潜水部隊の戦いもたいした成果はなかった。敵空母ヨークタウンにとどめをさしただけだった。

それから五カ月あとには、潜水艦は開戦前にはまったく考えもしなかったことをしなければならなくなった。ガダルカナルへ食糧と弾薬を輸送するようになった。多数の艦艇と航空機を失い、日本郵船や大阪商船が誇った世界第一級の貨物船をつぎつぎと沈められてしまい、駆逐艦による補給もうまくいかず、ついに潜水艦の出番となったのである。

昭和十七年十一月下旬から翌十八年一月末にガダルカナルから撤兵するまでのあいだに、潜水艦は五百トンの食糧と弾薬を運んだ。わずかな量だった。いちばん小さな貨物船である改《かい》E型でさえ、一隻が一千トンの米を運ぶことができた。ところが、その半分の量の物資を運ぶのに延べ三十九隻という多数の潜水艦を動員しなければならなかったのである。

そしてそのときから今日までずっと潜水艦を兵站輸送のために使わざるをえなくなり、輸送用の潜水艦をつくることにもなり、太平洋の戦いにおける潜水艦の戦闘効率を大きく低下させることになってしまった。

潜水戦隊が敵艦隊に戦いを挑んだのは、ガダルカナル撤収から一年あとの昭和十八年十一月だった。敵の大艦隊がマキンとタラワを襲った。こちらもまた空母を中心とする艦隊を出撃させねばならなかった。ところが、空母機部隊はラバウルで戦い、大きな損害を受けていたから、空母を使うことができなかった。そこで、わずかな雷撃機と潜水戦隊を投入することになった。

敵の飛行機と駆逐艦の警戒が厳重な水域では、潜水艦の動きは封じられ、身動きできないというのが、ハワイ作戦で最初に学んだ戦訓だった。ところが、それから二年のあいだに新工夫はなかったし、対駆逐艦兵器の開発もなかった。

敵は音響探知機だけではなく、水上、水中の探知装置を駆逐艦と航空機にとりつけていた。そこで敵の海上警戒範囲はハワイの戦いのときよりもずっと広くなっていた。しかも対潜哨戒のできる艦艇や飛行機はハワイの戦いのときよりもずっと多くなっていた。こちらの潜水艦の艦橋に立った見張りがはるか遠くに機影を見つけ、潜航しようとして、当然間に合うと思ったのが、間に合わなかった。敵機は視認に頼らなかった。一直線に頭上に迫った敵機が爆弾庫扉を開いた。

急速潜航するのに成功し、以前であれば敵艦が投下する爆雷をうまくかわすことができたのが、できなくなった。敵は二十四発の爆雷を一度に投げ込む装置をとりつけていた。それらの爆雷は各深度でいっせいに爆発したのである。

タラワ、マキン水域に出撃した九隻の潜水艦のうち、帰投できたのは三隻だった。敵の護衛空母を一隻沈めただけだった。つけ加えるなら、敵がその水域に送り込んでいたその種の護衛空母は六隻だった。もちろん、正規空母が敵攻撃部隊の主役だった。六隻を投入していた。

こちらの空母部隊、そして潜水部隊も出撃し、一《いち》か八《ばち》かの決戦に打ってでたのは、昨十九年六月のマリアナ沖海戦だった。最大の数の潜水艦が出撃した。敵艦隊の予想される進攻軸と直角に三線の散開線を引いて、潜水艦が並んだ。べつの一隊の潜水艦はサイパン、テニアン島周辺の水域に潜んだ。三十四隻の総勢だった。

潜水艦の艦長と乗員たちは仲間の仇を討ち、今度こそは勝利の美酒に酔いたいと願ったが、そうはいかなかった。活躍したのは敵の潜水艦だった。こちらの対潜能力の劣っているのにつけ込み、わが方の主力艦隊の泊地の入口に配置した三隻の潜水艦をはじめとして、総計二十八隻の敵潜水艦はこちらの艦艇何隻かを沈めた。わが方は十八隻の潜水艦を乗員とともに失い、ただ一隻の敵艦を沈めることもできなかった。

司令官が辛抱強く、強固な意志をもち、艦長が勇気にあふれ、乗員の技倆がどれだけあっても、それだけでは戦いに勝つことはできなかった。もちろん、司令官や艦長たちがいつまでも手をこまねいていたわけではなかった。マリアナ沖の海戦、タラワ、マキンの戦いの前、昭和十八年半ばのことになるが、水中で高速がだせる新型潜水艦をつくってほしいと上申した。

潜水艦は水中では、四ノットからせいぜい八ノットまでの速力である。水中の速度があまりにも遅いために、敵艦艇にたいする攻撃の機会を逸してしまい、敵の駆逐艦やフリゲート艦の追跡を振りきって逃げることができない。大容量の電池を積み、水中でも二十ノットのスピードがだせるようにしたい。この新しい潜水艦があれば、ドイツの潜水艦と同じような活躍が望める。アメリカの潜水艦と互角に戦うことができる。潜水艦乗りのこのような主張が受け入れられ、水中高速潜水艦をつくることになった。

ところで肝心なことがあった。兵器や装備の研究と開発、そしてその生産が戦いのテンポに追いつかないという事実である。ひとつひとつの例を挙げれば、それこそきりはないが、水中高速潜水艦の建造もそのひとつとなった。

水中高速潜水艦の第一艦がやっと呉工廠で完成したのが今年の二月である。ほかに七隻を建造中だったが、本土防衛の戦いに間に合わないようではしようがないと文句がでた。発電機の搭載が終わっている三隻を完成させることにして、残りの四隻の建造を中止し、緊急の計画に資材と人員をまわすことにした。

じつはこれより前から、水中高速潜水艦の建造は小型のものに切り換えられている。全長七十九メートルだったのを五十三メートルに縮め、排水量を三分の一にしてしまい、徹底的に簡易化して、工程日数を短くした。昨年末に設計を終えた。この小型水中高速潜水艦が波《は》二百一である。

波二百一は佐世保工廠、川崎重工業の泉州工場と神戸工場、三菱重工業の神戸造船所でつくっている。及川が木戸に語った月産二十隻の潜水艦とはこの波二百一型のことなのか。そうではなかった。波二百一を月に二十隻生産することは不可能である。どれだけがんばっても、一カ月に一隻であろう。それも第一艦の完成は今年下半期になってのことだ。

では、及川が語った月産二十隻の潜水艦とはなんのことなのか。

海軍がいくつかの造船所に向かって、大量生産を命じているのはひとつしかない。甲標的である。甲標的は特殊潜航艇の名で大きく宣伝されたことがあるが、実際には誇るに足る戦歴はない。真珠湾でも、シドニー湾でもマダガスカルでも、攻撃は失敗に終わった。

じつをいえば、甲標的は港湾攻撃のためにつくられた潜航艇ではない。前に述べたことがあるが、甲標的は第二の日本海海戦を想定して、研究開発した潜航艇である。

敵艦隊が前進してくる。わが艦隊はこれとわたり合おうとして、これまた前進する。敵艦隊が向かってくる前面の海上にこちらの甲標的母艦が突き進む。四隻の母艦は艦尾から甲標的を進水させる。一千メートルの間隔をあけて、四段に構えた四十八隻の甲標的は敵艦隊が近づくのを待つ。輪陣型の敵艦隊の外側を走る敵駆逐艦をやりすごし、戦艦戦隊、巡洋艦戦隊が近づくのを待つ。甲標的はそれぞれ二本の魚雷をもっている。四十八隻の甲標的は最低四隻、五隻の敵艦艇を沈め、同数の敵艦艇を半身不随にさせることができるだろう。

敵艦隊の司令官は慌てるにちがいない。艦隊を変針させるように命じるだろう。この好機に乗じ、わが艦隊は真っ向から全速力で直進し、敵の砲撃圏の外から、わが戦艦の四十糎《センチ》砲と三十六糎砲の徹甲弾を浴びせかける。

ところが、昭和十七年の珊瑚海、ミッドウェーの両海戦で明らかになったとおり、戦艦を中心とする主力艦隊がいっせいに砲門を開くといった戦いは起きることがなかった。空母搭載機の戦いとなった。索敵機が広い海上を飛び、血眼になって粟粒のように小さく見える敵艦を探した。敵艦隊発見の報告を受け取り、爆撃機や雷爆機が出撃しても、敵艦を見つけることができず、空しく大海原をさまよい、燃料が尽きてしまうことにもなった。

はてしもなく広がってしまったこのような戦場では、甲標的はなんの役にも立たなかった。だからといって、警戒厳重な敵艦隊の泊地に忍び込むこともできなかった。こうして甲標的が送り込まれたのはソロモン水域だった。島陰の基地に潜ませ、敵艦船を襲わせることにした。だが、わずかな距離を水中航行するだけの能力しかもたないのでは、敵を捕捉することは難しかった。小型発電機を積ませ、自力で充電し、水上航行ができるようにした。これが甲標的乙型である。量産のための丙型をつくった。

甲標的がどうやら戦果をあげることができたのは、フィリピンのセブ島に基地を置いた甲標的丙型の独立任務部隊だった。数隻の敵艦船を沈めた。だが、十隻の甲標的のうちの五隻を失い、この三月末には手持ちの魚雷のすべてを使い尽くしてしまった。

ところで、昭和十八年末から海軍は甲標的丙型の航続距離をさらに延ばそうとした。自己充電装置を強化するために、発電機を大型化し、船体を一回り大きくした。こうして連続行動日数は五日となり、乗員も三人から五人に増やし、二直交代ができるようにした。三人が起きていて、二人が仮眠するのだが、相変わらずの狭さだから、操縦室前部と後部にある電池の上をそれぞれ寝台にすることにした。

昨年末に試作艇ができた。これが甲標的丁《てい》型である。この三月から呉海軍工廠の二つの分工場で本格的な生産をはじめている。呉軍港から三十分の沖合にある周囲一キロの小さな麗女《うるめ》島《じま》の工場、もうひとつは音戸《おんど》の瀬戸を抜け、水上一時間ほどかかる倉橋島大浦崎にある工場である。

及川古志郎が内大臣に語った月産二十隻の潜水艦とはほんとうはこの甲標的丁型のことなのである。

及川は木戸にはっきりと語ったのかどうか、海軍は蛟龍《こうりゅう》と呼ぶことにしているこの潜航艇を本土決戦の主戦力にしようとしている。本土防衛のためにつくりはじめているほかの小艦艇と比べて、機動性の高い点をかってのことである。

ほかの小艦艇といったが、魚雷を改造した回天《かいてん》、二人乗りの豆潜航艇の海龍、ベニヤ板張りの爆装特攻艇の震洋があるが、これらはいずれも航続距離が短い。そこで九州、四国の海岸に分散配備してしまえば、各拠点の間隔は離れすぎ、適切な相互支援は不可能となり、大部分が無用のがらくたとなってしまう。

このための対策を考えもした。軍令部第二部長の黒島亀人《かめと》は回天や震洋を空輸する計画をたてた。前に述べたことだが、二月二十二日に黒島は元帥会議にでて、海軍の兵備計画を説明し、特攻兵器を輸送するための大型飛行艇を製作すると語った。大型飛行艇は大部分を木製化するから、原料上の問題はないというふれこみであったが、技術上の問題はなにひとつ解決できていない。黒島は元帥たちに夢物語を語っただけだったのである。

及川や黒島が航続力の長い甲標的丁型を機動予備戦力として重視しているのは、こうした理由からである。そこで三月十九日に及川は天皇につぎのように申し述べたのである。

「各種の水中特攻兵力中、相当の機動力をもって移動集中が可能でありますす甲標的を主といたしまして、決戦海域に急速集中を目的といたしまする特攻戦隊を編成いたします」(9)

甲標的丁型の建造

ところで甲標的丁型であれば、敵対潜部隊の警戒の目をくぐり抜け、敵空母と敵兵員輸送船を攻撃できるのか。そのような戦法は編みだされていない。及川古志郎の部下たちが期待をかけているのは、丁型の数である。作戦に投入できる丁型の数が多く、集中攻撃さえできれば、敵の駆逐艦と哨戒機の警戒網を突破できるのではないか。そのように考えている。

呉海軍工廠の倉橋島大浦崎と麗女島の分工場で甲標的をつくっていると前に述べたが、海軍は三菱、川崎、播磨、三井の各造船所にたいしても、甲標的をつくるように命じている。三井造船の岡山県にある玉野造船所はこの一月に潜水艦の建造を打ち切り、かわりに甲標的をつくりはじめている。月に十隻の甲標的をつくる計画だ。三菱重工業の長崎造船所の計画はぐんと大きい。毎日二隻を建造する予定である。

軍令部総長の及川はこのような報告を耳にしていたであろうから、少々の障害があったところで、この四月、五月ともなれば、二十隻の甲標的をつくることは容易だと思っているのかもしれない。

実際には月に二十隻を建造できるようになるのはまださきである。たとえば、玉野造船所はどこよりも早く甲標的の建造にとりかかり、造船所の一画に百メートルの長さの二棟の工場を建設した。三日ごとに一隻ずつを進水させる計画をたて、六日に一隻ずつつくる生産ラインを二本建設する予定なのだが、機械と資材が不足して、新工場はまだ動いていない。既存の工場内で第一艇と第二艇の船殻工事にとりかかっているが、どんなに急いでも、第一艇が進水するのは五月末となる。(10)

三菱重工業の長崎造船所はどうなのか。月に六十隻の甲標的をつくることになっているが、長船《ながせん》ならどこよりも多くつくれるだろうと、海軍側がいい加減に決めた数字である。だが、何組もの技師が呉海軍工廠へ赴いたのは、この二月になってからである。造機部門を受け持つ技師はいまから二十日前の三月十八日に呉に行った。まずは倉橋島大浦崎の甲標的の工場を見学した。翌十九日に海軍工廠で機関関係の図面と資料を受け取った。その日にはじめて呉に敵機が来襲し、かれらも工廠内の防空壕に何回ももぐり込むことになった。設計図は長い筒状にして、それぞれが背中に斜めに背負って、帰路についた。(11) 佐々木小次郎のようだねと互いに語り合ったのは、吉川英治の新聞連載小説の挿絵を思いだしてのことだった。

三菱の長崎造船所は最優秀の客船と貨物船をつくり、戦艦武蔵を建造した輝かしい歴史をもっているが、潜水艦をつくったことはないから、電池工場を持っていない。一隻に百二十個の電池が必要だから、毎日二隻をつくるとなれば、二百四十個の電池を組み立て、充電する工場を建設しなければならない。電池を扱い、組み立てることのできる工員もいないから、呉と佐世保の工廠の電池工場に五十人を派遣したばかりである。(12) 第一艇ができるのは六月になるか、七月になるのか見当もつかない。

三菱重工業の横浜造船所も甲標的丁型を建造しようとしている。横浜造船所については前に触れたことがある。三菱内では横船《よこせん》と呼ばれ、市民にはドックの名前で親しまれ、かつて鎌倉丸を進水させたことが自慢である。その優秀船は横浜とサンフランシスコを往復したが、昭和十六年八月に海軍に徴用され、昭和十八年四月にフィリピンのパナ島の沖合で沈められてしまった。ドックでは巡洋艦やタンカー、貨物船を建造してきたが、それも過去の話になろうとしている。いまは戦傷船の修理に追われる毎日となっている。

横船の課長と係長が呉海軍工廠へ出張を命じられたのは、今年の一月のことだった。工廠の造機部の責任者から、小型潜水艦をつくるようにと指示され、麗女島の甲標的工場に連れていかれた。岩山の横穴のなかにある完全な地下工場である。工場見学のあと、図面の説明を受け、秘密の保持を繰り返し強調され、設計資料を持って帰ってきた。それから甲標的建造のための準備がはじまった。

前に潜水艦をつくったことがないから、横船でも電池組立工場を建設しなければならない。なによりも製造がめんどうなのは舵の操縦装置である。技術習得のために横須賀工廠の水雷部へ工員を派遣することにした。

めんどうなことはまだある。船体部をつくってしまってからでは、大物の機器を据え付けることができないから、船体を五つのブロックに輪切りにし、発射管部、前部蓄電池室、中央操縦所、後部蓄電池室、電動機室をそれぞれつくり、機器の取り付けをおこなうことになる。そのあと継ぎ合わせねばならないが、水深百メートルに堪える水密構造にしなければならず、ボルト締め付けが大変である。

横船でも、一番艇ができるのは、六月になるのか、七月になるのか見当がつかない。月産計画などいまからたてようがない。

前にも述べたとおり、甲標的の月産が二十隻になるのはまだまださきのことであり、ほんとうは夢物語なのである。そして敵が造船所に爆撃の狙いを移せば、たちどころにその夢も消える。

これまで敵は造船所を爆撃しなかった。新造船が就航するのを待って、沈めればいいと思っているのであろう。そして敵は潜水艦をつくってきた横須賀、呉、佐世保の海軍工廠、三菱神戸、川崎の工場を狙うこともしない。二年前、昭和十八年の春から初夏にかけて、アメリカと英国がドイツへの合同爆撃を開始したとき、最初にしつこく狙ったのがリューベックやダンチヒの潜水艦工場だった。それらの爆撃を四カ月でやめてしまったのは、いっこうに成果があがらなかったためだが、日本の潜水艦工場を爆撃しようとしないのは、こちらの潜水艦をみくびってのことであろう。

このさきも敵は造船所を爆撃しないかもしれない。だが、敵は電動機工場を爆撃する可能性がある。甲標的のための軽量の電動機をつくっているのは東京芝浦電気の鶴見工場であり、製造できるのはそこだけだ。玉野、長崎、あるいは麗女島で建造する甲標的は、いずれも東芝鶴見工場の電動機を搭載している。⑬

横浜市鶴見の末広町にあるその工場は海岸埋立地にある大きな工場であり、空からも目につく。念入りな調査をおこなっている敵のことだから、その工場が戦争前から潜水艦用と魚雷用の推進電動機を生産してきていることを突きとめているはずである。鶴見工場が爆撃されれば、長崎造船所や玉野造船所の溶接工や組立工の懸命な努力はすべて空しくなる。

だが、鶴見工場が破壊されないとしても、原料、材料不足のために、電動機の生産はとても多くを望めないというのがほんとうの話である。甲標的の船体建造がかりに順調に進んでも、電動機の生産がとても追いつかない。電動機だけではない。電池の生産も間に合わなければ、通信機の生産も遅れるだろう。

敵軍が九州に上陸するのは、早ければ今年の八月から十月になるだろうと海軍首脳は見ている。そのときまでに百隻の甲標的を揃えるのが精いっぱいである。そんなわずかな数ではどうにもならないことは、及川が知り、黒島亀人が承知していよう。前に述べたことだが、黒島の直属上官だった山本五十六がミッドウェー海戦のあと、むこう六カ月のあいだに欲しいと望んだのは一千隻の甲標的だった。いま必要なのも一千隻、いや、二千隻の甲標的である。数十隻の甲標的ではどうにもならない。

ところが、軍令部総長は内大臣に向かって、「航空機月産千二百、潜水艦月二十位は維持」するのだとためらいなく語り、内心ほっとしたであろう木戸に向かって、「勿論楽観は出来ざるも、そう悲観したものにあらず」と言ったのである。

内大臣にたいしてだけではない。前に述べたことだが、及川古志郎は高木惣吉にたいしても、木戸に語ったのと同じような話をした。

高木惣吉が次官の井上成美に命じられて、秘密の任務を負い、いつごろ戦争を終結するか、どのようにして戦争をやめるかを研究していることは、大臣の米内ばかりでなく、及川も承知していた。そこで軍令部総長たるもの、高木には充分な情報を与えなければならないはずであった。

口外してはならぬと念を押し、〈君が想像しているとおり、海軍にもはや戦争継続能力はない。空母航空部隊はすでに存在せず、基地航空部隊の再建も思うようには進んでいない。決戦兵器と呼ばれる特攻兵器の数々は機動力を欠き、しかも大量生産を望めない。敵に致命的な損害を与えることはとてもできない。そもそもはじめから、われわれは長期戦を戦い抜く力をもたなかったのだ〉と語らねばならないはずであった。

ところが、二カ月前の一月二十六日、及川が語ったことを高木はつぎのように記した。

「現戦局に対し色々意見もあるが、私は重体であるが危篤とは見ない。

特攻兵器も大体揃って、……これが準備出来れば、……敵機動部隊を相当『なめ』ることが出来る。……これが間に合えば、相当戦勢を逆転してマリアナ位迄は取り返したい」

身内のひとりであり、秘密を他人に洩らす気づかいのない高木に向かってさえ、サイパン、テニアンを奪回するつもりだと夢物語を語って、真実を注意深く隠し抜くぐらいだったのだから、及川が外部の人間である内大臣の木戸に事実を告げるはずはなかった。

木戸にほんとうの話をしたら、それこそ大変なことになると及川は思っているのである。

〈航空機の生産は月に九百機となってしまった。練習機を入れての数字だ。今月、五月、六月と生産がさらに減少することがあっても、このさき増えることはありえない。五人乗りの潜航艇をつくりはじめているが、生産を軌道に乗せるのは難しい。本土を守るための戦いがはじまれば、海軍の戦力は数日のうちに消尽してしまいます〉

このように率直に話してしまったら、木戸は顔色を変え、顔をこわばらせるだろうと及川は思ったのであろう。そしてそのあとなにが起きるかも及川には想像できたのである。

木戸はただちに参謀総長の梅津美治郎《よしじろう》と相談し、海軍は本土防衛の戦いに自信がないと言っていると語ることになろう。梅津はそれを次官の柴山に喋るだろうし、柴山は軍務局員に語り、つづいて局員たちが、海軍は弱音を吐きはじめた、海軍は戦いを投げてしまった、海軍には降伏気分が高まっていると言ってまわることになる。

そしてかれらは、陸海軍を一元化しなければならない、是が非でもやらねばならないと叫び、宮廷工作をおこなうだろうし、新聞を通じての宣伝も開始しよう。それとはべつの工作もはじめよう。敗戦の全責任を海軍になすりつけ、戦争終結を図ろうとして、そのための陰謀に取り組むことになるにちがいない。

こんな隙を絶対にみせてはならない、海軍の名誉を守りつづけねばならないと心に決めているからこそ、及川は内大臣に向かって、海軍はまだまだ戦える、心配することはないと語ったのである。

及川は木戸に、ほんとうの話はなにひとつしなかった。だからというわけではないが、大和が出撃するという話もしなかったのであろう。今日の午後、戦艦大和が徳山沖を出航する。第二艦隊の出撃だ。といっても、巡洋艦一隻と駆逐艦八隻が従うだけである。

沖縄へ向かい、海岸に擱挫《かくざ》させて砲台とする計画である。だが、沖縄に到着する前に、敵艦載機の包囲攻撃にあい、武蔵の二の舞となるかもしれない。

現在、かれは大和の出撃に興奮しているわけではなかろう。いま戦場にのりださなければ、世界最大の戦艦は戦うことがないまま、瀬戸内海で悲惨な末路を迎え、水面にマストをさらし、敵ばかりか、国民の嘲罵をこのさき長く浴びることになってしまう。帝国海軍の栄光と悲劇を象徴する大和は錨を揚げ、出航しなければならない。懸案のひとつがいま片づき、海軍の名誉を守り通せるのだと思って、かれの胸中には奇妙な安堵感があるのであろう。

ところで、かれはこの数日のあいだ、何度か思いだす数字があるのではないか。千二百機、二十隻といった数字ではない。今夜にも反撃がはじまる沖縄水域の敵艦にたいする攻撃機の数でもない。敵側のラジオ放送が発表している数字である。沖縄の戦いにおけるわが方の戦死者と捕虜の数字である。

四月二日の戦死者の累計は七百七十五人、捕虜の累計は百四十八人だった。四月五日になって、戦死者の累計は一千九百七十六人、捕虜の数は二百十三人となった。この数字に嘘はあるまい。ほぼ正確なのだろうと及川は思っているのではないか。じつをいえば、かれは捕虜の数の多いことが気になる以外、それらの数字にたいした関心はなかったにちがいない。かれが気がかりなのは、もうひとつの数字であろう。

「保護住民」という項目があり、その数字があった。四月二日の累計が一千二百九十四人、四月五日の累計が八千九百九人となり、急激な増加を示していた。(14)

及川の脳裡には、足から血を流している老人、空腹の子供、赤ん坊をかかえた母親がアメリカ兵の小銃に追いたてられ、鉄条網で囲まれた収容所へ向かう光景が浮かんだのではないか。

九州で、そして関東でも、やがてそのような事態が起きる。いったい、どうすればよいのであろうか。

米内を支持してきた人びと

海軍大臣室では同じ論議がなおもつづいている。及川古志郎、長谷川清、井上成美の三人が米内光政に向かい、やめてはならない、大臣をつづけるようにと勧めている。

米内大将に留任するようにと説得してもらいたいと長谷川に頼んだのは、前に見たとおり、井上である。及川が組閣本部に鈴木貫太郎を訪ね、米内大将を採用してもらいたいと言い、内大臣の木戸がこれまた鈴木に向かい、米内大将を留任させたらどうかと勧めたのも、いずれも井上の根回しがあってのことである。

どうしても海軍大臣は米内につづけてやってもらわねばならないと井上は考えている。かつて米内はドイツとの同盟締結に反対し、陸軍の脅迫に屈することなく、一歩も退かなかった。戦争を終結にもっていこうとすれば、陸軍との対決は避けられない。この難事をやってのけることができるのは米内大将であろう。ほかにはいない。

井上はこんな具合に考えている。

次官の井上だけではない。局長や課長たちも米内を支持し、かれの留任を望んでいる。かつて三国同盟の締結に反対し、陸軍と最後まで戦った米内大臣が正しかったのだと思い、その同盟を結んだのは致命的な誤りだったと悔やんでいるからである。

じつをいえば、かれらは以前から米内を尊敬していたわけではない。昭和十四年に米内が海軍大臣だったときには、かれらはドイツとの同盟を望み、それに反対をつづける大臣をぐずと呼び、弱虫と罵倒したものだった。

そしてかれらは、いまとなっては思いだしたくないであろうが、どうしてあんな能なしが大臣になったのかと悪口を言ったものだった。悪口を言わないまでも、米内が大臣になったことを不思議に思った者は多かったのである。

現在、米内を留任させようとして駈けずりまわってきたのは井上成美だが、米内を昭和十二年に海軍大臣としたのが、なんの力ももたないかれであったはずはない。だれが米内を大臣に推したのか。

ここで米内光政について述べよう。いささか長い話になる。

将来、いつの日か米内の伝記が書かれることもあるだろうが、かれの伝記を書く人はかれをもうひとりの提督と比べることになるにちがいない。この二人の提督はそれぞれ海軍を代表していたばかりか、日本の二つの路線を代表していたのだと記すことになるだろう。

米内と並ぶもうひとりの提督は末次信正《すえつぐのぶまさ》である。昨十九年の五月から六月、そして七月にかけてのことになるが、末次を軍令部総長にして、米内を海軍大臣にしようという構想が一部の海軍軍人と海軍長老のあいだで画策されたことがある。末次と米内はそのとき現役ではなかった。だが、末次には以前からの強固な支持者、共鳴者がいたし、米内のほうは、前に述べたとおり、人気が高まりはじめていたときだったから、海軍を代表するその二人の提督の名を並べることによって、東条と嶋田の体制を嶋田の側から打ち崩すことができるかもしれないと考えたのである。

実際には、東条と嶋田の体制を瓦解させたのはマリアナ沖海戦の敗北だった。そして米内は昨年七月に海軍大臣となった。ところが、末次は軍令部総長の椅子に坐ることができなかった。そしてかれは昨十九年十二月二十九日に他界してしまった。

誤解する人はいないと思うが、米内と生前の末次が良好な関係にあったことは一度もなかった。より肝心なのは、末次を尊敬する人びとは米内を軽蔑し、米内に好意をもつ人たちは末次を毛嫌いしていたということだった。米内を支持する人びとと末次を支援する人たちは水と油だった。そこで昨十九年の七月に、末次と米内の海軍をつくろうとした試みは、この二人、米内と末次を含め、双方の支持者たちの相手方にたいする反感やわだかまりが消えたということではなく、かれらの胸中の危機感の大きさを示したものだったのである。

米内と末次はともに明治十三年の生まれだった。海軍兵学校では末次が二期先輩だった。末次は若いときから大物の呼び声が高く、順調な出世をつづけたが、米内は平凡な士官だった。かれが出世の階段に足を踏み入れることになったのは、まったくの突然であり、予想外のことだった。

いったい、海軍軍人の進級と補職はどのようにして決められるものなのか。士官にはひとりひとり考課表というものがついてまわる。軍艦内では、事実上艦を動かす副長が考課長となり、部下の士官たちの勤務成績を細長い短冊型の紙片に書き込む。さらに艦長が自分の所見を書き加える。考課表は海軍省人事局に届けられる。人事局には、各個人の少尉からの毎年一回の考課表が綴り合わされ、保存されている。人事局員ひとりひとりの考課表もあるが、かれらの考課表は課長が保管し、課長の考課表は局長の手元に置かれている。つけ加えれば、考課表がついてまわるのは大佐までである。

人事局第一課の課員は虫眼鏡で覗かねばならないような考課表の細字を読み、士官たちの進級と異動を決める。ところが、人事官は考課官の記した勤務成績を仔細に検討するよりも、海軍兵学校と海軍大学校の卒業成績に目を向けることになりがちである。なぜかといえば、軍艦の艦長や各部の所轄長は部下たちの考課表を作成するにあたって、短所に触れず、長所のみを記すことになるからである。当然であろう。部下を褒めることは、部下をしっかり掌握している証拠となる。部下の欠点をあげつらうことは、かれ自身の統率力の欠如を明らかにするだけで、自分の成績にかかわってくるからだ。

考課表に書かれる側についても、つけ加えておこう。自分が進級できるかどうかは上官の勤務評定にかかっているために、だれもが用心深くなり、保守的になる。そして上官に自分の欠点を見つけられないようにする利口さが、最大の能力となる。こうして考課表の中身は月並みなものとならざるをえない。

もうひとつ余計なことをつけ加えれば、上級幹部は新しい軍事技術を認めることができず、技術革新に反対するのが普通だから、利口な部下は上官の態度を慎重に見守りながら、自分の意見を用意することになる。そしてほかの社会とまったく違うところだが、平時においては、軍社会ではそれでなにひとつ不都合なことは起きず、万事うまくいっているように見えるのである。

米内の話に戻れば、かれは平凡な士官だと前にも述べたが、海軍兵学校の卒業成績は百二十五人中の六十八番だった。ところが、大正十三年十一月にかれは戦艦陸奥《むつ》の艦長に任命された。艦長といっても、ただの艦長ではなかった。だれもが驚いた。米内自身も間違いではないかと思ったにちがいない。

戦艦陸奥はすでに存在しない。陸奥もまたないというべきであろうが、昭和十八年六月、広島湾にある柱島《はしらじま》の泊地に碇泊中、謎の大爆発を起こし、千百人を超える将兵とともに沈んでしまった。二十年前、米内が陸奥の艦長となったときには、陸奥は長門と並び称される世界第一級の新鋭戦艦だった。しかも陸奥は長門に代わって、連合艦隊の旗艦となったばかりだった。人事局長が陸奥の艦長を銓衡するにあたって、だれでもよかろうと適当な名前を拾いだしたはずがなかった。

それより四カ月前のことだった。大正十三年七月二日、公爵松方正義《まつかたまさよし》が没した。十日あとの同月十二日、麻布新堀町にある松方の広大な邸で国葬がおこなわれた。海軍人事局長の山梨勝之進がその式に参列した。かれは海軍儀仗隊の指揮官に注目した。はじめて見る士官だった。かれはその堂々たる体軀、端正な風貌、その動作に魅せられた。あのような男が将来の帝国海軍を背負うことになるのではないかと漠然と考えた。

その指揮官が四十四歳になる米内光政だった。そしてその年の十月、山梨は米内の考課表に書かれた所見や適性を丹念に読み、自分の直観を信じ、米内を連合艦隊旗艦の艦長にしたのである。

それから六年のちの昭和五年のことになる。中央の政治舞台にいる人びと、そしてそこで起こっていることに関心をもつ人たちのだれもが、末次信正という闘争心にあふれた海軍軍人に注目した。

末次は軍令部次長であり、そのとき四十九歳だった。かれは創意に富み、ずばりものを言い、タフで、精力的だった。少佐時代から第一級の戦術家として認められ、スター的な存在だった。じつをいえば、かれの海軍兵学校の卒業成績もよくなかった。百十三人のなかで五十番だった。ところが、海軍大学校の卒業成績が優等だった。

軍令部次長のかれは軍令部長の加藤寛治に協力し、弱気に落ち込むかれを引っ張り、ロンドン軍縮条約の締結に反対し、つづいてはその批准を妨害した。

そのとき軍縮条約の締結と批准に努力したのが海軍次官の山梨勝之進だった。海軍大臣の財部彪《たからべたけし》は全権としてロンドンにいたから、山梨は留守居役であり、海軍をひとつにまとめる責任を負っていた。かれは条約の成立を望む首相、外相に協力し、軍令部長の加藤をなだめすかし、次長の末次を説得した。かれはまた、海相の財部に電報を送り、若槻礼次郎全権と同じ行動をとるようにと説き、随員の強硬論にひきずられようとするかれに自重を促した。そして条約妥結の政府の方針が決まったあと、末次がなおも反対し、世論工作にでたことを山梨はとがめた。自分自身、次官の椅子から身をひくことにより、次長の末次をも辞任させたのだった。

こうして海軍中央機関の人びとは二つに分裂し、互いに争うことになり、昭和五年は海軍にとって容易ならぬ年となった。その年に米内はなにをしていたのか。かれはチョコレート色に濁った揚子江を溯江、下江する小さな砲艦部隊の司令官であり、海軍中央のエリートたちの争いとは無縁だった。

そしてその年の末、昭和五年十二月のことになるが、米内は中将に昇進し、朝鮮にある鎮海《ちんかい》要港の司令官となった。双六《すごろく》はそこで行きどまりだった。やっとのことで中将になった陸軍将官が田舎師団の師団長となったのと同じだった。そこがかれの終着駅となるはずだった。

かつて米内を認め、かれの昇進の道を開いた山梨勝之進はどうしていたか。次官を辞任して半年ほど遊んでいたが、米内が鎮海の司令官となったのと同じ昭和五年十二月、佐世保鎮守府の司令長官となり、一年あとの昭和六年十二月には呉鎮守府の司令長官となって、順調に出世をつづけていた。やがて海軍大臣となるのは確実と思えた。

ところが、そのすこしあと、昭和七年二月に伏見宮が軍令部長になった。山梨は伏見宮の登場を知って、これはだめだと観念したのではなかったか。伏見宮はロンドン条約の締結に反対したひとりだった。次官だった山梨を非難して、あれでも海軍の軍服を着ているのかと言ったのが伏見宮だった。私が現役にとどまっていられるのも、そう長くないと山梨は思ったにちがいなかった。

そして山梨は米内のことを思い浮かべたのかもしれなかった。米内の考えや意見を知った山梨は、自分の眼鏡が狂っていなかったと思ったにちがいない。そして山梨は米内を行きどまりの田舎勤めから出世コースへ引き戻してくれる人はいないものかと思案したことがあったのではなかったか。

ところで、伏見宮が軍令部長になって三カ月あと、年若い海軍士官たちが首相の犬養《いぬかい》毅《つよし》を殺害した。ロンドン条約に反対した人びとは既成体制にたいする反抗心と敵愾心を強めるようになっていたのである。

首相暗殺事件のあとのことになる。米内のいる鎮海に第二艦隊が入港し、眠っていたような港が久しぶりにざわめいた。司令長官は末次信正だった。酒宴となった。米内と同じく、末次も酒が好きだった。酒が入って、米内が末次に向かい、五月の暗殺事件の真の責任者はあなただと言った。なにを言うかと末次が反駁した。

米内はやめなかった。思っているとおりのことを口にした。ロンドン会議以来、若い者を焚きつけ、つまらないことを喋らせたり、やらせたりして、よくないと言った。自分をコントロールできる男がいつになく激しいことを言い、胸ぐらを掴んでの争いになろうとした。二期先輩の末次のほうがぐっとこらえた。精悍な面構えの末次だったが、体は小さかった。ずっと体が大きく、中学時代から柔道を得意にしていた米内を相手にして、勝ち目はなかった。そんなことよりも、まもなく現役を去ることが決まっている田舎侍を相手にして、連合艦隊司令長官になることがほぼ決まっている者が喧嘩をかってでるなど、あまりにばかげていると思ったのである。

だが、二人の衝突はそれで最後とはならなかった。米内が予備役とならなかったからである。その年の末、昭和七年十二月のことだが、米内は第三艦隊の司令長官となった。それからのかれはとんとん拍手で出世をするようになった。

またも山梨勝之進が米内の後押しをしたのであろうか。山梨が海軍大臣や人事局長に向かって、米内をやめさせてはならないと説いていたのであろうか。じつは同じときに山梨は呉鎮守府長官から軍事参議官へと左遷されていた。ロンドン条約を支持した者を追放しようとする動きがすでにはじまり、山梨は予備役一歩手前となっていた。もはやかれに力はなかった。

米内を高くかう者がべつにいた。ロンドン駐在大使の松平恒雄である。

松平恒雄の構想

松平恒雄について記しておこう。外務省のなかで、というよりは政府幹部のなかで、かれほど海軍のエリートたちをよく知っている者はいなかった。それがなぜなのかはこのさきで述べるとして、かれが知ることになった最初の海軍軍人が米内光政だった。大正八年から九年にかけて、松平と米内はウラジオストクにいた。シベリア出兵のさなかのことで、海軍はウラジオストク港に数隻の軍艦を碇泊させていた。

そのとき米内は三十八歳であり、特務機関長だった。かれはそれより前、大使館付きの武官補佐官としてロシアに二年間駐在し、帰国してふたたび欧州に出張し、ベルリン、ワルシャワにいたことがあった。松平は派遣軍司令部の政務部長であり、四十一歳だった。会津藩元藩主の世子《せいし》と南部藩の元下級藩士の子は毎夜のようにウオッカの杯を重ね、軍艦のこと、ロシア人のこと、英国人のこと、そして日本の将来の話をして、友情を深めるようになった。

松平にとって、米内との交友が海軍軍人とのつきあいのはじまりだった。松平はそのあと海軍指導者と指導者見習いの一団を知った。かれらと酒を飲み、議論をし、自分の目で観察し、かれらがやっていること、考えていることを知った。

それというのも、かれは二つの海軍軍縮会議の全権団の一員だったからである。大正十年のワシントン会議と昭和五年のロンドン会議である。ワシントン会議では主力艦の建造を制限し、八年のちのロンドン会議では巡洋艦や潜水艦の建造を制限した。ワシントンでは松平は随員だった。ウラジオストクから東京へ帰って、欧米局長だったときのことだ。ロンドン会議ではかれは駐英大使であり、全権のひとりだった。

松平がワシントンで知ったのは、首席全権の加藤友三郎だった。海軍大臣の加藤は鶴のように痩せていた。松平はどこぞの記者が加藤を「燃え残りの蠟燭」と形容したのを思いだしたにちがいない。大臣室の金屏風の前に立った加藤の姿を見ての印象を記したものだった。

だが、「燃え残りの蠟燭」はあくまで加藤の外見だった。かれは武勇を自慢にするだけの提督ではなく、日常業務や儀式のたぐいを上手にこなすだけの行政官でもなかった。かれは長期的展望をもった戦略家であり、政治家だった。そして海軍全体をしっかりと掌握していた。

もちろん、かれは全権団にも睨みをきかせた。部下の首席専門委員の加藤寛治と委員の末次信正は、作戦上から比率七割の主力艦の保持が絶対に必要だと主張した。英米側は日本に六割の比率を押しつけようとしていた。加藤友三郎は条約の締結を望み、六割の比率を受け入れることにした。なおも反対だと説き、がんばりつづける加藤寛治に向かって、大加藤と呼ばれた加藤友三郎は「君も中将にもなったのだから、すこしは下のものを抑えるようにしたらどうか」と叱ったのだった。

それから八年あとのロンドン会議のときは、海軍大臣の財部彪が全権のひとりだった。松平もまた全権だったが、かれは財部が条約締結に反対する海軍側の随員たちをしっかりと抑えることができないのを見て、加藤友三郎の死が早すぎたことを嘆じたにちがいなかった。

加藤友三郎が没したのは、ワシントン会議の翌年の大正十二年だった。たしかに早すぎた死だった。六十一歳だった。加藤より七歳若い慶応三年生まれの財部彪はいまも健在だが、前に触れたとおり、とっくに引退してしまっている。かれのことを思いだす人はいないが、かれの名前を聞き、だれもが記憶しているのは、かれがロンドン会議に夫人を同伴したことであろう。東郷平八郎がかれに激しい非難を浴びせ、外交の戦場に女連れで行く馬鹿者と批判したことがあったのを、人びとは思いだすにちがいない。そして財部の夫人の稲子が海軍中興の祖である山本権兵衛の娘だと知って、最高実力者の娘と結婚するような、計算高い、利口な男なのだと思った記憶がよみがえるであろう。

山本の女婿となった財部はなるほど有能だった。斎藤実《まこと》が海軍大臣だったときに、財部は次官だったが、斎藤次官、財部大臣と言われて、その実力を高く認められたものだった。だが、かれは野心のためならなんでもやるといったタイプではなかった。けれんがなく、率直な人柄だった。おしゃれで、酒好き、人好きのする顔であり、座談が巧みだった。平穏無事な世の中であれば、かれはだれからも尊敬される海軍提督として現役を終え、東郷平八郎亡きあとの薩摩海軍の長老として重きをなしたはずであった。

要するに財部彪は現軍令部総長の及川古志郎にまでつづく海軍将官の典型的なタイプであり、威厳のある、しかし同時に安楽な、海軍という小世界の管理者として選ばれた人物だった。

松平恒雄のことに戻れば、かれが昭和五年のロンドン会議では財部と同様に全権だったことは前に述べた。若槻礼次郎が首席全権、松平と財部はひらの全権だった。財部はなにもしなかったが、松平は条約成立のための準備作業をおこない、アメリカ全権のリードと四回にわたって協議を重ね、協定の基礎案をつくりあげた。

松平が財部に失望したことは前に述べたが、かれがもうひとつ気がかりだったのは、顧問の安保清種《あぼきよかず》大将と首席随員の左近司政三中将がこれまた頼りにならないことであったにちがいない。財部がなにもしないのであれば、かれに代わって、補佐役の安保と左近司が随員たちを監督しなければならないはずであった。軍縮条約を結ばなければ、日本はアメリカとの建艦競争に精魂をすり減らすことになると繰り返し説かねばならなかった。ところが、財部と同様、安保と左近司も部下たちにたいして当たらず触らずの態度をとり、かれらの侃々諤々の勇ましい議論に近づこうとしなかった。

全権団の海軍系随員は二十二人いた。かれらは大使館員や新聞記者を頭からばかにしていた佐官クラスの俊英であり、指導者見習いの一団だった。

かれらはその条約の締結に反対し、首席全権の若槻にことごとくさからった。かれらは軍令部とひそかに連絡をとり、条約の成立を阻止しようとした。軍令部長は加藤寛治であり、次長は末次信正であり、かれらが条約反対勢力の手綱を握っていた。

やっとのことで条約調印の運びになった。松平はよかったと思う反面、気が重かったのであろう。かれが気がかりだったのは、海軍内で強硬派が強力なエネルギーをもつようになり、陸軍内でも強硬派が力を強めていくことであったにちがいない。かれが心配したのは、海軍の強硬派と陸軍の強硬派が共同戦線を張ることではなかった。陸軍が仮想敵とするのはソ連であり、海軍が仮想敵とするのはアメリカなのだから、陸海軍の武断派が互いに手を繋ぐ可能性はなかった。恐ろしいのは、海軍の強硬派と陸軍の強硬派のあいだに親近感があることではなく、それがないことだった。海軍の強硬派と陸軍の強硬派が張り合い、競い合って、宣伝と空威張りをつづけているあいだに、かれらは自分がつくりだした旋風に巻き込まれ、内心では避けたいと思っている戦いに踏み込んでしまう恐れがあることだった。

松平恒雄はこのような懸念を抱き、だれかに自分の考えを告げようとしたのであろう。かれはだれにそれを語ったのか。内大臣にそれを告げようとしたのではないか。内大臣であれば、五年さき、十年さきの外交と国防を考えねばならなかったし、海軍首脳の人事に間接的にではあれ、影響力をもっていたからである。

全権団のなかに外務省嘱託の牧野伸通《のぶみち》がいた。内大臣牧野伸顕《のぶあき》の長男であり、そのとき四十歳、近衛文麿と学習院で同クラスだったことは前に触れた。そしてもうひとり、樺山愛輔《かばやまあいすけ》がいた。かれについても前に述べた。実業家であり、多くの会社の創設に参加し、アメリカ、英国に友人が多く、牧野伸顕とずっと親しくしていた。樺山は全権直属の随員であったが、軍縮交渉のテーブルに坐ったことはなく、口をはさむこともなかった。

松平恒雄は帰国する牧野伸通に伸顕宛ての書簡をことづけたのかもしれなかった。そして樺山愛輔を官邸に招き、つぎのように語ったのではなかったか。

〈前回のワシントン会議からこの八年のあいだに、海軍内の国際協調派はめっきり減少している。アメリカは横車を押し、英国は身勝手だ。若い連中が反発するのも無理はない。だが、海軍大臣、つぎの海軍大臣と目される者が若い者たちに国の利害を説こうとせず、かれらの顔色をうかがうばかりで、かれらをしっかりと抑えようとしないのには、困ったものだ。五年さきの昭和十年には、ロンドン条約締結国がふたたび集まることになるが、このような雰囲気がつづけば、日本は軍縮条約から脱退することになるだろう。ワシントン条約の延長にも反対し、その条約も廃棄させよう。

昭和十二年になり、無条約時代に入れば、海軍の軍備計画は大きなものにならざるをえない。海軍が軍費の増額を求めれば、陸軍も黙ってはいまい。わずかな財布の中身を陸海軍が争うことになる。そして予算欲しさから、加藤寛治と末次信正、その子分たちが部下や国民に向かい、無闇と愛国心をあおりたて、無分別な敵愾心をふりまわすことになる。もちろん、陸軍側も負けずに同じことをしよう。過激な民族主義が日本全土を吹きまくるようになり、日本の将来はまことに危険である。

加藤友三郎元帥の不戦海軍の伝統を守り、国際協調に理解をもち、若い者や世論に迎合しない政治的勇気をもった提督を見つけだし、かげから応援することが肝要ではあるまいか〉

松平恒雄はこのように説き、樺山愛輔は真剣に耳を傾け、有益で賢明な提言だと言ったのではなかったか。そこで松平はいま述べたことを内大臣に申し上げてくれないかと頼んだのであろう。二人の会話はさらにつづき、海軍将官たちの名前がいくつかでて、松平は第一遣外艦隊司令官の米内光政少将を信頼していると言い、幸いなことにかれは揚子江をパトロールしていて、海軍中央の武断派と国際協調派の争いの圏外にいると語ったのではなかったか。

強硬派と国際協調派とが争い、国際協調派が勝ったのはロンドン会議が最後となった。翌昭和六年九月に関東軍の将校たちが満州事変を引き起こした。偏狭な愛国主義と国粋主義が国民のあいだにひろがった。昭和七年五月には、前にも触れたように、過激派の海軍士官の一団が首相犬養毅を殺害した。そして昭和八年に日本は国際連盟から脱退した。

英米両国との協調が必要だと説く勢力は、いよいよ落ち目となった。加藤寛治と末次信正のグループは雪辱の時来れりとばかり、反撃を開始した。まず、軍令部が海軍省の支配から抜けでようとした。軍令部長は海軍省に説き、軍令部の権限を強化するための条例や規定をつぎつぎとつくらせた。軍令部長の名前も、いかにも海軍大臣の後塵を拝しているようであったから、軍令部総長と変えた。

加藤や末次の圧力によって、海軍大臣は海軍内の粛清をはじめた。ロンドン条約の成立に協力した幹部たちを現役から逐い、山梨勝之進、谷口尚真《なおみ》、左近司政三、堀悌吉らを一掃してしまった。

しかし、元老の西園寺公望と内大臣の牧野伸顕はずるずると引き下がってしまったわけではない。首相犬養の暗殺のあと、かれらは多数派政党の党首を総理とする慣例を停止した。前にも述べたとおり、かれらが選んだのは、ロンドン条約を支持した海軍長老だった。斎藤実を首相とし、かれのあとには、昭和九年七月に岡田啓介を首相とした。かれもまたロンドン条約の成立に尽力した海軍長老だった。

陸海軍の強硬グループと右翼団体は内大臣にたいする嫌悪と敵意をあらわにした。議会内の不満派は内閣打倒の陰謀をつぎつぎとめぐらし、内閣を揺さぶった。そして軍令部総長は政府に向かって、「部内到底収まらず」「不祥事が激発する」と威嚇し、ワシントン条約の延長に反対した。

こうして昭和九年十二月には、日本は米英両国にワシントン条約を廃棄すると通告した。加藤寛治は多磨墓地の東郷平八郎の墓に参って、「帝国海軍更生の黎明を迎えました」と報告した。そして昭和十年十二月には、新条約を結ぶための第二次ロンドン会議が開かれることになっていたが、政府は脱退すると決めた。いよいよ日本は危険な新しい未知の階段をのぼらねばならないことになった。

その十二月はじめのことである。首相の岡田啓介が西園寺の政治秘書の原田熊雄と会った。岡田が相好を崩して語った。

「海軍の人事は大変よくいった。横須賀の長官もいいし、参謀長もいい。海軍はもう大丈夫です」(15)

岡田が喜んでいたのは、第一に、加藤寛治と末次信正がとうとう力を失ってしまったからだった。軍事参議官の加藤は予備役に編入されてしまった。海軍停年の満六十五歳になろうとしていたのだから、文句のあろうはずがなかった。ついでにいっておけば、山梨勝之進は五十五歳、堀悌吉は五十一歳で現役を逐われたのである。そして海軍大臣の椅子にもっとも近い横須賀鎮守府の長官だった末次は、海軍大臣になることなく、軍事参議官に祀りあげられてしまった。

末次のあとを継ぎ、横須賀鎮守府の司令長官となったのが米内光政だった。横須賀の長官がいいと首相の岡田啓介が語ったのは、このことだった。そして参謀長もいいと語ったのは、米内とコンビを組むことになる井上成美のことだった。

井上の硬骨漢ぶりはそのときすでに海軍部内に知れわたっていた。それより三年前、軍務局の第一課長だった井上は軍令部の幹部と徹底的に争ったことがあるからである。かれは軍令部の権力を強化しようとする要求に反対した。政府と没交渉の軍令部に力をもたせてしまったら、戦争への歯止めがなくなると考えてのことだった。相手側には伏見宮が控えていたから、井上の側にまったく勝ち目はなかったのだが、かれの名前はだれにも記憶されることになったのである。

そのような井上が米内の女房役になるのだから、これこそ万全の人事だと岡田啓介は思ったのである。一年さきか、二年さきには、私のあとの内閣が発足するときのことになろうが、米内が海軍大臣になり、井上が軍務局長になるだろう。たしかに、伏見宮がなおも軍令部総長の椅子に坐っているだろうが、海軍省の首脳がしっかりしていさえすれば、心配はない。岡田はこのように考え、海軍はもう大丈夫だと語って、原田熊雄を安心させ、西園寺公にこれを報告してもらいたいと頼んだのであろう。

岡田は松平恒雄にも、この新人事を伝えたのではなかったか。

松平は英国駐在大使をやめ、東京に戻って三カ月がたったばかりだった。かれの耳に入る情報は悪いものばかりだった。首相の岡田は海軍強硬勢力に押され、ワシントン条約の廃棄を決めてしまった。陸軍は分裂し、その争いはいよいよ深刻となり、無秩序な状況となりつつあった。そして陸軍内の年若い過激な連中がなにかしでかすのではないかという不穏な気配があった。松平の気持ちを明るくさせたただひとつのものが、米内の横鎮長官就任のニュースだったのであろう。

松平はつぎのように想像したにちがいない。昭和十二年か、十三年には、米内大将は海軍大臣になるだろう。ずっと大臣をつづければよい。もともと海軍大臣の任期は長い。かつて斎藤実は八年余にわたって海軍大臣だった。加藤友三郎は八年近く、山本権兵衛は七年のあいだ大臣の椅子に坐っていた。停年ぎりぎりの昭和二十年まで、米内大将が大臣をつづけることだってありえよう。米内がやめたら、井上が大臣になればいいではないか。ワシントン・ロンドン条約体制が消滅してしまって、軍拡競争がはじまっても、米内と井上は戦争気流をしっかりと阻止することになるだろう。

西園寺公望と牧野伸顕も、まずはよかったと思ったのであろう。

じつはそのとき、牧野は内大臣を辞任しようとしていた。体の具合が悪いことを理由にするつもりだったが、ほんとうは身をひいたほうがよいと判断してのことだった。過激派がこぞってかれを非難し、かれを諸悪の根源と攻撃し、その非難攻撃は弱まる気配がなかったからである。

かれの後任は決まっていた。前に首相だった斎藤実である。国際協調派であり、しかも海軍出身の内大臣であれば、海軍にしっかりと目がゆきとどくであろうし、国際危機が発生した場合、とるべき対応策について、天皇に有益な勧告、助言ができるだろう。西園寺と牧野はこんなふうに思ったのであろう。

そして岡田内閣が退陣するときには、海軍大臣も代わり、米内が大臣となろう。内大臣の斎藤と海軍大臣の米内が力を合わせれば、日本を危険な水域へ近づけることはないだろう。斎藤、そして米内の眼鏡にかなう者たちが海軍の重要ポストに就く。西園寺と牧野はこんなふうに考えたのであろう。

米内光政　対　末次信正

ところが、それからわずか二カ月あと、とてつもないことが勃発した。なにか血腥いことが起きるかもしれないと思っていた人も、その大きさまでは見当がつかなかった。内大臣をやめたばかりの牧野伸顕が襲われた。危うくかれは脱出したが、内大臣になったばかりの斎藤実が殺害された。首相の岡田啓介は九死に一生を得た。侍従長も運よく死を免れたが、大蔵大臣と陸軍の教育総監が殺されてしまった。

こうして、松平構想と呼んでいいのかもしれない、ひとつの構想は崩壊してしまった。内大臣と総理大臣と海軍大臣が共同戦線を結成し、海軍内の穏健派の力を培養して、陸軍を中心とする武断勢力を抑えていこうとする松平の平和維持のための計画は霧散してしまった。

それでも国際協調派の構想のすべてが瓦解してしまったわけではない。それから一年あとの昭和十二年二月に米内光政が海軍大臣になった。そのとき末次信正を海軍大臣にという声が大きかった。もちろん、元老、重臣たちに警戒されていた末次が海軍大臣になることはなかった。

その年の十二月、すでに首相は林銑十郎から近衛文麿に代わっていたが、近衛は軍事参議官だった末次を内閣参議とした。その時期に近衛は末次を高く評価していたのである。ところが、海軍大臣の米内がただちに末次を予備役としてしまった。米内と末次との喧嘩が一度で終わらないと前に述べたのは、こういうことだった。末次が軍籍を失ってしまったのを残念に思った人びとは、米内に大きな不快感を抱くことになった。

昭和十二年十二月、首相近衛は末次を内務大臣にして、今度は末次嫌いの人びとを驚かせた。末次を内相にすれば、かれは右翼勢力に人気があるから、小うるさい連中をうまく統御できるのではないかと近衛は考えたのである。だが、かれの思惑どおりにことは運ばなかった。末次は右翼勢力に甘い態度をとった。その一方でマルクス主義者を逮捕して、左派の人びとにあらっぽい威しをかけた。閣議では、かれはつねに強硬論を説き、国民政府と和平交渉をおこなうことに反対した。

昭和十四年一月に近衛内閣は退陣し、末次も内務大臣をやめた。米内のほうはつぎの平沼内閣でも海軍大臣だった。そこで起こったのが、ドイツとの軍事同盟の是非をめぐっての国を二分する対立と抗争である。

昭和十一年にドイツと結んだ防共協定を強化し、軍事同盟にしようという呼びかけがドイツ側からあり、近衛内閣のときから日本とドイツとのあいだで外交交渉がつづいていた。日本はソ連を対象とする同盟を結びたいと望んでいた。ところが、ドイツ側が態度を変えた。英仏を対象とする同盟の締結を望むようになった。そして陸軍がそのような同盟の締結を支持するようになった。

そんな同盟は日本になんの利益ももたらさないと正面きって反対したのが米内だった。ドイツと同盟を結ぶことに反対の人びと、たとえば西園寺公望、松平恒雄、池田成彬らは米内のがんばりに大きな期待を寄せた。

米内と次官の山本、そして軍務局長の井上は陸軍のごり押しに堪え、右翼の罵詈雑言を聞き流した。だが、かれらはじっと我慢をするだけで、どうしてドイツと同盟を結んではいけないのかを積極的に説こうとしなかった。議員や新聞社の幹部と精力的に会い、協力を求めることもしなかった。部下たちが大臣を批判しはじめても、抑えつけるだけだった。前にも述べたとおり、海軍部内でも中堅幹部はドイツとの提携を望むようになっていた。そして海軍長老のなかにも同盟支持派がいた。末次信正はそのひとりだった。かれはドイツと手を結ぶべきだと主張していた。

昭和十四年八月末、米内の側を助け、同盟支持派を叩きのめすことになる大事件が起きた。ドイツが日本を出し抜き、ソ連と手を握ってしまった。それはドイツとのあいだに結んだ防共協定の違反だった。ドイツの裏切り、ドイツの背信行為とだれもが怒った。

平沼内閣は退陣した。そのあとを継いだのは阿部内閣だった。だが、首相の阿部信行は主導権をとることができず、なんにたいしても効果的な対応ができず、得点をあげることができなかった。外交の大失敗とノモンハンの大敗は前内閣のときに起きたことであったが、その傷はあまりにも大きかった。そして旱害と電力不足が重なり、生産は減退し、生活物資の欠乏はいよいよ顕著になりつつあった。国民も、議会も、阿部内閣に不満と怒りをぶつけるようになった。

立ち直ったのは末次信正の側だった。昭和十四年十二月に、かれは中野正剛《せいごう》や橋本欣五郎らとともに東亜建設国民連盟をつくった。その挑戦的な団体ができて四十日あとのことだった。昭和十五年一月に阿部内閣は議会で不信任案を突きつけられ、総辞職してしまった。

内大臣の湯浅倉平がひそかに岡田啓介と相談し、後任の首相に推したのは米内光政だった。米内は、阿部内閣がやろうとしてできなかったことをやらなければならなかった。米英両国との関係を立て直し、国際的孤立から脱却を図らなければならなかった。

かれはつぎのように考えたのではなかったか。日本通商条約の失効期限は二週間あとに迫っていた。ただちに新条約締結のための交渉をはじめたかったが、とても無理だった。アメリカに向かい、そして英国にたいしても、わが方が関係の改善を真剣に望んでいることを理解させることからはじめなければならなかった。松平恒雄に宮内大臣をやめてもらい、特使となって英国と米国へ行ってもらうのが最善の策だった。

そして米内は、ワシントンとロンドンの不信と敵意を氷解させることが可能な案を特使に持たせることができると考えたのではなかったか。中国から逐次的に撤兵し、重慶政府と和平交渉をおこなうと約束することだった。そして米内は陸軍がそのような譲歩をおこなうことになるのではないかと見ていたのであろう。

なぜだったのか。ヨーロッパでは、ドイツ軍はソ連軍とポーランドを分割してしまった。そのあとドイツ軍は英仏軍と向かいあったまま、戦おうとしなかった。まさにアメリカの新聞が言うところの「偽りの」戦争だった。やがてドイツと英仏のあいだで休戦の合意ができてしまうのではないか。そして各国はしめしあわせ、中国の沿海地帯を占領している日本に撤兵せよと圧力をかけてくるかもしれなかった。陸軍首脳を含め、だれもがこんな不安を抱いていた。

陸軍幹部の心配はそれだけではなかった。表面なにごともなかったようにとりつくろっていたが、軍旗二旒《りゆう》を失ったノモンハン惨敗のショックは計り知れないほど大きかった。火力は劣り、機械化もろくにできていないのに、ソ連軍に勝つことができると勝手に決め込んでいた自己過信は崩れ落ちてしまった。そして関東軍の脆弱さがソ連側に明らかにされたという事実だけが残ってしまった。

その負け戦の形ばかりの後始末をおこない、参謀本部と関東軍の最高指揮者たちを予備役に編入したが、もちろんそんなことは気休めにもならなかった。戦車の戦力を向上させ、戦車師団の創設を急がねばならなかった。戦闘機と爆撃機の製造工場を建設しなければならず、大砲と対戦車砲の生産を増やさねばならなかった。

そのための巨額な予算と資材を捻出するには、中国の戦線を収縮し、逐次撤兵していくしかなかった。問題は陸軍大臣の畑俊六と参謀総長の閑院宮がその最後の決断をくだすことができるかどうかということだった。もちろん、それは外交と絡み、国家の大事だから、陸軍だけに任せておくわけにはいかなかった。畑と閑院宮にどのような圧力をかけたらよいのか。

米内はこんな具合に考えたのであろう。だが、かれはそれを外務大臣、内大臣、そして陸軍大臣と相談できなかった。小さな事件であったが、まことに刺激的な事件が起きた。米内が首相となって五日目、昭和十五年一月二十一日、浅間丸が英国巡洋艦に停船を命じられ、乗客であるドイツ人二十一人が連れ去られた。野島崎灯台からわずか六十キロ沖合で起きた事件だった。つけ加えれば、それらドイツ人はサンフランシスコで乗船したのだった。

新聞と議会が怒った。国民のあいだから憤激の声が巻き起こった。末次をはじめ、中野、橋本らは勇みたった。末次はまさに絶好な時機を選んで、東亜建設国民連盟をつくったことになった。

現在、昭和二十年四月、五十五歳の橋本欣五郎は翼賛壮年団の中央本部長である。団員はあらかた召集されてしまい、かつては意気盛んだった翼壮も形ばかりの存在に落ちぶれ、橋本も以前のような活力を欠いてしまっている。そして中野正剛はといえば、昭和十八年十月に謎の自殺を遂げてしまった。だが、昭和十五年には、橋本は自分の組織である日本青年党をもち、中野は東方会を率い、それぞれ熱狂的な支持者を集め、二人は全身から活気をあふれさせていた。

東建連は東京をはじめ、各地で演説会を開いた。中野と橋本は聴衆に向かって、英国にたいする敵愾心をあおりたて、英帝国主義の打倒を叫び、アジアの解放を主張し、熱狂的な歓迎を受けた。末次も内政と外交の根本的な改革を説き、聴衆の感動を呼び起こした。

これにひきかえ、米内光政は自分の外交構想を打ちだすどころではなくなってしまった。やることはその場しのぎのごまかしとなり、統一的ビジョンを欠き、進む方向の見当もつかなくなった。そのひとつが汪兆銘《おうちょうめい》の国民政府を承認してしまったことである。じつをいえば、参謀本部内では中国戦線の収縮と派遣軍の逐次削減案を真剣に検討していた。だが、南京政府をつくってしまっては、重慶政府との和平交渉を成功させることは難しくなり、米英両国との関係改善の見込みも薄れてしまう。ドイツにではなく、イタリアに佐藤尚武を団長とする親善使節団を送るということもやった。ドイツとの同盟に反対する勢力、賛成する勢力の双方にたいする中途半端な妥協だった。

そして五月十日、ドイツ軍が西部国境で攻撃を開始した。たちまちのうちにオランダ軍とベルギー軍を降伏させ、六月十四日にはドイツ軍はパリに入城してしまった。だれもが熱っぽくなった。不安と憂慮は消えた。全世界と日本は画期的な転換期に直面しているのだと、多くの人びとは思った。強力な行政府を望み、無力な議会主義の刷新を要求するグループがふるいたった。新しい外交路線の構築を期待する人たち、秩序ある経済体制の建設を求める人びとが勢いづいた。末次と東亜建設国民連盟はいよいよ威勢がよかった。

米内《よない》内閣は用無《ような》い内閣だ、早く引っ込めという声が大きくなり、合唱となった。そして参謀総長の閑院宮と陸軍大臣の畑が米内内閣を退陣に追い込んでしまった。

米内内閣は六カ月で潰れてしまった。湯浅倉平と岡田啓介の計画はみじんに砕けてしまった。米内は忘れ去られるだけの前首相となり、現役を離れた元提督となってしまった。山梨勝之進がはるか昔に描いた夢は消え去り、松平恒雄が長く抱きつづけた構想もいよいよほんとうにおしまいだった。

そのとき、米内をこのまま葬ってしまってたまるかと考えた者がいた。連合艦隊司令長官の山本五十六だった。海軍部内では、井上成美と並んで、山本は米内の強力な支持者だった。米内が海軍大臣だったときに、山本が次官だったことは前に述べたが、じつは米内と山本はそれ以前から親しかった。明治の末に、二人が横須賀の砲術学校にいたとき、同じ下宿で生活した。そのとき米内は三十一歳、山本は二十七歳だった。

どうあっても米内の現役復帰を図ろうと山本は考えた。軍令部総長になってもらうつもりだった。それというのも、山本は軍令部総長の伏見宮に不安を抱き、かれがやがて大きなしくじりをしでかすことになるのではないかと懸念したからだった。

伏見宮と閑院宮

伏見宮博恭王《ふしみのみやひろやす》が軍令部長になったのは昭和七年二月のことだった。そしてそのすぐあとにかれは元帥に昇進した。端然たる容貌であることに加え、長身の伏見宮は、そのときにはロボットと批判されたものだった。軍令部の権限を強化し、部長を総長と改称したのも、あるいはまたロンドン条約を締結した幹部たちを予備役に逐ったのも、すべて加藤寛治や末次信正が伏見宮を焚きつけてやらせたことだったからである。

だが、加藤寛治は昭和十年に現役を去った。末次と伏見宮との仲は疎遠になり、その末次も昭和十二年に現役を離れた。いつか伏見宮は海軍の大御所として振舞うようになり、陰口の中身も変わり、好き嫌いが激しすぎる、元帥宮に巧みにとりいるお上手者ばかりを重用すると言われるようになった。

伏見宮のお気に入りは、永野修身、及川古志郎、嶋田繁太郎だった。末次のような根っからの強硬派はいなかった。だが、そんなことよりも、もっと重大なことがあった。かれらは伏見宮が不快に思うことを告げようとせず、かれが信じようとしないことをその耳に入れないことだった。

連合艦隊司令長官の山本五十六が不安を抱いたのは、つぎのようなことだった。ヨーロッパでドイツが勝利を収め、国内の情勢は一変し、ドイツとの同盟は歓迎され、懇望されるようになっていた。もはや海軍首脳はドイツとの同盟に反対する力をもたなかった。おそらくはドイツと同盟を結んでしまうことになってしまい、つぎにはアメリカが日本にたいする態度を硬化させることになるのは目に見えていた。アメリカが日本にたいする戦争準備を強化すれば、海軍の主務者クラスがこれまたアメリカにたいする態度を硬化させ、事態は悪化の一途をたどることになる。そこで、危険なのは、軍令部総長の伏見宮がつねに強硬主張に与《くみ》してきたことだった。山本が伏見宮のわがままな強情さを警戒したのは、こうした理由からだった。

ところで、山本は、東郷平八郎元帥亡きあと、ただひとりの海軍の元帥である伏見宮をどうやってやめさせるつもりだったのか。

軍人の停年は前にも触れたとおり、六十五歳だった。伏見宮はそのとき六十四歳だった。だが、元帥には停年がなかった。そこで六十五歳になったからといって、本人に辞任する気がなければ、ずるずるとその椅子に坐りつづけることができた。陸軍では閑院《かんいんの》宮載仁王《みやことひと》が参謀総長だった。載仁王は慶応元年の生まれであり、伏見宮より九歳年長だった。気力を欠き、物忘れのひどい七十三歳の老人をやめさせようとする動きは陸軍内にはなかった。載仁王もまた元帥だった。

元帥宮を辞任させるには、宮廷を動かさねばならなかった。それをしないなら、こんなことを考えること自体、時間のむだというものだった。侍従武官長は陸軍の将官だったから、かれに軍令部総長更迭の計画を相談するのは危険だった。陸軍側に洩れ、回りまわって伏見宮の耳に入ってしまうかもしれなかった。

となれば、内大臣の木戸を説得するしかなかった。それには原田熊雄に頼むのがいちばんだった。山本は原田と親しかった。そしてもうひとり、宮内大臣の松平恒雄がいた。山本は昭和五年の軍縮会議の随員だったし、昭和九年の予備交渉の全権だったから、ロンドンで松平と何回も顔を合わせたことがあった。

そして山本は松平と原田を味方につけるのはわけはないと思っていたのであろう。その二人が臍《ほぞ》を噬《か》んでいるにちがいないと見ていたからだ。間違ったときに、間違った場所で、もっとも大切な人間を使ってしまい、しかも使い捨てにしてしまったと松平と原田は無念に思っているだけでなく、責任を感じているはずと考えたからである。もちろん、それは米内光政のことである。

山本は秘密のうちに原田熊雄に会い、松平恒雄と語り合ったのではなかったか。山本はつぎのように説いたのであろう。

〈どうあっても、米内大将を軍令部総長にしなければなりません。まず、米内大将を連合艦隊司令長官に起用する。

連合艦隊司令長官は第一艦隊の長官を兼任している。日露戦争以来のしきたりである。その兼職をやめることにして、米内大将を連合艦隊司令長官とし、私自身は第一艦隊の長官に引き下がることにする。

御承知のように、予備役から現役に復帰するための規定はない。天皇の特旨による。米内大将は陛下の信任が厚い。それゆえに海軍大臣からお願いすれば、お許しがあろう。だが、米内大将が連合艦隊司令長官になっただけでは、なんにもならない。並び大名のひとりにしかすぎないからだ。軍令部総長にならねばならない。伏見宮の退任を待つことになるわけだが、この問題も大臣や人事局長ではどうにもならない。お上のお言葉が必要となる。

だとすれば、米内大将を連合艦隊司令長官なんかにせず、はじめから軍令部総長にするほうが早道となる。ぐずぐずはしていられないから、この方法のほうがずっとよい。そこで大事な日付がある。十月十六日に伏見宮は満六十五歳になる。そのときまでにことを運び、すべてを解決してしまうのがいちばんいい方法ではありますまいか〉

松平は大きくうなずき、膝をのりだして聞いていた原田も、せっかちにわかった、わかったと言ったのではなかったか。原田は内大臣の木戸幸一に軍令部総長を更迭しなければならないと説き、松平もまた木戸に同じことを告げたのであろう。

九月六日、もちろん、昭和十五年のことだが、木戸は一時間にわたって内奏した。山本五十六が計画した人事構想をすでに承知していたからか、それともまったくの偶然か、木戸は天皇に向かって、統帥部総長を更迭しなければならないと申し述べることになった。

天皇と木戸の話し合いは、陸海軍を一致協力させるにはどうしたらいいかということではじまった。[16]天皇はつぎのように語った。陸軍は支那事変を解決できないまま、南方に進出しようと考え、海軍はそれに反対し、支那事変の解決がさきだと考えているようだ。[17]アメリカにたいする態度も、陸軍と海軍は異なる。双方が自分の主張に固執すれば、争いになりかねない。

木戸は天皇のこのような懸念にたいし、陸海軍のあいだのもっとも大きな問題は、参謀総長の閑院宮と軍令部総長の伏見宮とのあいだに意思の疏通がまったくないことだと述べたのであろう。永田町二丁目に大きな邸を構える閑院宮と、赤坂見附を隔てて紀尾井町四丁目にこれまた広大な邸をもつ伏見宮は互いの接触がなかった。陸軍と海軍の双方の幹部が顔を合わせる重要会議に総長は出席せず、次長が代行するのが長いあいだのしきたりとなっていた。二人の総長宮がそれぞれ相手の考えを自分の耳で聞くことなく、相手側の事情をしっかりと把握していない実情では、陸海軍双方の理解と協力は難しいと木戸は説いたのであろう。

そこでもうひとつの問題があった。閑院宮の衰えがひどくなっていることだった。もともと閑院宮は背が低かったが、さらに小さくなったように見えた。参謀本部の会議には出席せず、総長室にもでてこなかった。だが、拝謁上奏だけはおこなった。天皇の裁可を得るための命令書と説明書を届けにきた作戦課員を伴い、閑院宮は御所へ赴いた。いつからか天皇は黙って書類を受け取るようになっていた。質問をして、答えられないことがあっては気の毒と思ったからである。疑問点があれば、侍従武官を呼び、参謀本部へ聞きに行かせるようにしていた。

天皇もできるだけ早く閑院宮を引退させねばならないと思っていた。ところで、軍令部総長の伏見宮のほうはどうしたらよいのか。伏見宮はまだ衰えがなかった。だが、伏見宮だけを軍令部総長の椅子に残せば、陸海軍のあいだの重要会議が開かれて、陸軍側は総長が出席し、海軍側はこれまでどおり次長が出席するということになってしまう。軍令部次長が参謀総長から軽くあしらわれることになれば、海軍側は非常な侮辱と怒り、陸海軍の対立はさらに激しいものとなる。だからといって、軍令部総長が会議にでてくれば、陸軍側が怒り、海軍は宮様を押し立てて、横車を押すと非難することになる。二人の皇族の更迭は同時におこなわねばならない。天皇と内大臣の話し合いは、このような結論になったのである。

それから十日あとの九月十六日のことである。伏見宮が満六十五歳になるちょうど一カ月前だった。天皇は木戸と統帥部総長更迭の問題をもういちど話し合った。伏見宮と閑院宮を勇退させ、元帥府入りをさせるのが望ましいと決まった。天皇のその意向を侍従武官長から陸海軍両大臣に伝えさせ、両大臣の考えを尋ねさせることにした。(18)

じつはその日の朝、山本五十六が海軍大臣の及川に会い、米内大将を現役復帰させ、連合艦隊司令長官にしてもらいたいと訴えていた。(19)もちろん、山本はその日に天皇と内大臣が総長更迭の問題を打ち合わせることになるとは知るよしもなかった。

それを知らなかったのは当然としても、山本はもうすこし待てなかったのか。かれは気がせいていたのかもしれない。新内閣が発足して、ドイツと同盟締結の交渉がやがてはじまるだろうと思いながらも、まだしばらく時間があるとたかをくっていたのが、むこう十日か、二週間のうちに条約は締結される見込みとなってしまった。山本が柱島の泊地から東京へ来ていたのも、三国同盟にたいする海軍の最終態度を決めるための海軍幹部の会議に出席するためだった。ぼんやりしてはいられないと思ったのであろう。海軍大臣の及川にはっぱをかけるだけなら、なにもまずいことはないと山本は判断したのかもしれなかった。

九月十七日か、十八日、侍従武官長の蓮沼蕃《はすぬましげる》が海軍大臣と陸軍大臣を訪ねた。陸軍大臣の東条英機は閑院宮を勇退させることにただちに賛意を表明した。及川はこれは大変と思った。返事を保留した。山本の進言とのあいだに関連があるなどとは思いもつかなかったのであろう。伏見宮に憎まれては一大事、終身現役の元帥宮に恨まれたらめんどうなことになると考えるだけだった。

及川は責任逃れをした。次官、軍務局長、軍令部側の次長と第一部長を呼んだ。出世の階段の途中にいる者たちにその問題を相談すれば、かれらがなんと答えるか、もちろん、及川にはわかっていた。

そのとき商工大臣となったばかりの豊田貞次郎の教訓をだれもが忘れてはいないはずと及川は思ったからである。

どういうことだったのか。豊田は若いときから、やがては海軍大臣になるものと期待されていた。軍務局長だったときに、かれは伏見宮を加藤寛治のロボットだと言ってしまった。それを喋ってまわる者がいて、大問題となり、かれは軍務局長をやめざるをえなくなった。[20] 回り道をさせられたが、有能なかれは次官になった。だが、伏見宮が眼を光らせているかぎり、大臣になれる見込みはなかった。それがわかっていたからこそ、近衛は豊田に向かって、商工大臣になってくれと言ったのである。豊田は次官をやめ、海軍を去り、商工大臣になったのだった。そして、海軍省内にひとつの噂が流れた。商工大臣になった豊田大将が朝早く散歩にでて、海軍省の門の前で足をとめ、庁舎をじっと見つめているといった話だった。豊田大将は海軍のことが忘れられないのだと話し合い、だれもがかれの舌禍事件をあらためて思いだした。及川に尋ねられた四人が首を横に振ったのは言うまでもない。

九月十九日、及川は侍従武官長に向かい、伏見宮の退任は「絶対に困る」と告げた(21)。それから半月あと、昭和十五年十月三日、陸軍では、閑院宮に代わって、杉山元が参謀総長に就任した。海軍では伏見宮がそのままだった。その直後に伏見宮は軽い発作を数回起こした。昭和十六年四月はじめ、かれは辞任を決意した。かれが自分の後任に指名したのは永野修身《おさみ》だった。

昭和十六年夏の永野修身

もしも、永野修身ではなく、米内光政が軍令部総長になっていたら、それから八カ月あと日本はアメリカと戦うことにはならなかったであろうか。そんなことを考えても、たいした意味はないであろう。だが、軍令部総長になることなく、前首相、すなわち重臣となっていた米内が、戦争回避のためになにができたかを考えてみる必要はあるにちがいない。

そこで昭和十六年夏から秋にかけて起きたことを振りかえってみなければならない。そのときに内大臣の木戸、そして首相の近衛がなにを考え、どのように行動したかについては前に述べた。もう一度、同じ時期を検討することになるが、もちろん、同じ話にはならない。

第二次近衛内閣が発足したのは昭和十五年七月だった。多くの人びとは新内閣が自分たちの夢を実現してくれるものと大きな期待をかけた。だが、新内閣はたちまち壁にぶつかってしまい、近衛は内政と外交を百八十度変えざるをえなくなった。それがどうしてだったのかは前に述べたから、ここでは繰り返さない。失望、落胆した人は多かったが、その前からそのあとも、喜ばしいこと、誇りに思うこと、びっくりすることがつぎつぎと起き、人びとはそのときどきの感情に押し流され、だれもが足がしっかりと地につかないようなところがあった。

そして昭和十六年六月二十二日、ドイツ軍が国境を越えて、ソ連領に攻め入ったというニュースが人びとを驚かせた。その驚きはたちまち不安に変わった。七月中旬から、町でも、村でも、召集される人がつづいて、重苦しい気持ちの毎日となった。人びとは二年前のノモンハンの戦いで関東軍が大苦戦したことを忘れていなかった。そして七月二十六日、アメリカが在米日本資産を凍結した。

日本は断崖の縁に立っているのだとだれもが気づいた。貿易の停止がずっとつづけば大変なことになると人びとは語り合った。出征した縁者や友人の運命を気づかい、日本はソ連と戦うことになるだろうかと心配していた人びとは、アメリカや英国とも戦うことになるのだろうかと語って、喉を詰まらせた。夏らしからぬ肌寒い日がつづき、饑饉の追い討ちがあるのだろうかとだれもが溜息をつくことにもなった。

大多数の人びとの不安の感情をはっきりと映しだしたのが株価の動きだった。全株価は暴落し、取引所は修羅場と化した。とりわけ投機性の強い東京株式取引所新株の値の動きがすべてを表した。十カ月前、三国同盟を締結したときに高騰し、百円の関門に届こうとした東京株式取引所新株、すなわち新東株は大恐慌の底の昭和六年の安値に戻ってしまった。

不安と混乱のさなかの七月三十日、軍令部総長の永野修身が天皇に向かい、このままでは日本はじり貧になると申し述べた。持久戦に勝算なしと述べた。にもかかわらず、日本は英米両国と戦うしかないというのがかれの結論だった。天皇は驚いた。

翌日の七月三十一日、天皇は内大臣の木戸幸一に向かって、海軍は捨て鉢の戦いをしようと考えている、まことに危険だと語った。(22)

木戸は海軍大臣の及川古志郎と会い、軍令部総長が戦わねばならぬと上奏したのはどういうことかと尋ねた。及川は釈明に努めた。天皇に申しあげた永野の主張はかれ個人の考えにすぎないと言いつくろい、かれは話し下手なのだと弁解した。

永野が強硬論を説くようになっていたのは、アメリカが日本に経済封鎖をする前からだった。大本営・政府連絡会議で、永野は「いまならフィリピンを取れる。フィリピンを取ってしまえば、あとは楽だ」と満々たる自信をみせた。それでいて、長期戦にならざるをえない、大変なことになると部下が語れば、かれはそのとおりだとうなずいてみせもしていたのである。

永野が首相や陸軍首脳たちに向かって、戦うぞといった構えをみせたのはなぜだったのか。かれは陸軍の北進論を牽制しようとしたのである。ソ連と戦うことになってしまったら、海軍は乏しい原料資材のあらかたを陸軍に奪われてしまう。海軍は現状を維持することさえ難しくなる。シベリアに第二の支那事変をつくることを絶対に許してはならない。どうしても陸軍の北進論を潰してしまわなければならない。だからこそ、永野は南部インドシナ進駐計画を支持し、フィリピンの占領は容易だと威勢のいいところを見せなければならなかったのである。

では、経済封鎖の直後、永野は長期戦に成算なしと説きながら、戦う以外になしと天皇に申し述べたのはなぜだったのか。じつはその理由をかれは天皇に述べていた。侍従武官長の蓮沼蕃にたいしても、かれは自分の考えを説明していた。宮廷内でその問題が俎上にのせられ、検討がおこなわれることを永野はひそかに期待していたのである。

かれは天皇と侍従武官長になにを説こうとしたのか。三国同盟の問題である。

七月三十日に永野が天皇に説いた主張の核心は、アメリカと関係改善のための交渉をおこなうにあたって、三国同盟が障害になると述べたことであった。三国同盟条約を死文化しないかぎり、アメリカは日米通商条約の復活を言いだすことはないだろう。石油の禁輸をつづけることになる。三国同盟を実質的に廃棄する心構えをもたないのであれば、選択の道はひとつだけだ。戦いに踏み切るしかない。いまの機会を逸してしまえば、彼我の戦力の差は拡がるばかりだ。ただちに戦うしかない。永野はこのように説いたのである。

そこで翌七月三十一日、天皇が内大臣に向かって、海軍は自暴自棄の戦いを望んでいると語ったことは前に述べたとおりだが、木戸は天皇につぎのように答えたのである。

「米国は国際条約をきわめて尊重する国柄でありますから、今日、日本側が三国同盟を廃棄することが米国の信頼を深める道とはとても思えません。軽蔑を買うだけでありましょう(23)」

前にも記したとおり、そのあと木戸は及川を招致した。及川は永野から上奏内容を聞いていたから、内大臣が自分になにを尋ねるのかはわかっていた。かれの返事は二通りあった。私の考えも総長とまったく同じだと述べるのがひとつであり、つぎのように語ることだった。ソ連侵攻というドイツの裏切りによって、三国同盟は役に立たないものになってしまった。三国同盟を死文化する決意が必要だ。国際信義を守らねばならないとか、威信の維持とか言って、条約の死文化ができないなら、勝つ見込みのない戦いをすることになる。

もうひとつの及川の返事はいささかの決断を必要とした。成算のない、見通しのたたない戦いをやると上奏した軍令部総長を辞任させるとはっきり語ることだった。内大臣はその返答に泡をくうだろう。天皇もまたびっくりしよう。だが、戦争回避のためにはどのような代償の支払いが必要かを討議するきっかけをつくる絶好な機会となるはずだった。

ところが、及川はそのどちらも口にしなかった。前に述べたとおり、かれは弁解にこれ努めた。軍令部総長は口数が少なく、話し下手なのだ、思っていることをうまく言うことができない、お上の前にでて緊張したのだとその場限りのごまかしを並べたてた。(24)

翌八月一日、永野と及川が話し合った。いわゆる「思想統一」を図ろうとしたのである。及川は永野に向かって、平和解決を望むと主張してほしいと説いたのであろう。だが、及川の説得は中途半端なものになり、藪蛇となったにちがいない。及川がそのように言ったのであれば、さらにつづけて、あなたが三国同盟を死文化しなければならぬと上奏したのは正しかったと語り、私も閣議でそれを主張すると約束しなければならないはずであった。ところが、かれは内大臣に向かって軍令部総長が天皇に申し述べた主張は正しかったとは言えなかったし、閣議でそれを説く考えもなかった。

もちろん、永野は黙ってはいず、私は外交解決を望んでいるからこそ大幅な譲歩をしなければならないとお上に申し上げたのだと説いたのであろう。及川はそれに答えることができず、黙ってしまい、興奮性の永野が激してきて、語気を強め、〈だれも口にださせないようだから、私が上奏したのだ。私も統帥部の最高責任者だ。外交問題には本来、口をはさみたくはないのだ。もうこの先は、三国同盟を廃棄しなければならないなどとは、金輪際口にしない〉と断言することになったのであろう。

こうして木戸幸一が政治的に小心な態度をとり、三国同盟の問題に触れまいとすれば、及川古志郎はいかにも官僚らしい臆病さを発揮して、それを公式の場で討議しないことにしてしまい、永野修身は勇気あふれる寡黙な提督とみせかけることになり、その問題を二度と口にすまいと決意することになったのである。

三国同盟廃棄の問題がこの有様だった。日米両国間のもうひとつの懸案、より扱いのめんどうな中国からの撤兵の問題が公式の場で論じられることはありえなかった。

首相の近衛はどう考えたのか。八月四日、かれは陸海軍大臣に向かい、みずから渡米し、米大統領と商議すると述べた。翌八月五日、首相は天皇にその計画を説明した。近衛は天皇にも、陸海両大臣にも明らかにしなかったが、ルーズベルトとの直接の折衝で、三国同盟の死文化と中国撤兵を約束してしまうしかないと考えていた。

近衛のその計画に不安を抱いたのが木戸だった。近衛は大きな譲歩と引き替えにルーズベルトと取り決めを結んでしまい、天皇に裁可を求めようとするのではないか。内大臣の自分は近衛の片棒を担がされることになってしまい、宮廷が陸軍、右翼の攻撃の矢面に立たされることになるのではないか。かれはこんな具合に考え、これはまずいぞと思ったのであろう。

近衛が天皇に首脳会談の計画を述べて二日あとの八月七日、木戸は近衛に向かって、臥薪嘗胆でいってはどうかと言った。隠忍持久策をとるとなれば、少なくとも三国同盟条約の形骸化は避けられないはずであった。だが、このまま中国駐兵をつづけ、三国同盟のなしくずしの死文化だけなら、めんどうなことはなにも起きないと木戸は考えたようであった。

同じ八月七日、軍令部次長の近藤信竹《のぶたけ》が天皇の前にでた。すでに軍令部と海軍省は外交交渉を望むといった統一見解をまとめていた。だが、交渉妥結のためには、大きな譲歩が必要だというもっとも肝心な点には、なにも触れていなかった。

近藤は天皇に向かい、〈総長は陛下に御心配をかけて恐縮しており、謹慎しております〉と述べたのであろう。そしてかれは軍令部が外交による局面の打開を望んでいると申し述べた。翌八月八日、今度は及川が天皇に向かって、海軍は外交交渉による解決に努力をつづけると述べた。

ところで、一般国民は軍令部総長が戦うほかなしと上奏したことを知らなかった。総理が頂上会談に望みをかけていることを知らなかったし、内大臣が臥薪嘗胆策を説いたことも知らなかった。すべては秘密にされていた。それだけではなかった。ラジオはアメリカを非難することを禁じられ、新聞、雑誌はアメリカと戦わねばならぬと説く文章を掲載できなかった。だからといって、積極的に和平論を説き、戦争の回避を主張することもできなかった。

国民の不安と混乱は依然としてつづいた。対米交渉をつづけるべきだ、まさか戦争になることはあるまいと思う人びとがいた。戦うしかない、このままでは石油がなくなり、日本は足腰がたたなくなり、あげくのはては締め殺されてしまうと説く人たちがいた。アメリカと戦うべきではない、ソ連と戦うべきだと訴える人がいた。自分の意見やアイデアを政策決定過程にいる人の耳に入れようとする人がいた。数多くの署名を並べた決議文を総理官邸や外務省に持ってくる者たちがいた。情報局総裁の机には見知らぬ人からの手紙が山と積まれた。宥和策をとるな、こちらの主張を貫かねばならぬと説くものがほとんどだった。

天川勇と榎本重治

それらのなかで重要なのは、海軍首脳、それともかれらに影響力をもつ人びとへの提言だった。榎本重治の提案があり、天川《あまかわ》勇の計画があった。

天川はどのような計画をたてたのか。まず、天川勇について述べよう。

かれは海軍省軍務局調査課の嘱託である。海軍省の嘱託といえば、陸軍省嘱託の矢次《やつぎ》一夫を思いだす人もいるだろう。陸軍省嘱託の数は多いが、矢次は別格の存在である。かれは軍務局長や軍務課長の相談相手となり、陸軍軍務局の力をバックにして、舞台裏の活動をつづけてきた。昭和十三年から十四年、十五年にかけては、かれは革新勢力のフィクサーのひとりとなった。政治家から軍人、役人、大学教授、新聞記者を集め、新路線の計画書づくりの裏方として働いた。

かれは内閣の首のすげ変えもやった。元老や内大臣に陸軍推薦の首相候補を売り込むことはできなくとも、かれらに選ばれた首相を辞任に追い込むことはできた。内閣の不統一、あるいは議会の反対によって、内閣が総辞職することになれば、陸軍が背後で糸をひいたのだと噂されるのが決まりだったが、倒閣のための策略をめぐらし、実際に糸をひいたのは、まちがいなく陸軍御用の周旋人である矢次だった。

もっとも今回の小磯内閣の総辞職は陸軍が望んだことではなかったし、矢次が仕組んだことでもなかった。なんでも知っているのが自慢の矢次であったが、宮廷で起きていたことを知らなかった。首相の小磯が天皇に向かって内大臣を忌避したという事実を知らず、つづいては内大臣がなにを無礼なことを言うのかと怒り、小磯を叩きだす機会を狙っていたことを知らなかった。それでも四月四日の夜に総辞職の情報を摑んでからは、矢次はただちに陸軍次官の柴山兼四郎と協議し、昨四月五日の夜のうちに陸軍が望むところの閣僚名簿をつくりあげてしまっていた。

舞台裏の活躍を好み、権謀術策にすぐれた矢次一夫については、このさき述べる機会があろう。天川勇のことに戻れば、かれは矢次より十歳若く、三十五歳である。かれは少年時代から海軍好きだったのかもしれない。戦艦や巡洋艦の美しいシルエットに魅せられ、海軍雑誌の「海と空」を愛読し、豆粒のような軍艦の写真を見ただけで、たちどころに艦名がわかる少年たちのひとりだったのではなかったか。かれは慶応大学の哲学科に学んだ。哲学書よりは戦史を読むほうが好きだったのであろう。大学内に国防研究会をつくり、末次信正を訪ね、かれの話を聞き、海軍への愛着をいっそう深めることになったのであろう。かれは海軍に就職し、海軍教授となった。

一国の安全保障が、政治、外交、予算、科学技術、戦略の混合物となれば、軍人以外の専門家やフィクサーの助けが必要となる。こうして陸軍では陸軍省嘱託の矢次一夫が幅をきかすようになったのだし、海軍では、たとえば矢部貞治、大河内一男、武村忠雄といった大学教授が海軍省嘱託になった。

天川勇はこのようなひとりだった。もっとも、かれの海軍への協力は片手間ではなかった。その才能と行動力をかわれ、海軍省軍務局調査課に移り、嘱託となった。かれは昇進とか、出世とかいったことを考えなかった。雑誌に論文を発表したり、座談会にでたり、著書をだしたりすることによって、みずからの存在価値を示そうとすることもなかった。目立たぬ陰の場所にいて、軍事戦略とかかわる国の政策についての研究をおこなってきた。かれの大きな野心は日本で最初の平服の国防理論家になることだった。

昭和十六年八月はじめのことに戻る。

天川勇は軍令部総長が天皇に向かって戦うほかなしと七月三十日に上奏したという情報を耳にしたのではなかったか。あるいはそれは秘密にされていて、かれは知らなかったのかもしれないが、総長が主戦論を唱えるようになったことは承知していた。首相が訪米計画をたて、海相と陸相の賛同を得たことも、耳にしていたのかもしれない。アメリカと交渉をおこなうことは必要だが、相手側の無理難題に屈してはならないとかれは考えた。

では、かれは内大臣が説いた隠忍持久策を知っていたのか。聞き知っていたにちがいない。陸軍の対ソ戦の計画に反対だったのと同様、かれはそれにも絶対反対だった。人造石油によって連合艦隊の燃料をまかなうことができるようになるのは、はるかさきのことだった。臥薪嘗胆策は、爪に火をともして貯め込んだ艦隊燃料と航空燃料がじりじり減っていくのを海軍に我慢させるだけのものだった。連合艦隊と航空部隊が動けなくなってしまってから、アメリカが戦争をしかけてきたらどうするのか。

天川はアメリカとの外交交渉は失敗に終わると思い、まもなく戦いを決意しなければならなくなると考えた。対米戦争はどのように展開するか。強襲、攻撃をつづけても、戦いは終わりにはならず、まちがいなく長期戦になるにちがいなかった。一刻も早く経済、社会、政治の各領域の再編成をおこない、総力戦体制を築かねばならなかった。

指導者の力量と手腕が大きくものをいうことになる。総理の適任者はひとりしかない。末次信正大将だ。必勝の信念をもち、どのような困難にもたじろぐことのない末次信正を首相にしなければならなかった。

天川は考えをつづけた。対米交渉がゆきづまれば、近衛はやめることになろう。そこで末次が首相となればよい。かれが首相となるためには、なによりもさきに障害を取り除いておかねばならない。重臣と宮廷がかれに抱いている違和感を除去することだ。かれが東亜建設国民連盟の会長となり、中野正剛や橋本欣五郎といった連中と組んだことが、大きなマイナスとなっている。東建連は大政翼賛会ができたときに解散したが、思想団体として東亜建設同志会をつくり、末次は依然としてその会長である。一日も早くそのポストから退かねばならない。そして素性のしっかりした真の革新分子を周りに集めることだ。天川はこんな具合に考えた。

八月上旬のある日、天川は杉並西荻窪に住む末次信正を訪ねた。出馬をお願いしますと言った。

山口県徳山の生まれの末次は、同郷の大先輩の児玉源太郎を尊敬し、佐官時代から児玉のような武人政治家になる夢を抱いていた。ロンドン条約締結をめぐっての争いのときに、かれは海軍の指導人物となった。だが、宮廷に警戒され、伏見宮からも遠ざけられ、海軍大臣になることはなかった。第一次近衛内閣で内務大臣となった。かれは児玉大将が日露戦争の前に内務大臣だったことを思い浮かべた。そして内務大臣をやめてからは活発な政治活動をつづけ、最右翼の総理候補として一部の人びとの支持を集めてきたことはすでに述べたとおりである。

昭和十六年の夏には、多くの末次の支持者がかれの出馬を望んでいた。天川の出馬の要請にたいし、求められれば、任務を果たすと末次が答えた。準備にとりかかると天川が約束した。

天川勇が戦争突入やむなしと考え、末次信正の決断と指導力が不可欠と思い、かれを首相に推す運動をはじめようとしたとき、それとは正面から衝突する工作に取り組んだ男がいた。榎本重治だった。アメリカが日本に経済封鎖をしかけてきて、陸軍の対ソ戦の構想はたちまちしぼんでしまい、代わって対米戦が現実の問題となったが、対米戦争もまた、どうあっても回避しなければならないと榎本は考えた。そのためには、主戦派の軍令部総長をやめさせなければならないとかれは心に決めた。

榎本重治について述べておこう。天川勇と同じく、かれも軍人ではない。大正三年に東京帝大法学部を卒業し、海軍省に勤めることになった。かれもまた少年時代から軍艦好きだったのであろうか。そうではなかったのかもしれない。そのときに海軍次官だった鈴木貫太郎が、優秀な法科の卒業生を海軍にまわしてもらえまいかと大学に頼み、白羽の矢が立ったのが榎本だということだったのではないか。

榎本が海軍省に勤めるようになったのと同じ年に中尉に進級した者のなかには、岡敬《たか》純《ずみ》、伊藤整一がいた。三人とも明治二十三年の生まれだった。岡は昨年から鎮海警備府長官となって、予備役一歩手前だが、昭和十六年には軍務局長だった。伊藤整一は昭和十六年九月に近藤信竹のあとをついで、軍令部次長となり、昨十九年十二月に第二艦隊司令長官となっている。現在、かれは旗艦大和の司令長官室にいる。今日、第二艦隊が沖縄へ向けて出撃の予定であることは前に述べた。

榎本のことに戻れば、かれは海軍教授兼海軍省書記官という肩書きである。専門は国際法であり、国際条約の細部に詳しい。ワシントン会議で随員だったし、ロンドン軍縮会議では専門委員だった。海軍大学校や海軍経理学校で国際法を教えもした。

榎本は海軍将官とのつきあいが広い。親しくしていたひとりに山本五十六がいた。榎本が十歳年下だったが、二人はうまがあった。昭和十四年初夏にドイツと同盟を結ぶかどうかの争いが起き、次官だった山本のところには脅迫状が舞い込み、暗殺の噂がたち、海軍省に毎日のように右翼が押しかけてきたときには、かれは渋谷松濤《しょうとう》の榎本の家を隠れ家にし、土曜、日曜はそこに居つづけ、友人の堀悌吉らを呼んで、麻雀に明け暮れしたものだった。

昭和十六年八月のことに戻れば、榎本は赤煉瓦内で皆が皆、戦争の準備に取り組み、戦争を避けることはできないとだれもがしだいに考えるようになっていくことに不安を抱いた。なによりも軍令部総長の永野修身が強硬な態度をとり、次長と次官が態度をはっきりさせないことが気がかりだった。

榎本重治は永野修身をよく知っていた。部下にたいしては、自分の意見を押しつけようとして、興奮することがあり、権力追求者にありがちな怒りっぽい性格だった。昭和十年十二月のロンドン海軍会議の全権が永野だった。ロンドン条約を廃棄することははっきり決まっていたのだから、ノーと言うだけの単純な任務を果たすのが仕事であり、永野にとって往き帰りともに気楽な船旅だった。

ところが、新聞はロンドンから帰国したかれを褒めたたえ、国民は歓呼の声をあげて、かれを迎えた。国際連盟から脱退して帰国した三年前の松岡洋右と同じく、提督永野は国民的英雄となった。

どうしてかれが英雄なのか。ロンドン条約の締結に怒って、自殺した海軍士官がいたし、その条約に反対して、投獄された者もいた。二人の宰相が犠牲になったのも、その条約のせいだった。人びとの怒りと憎しみをかったその条約に引導を渡したのが永野大将なのだと人びとは思い、かれの帰国を歓迎したのだった。

つづいて二・二六事件が起き、その直後の昭和十一年三月、永野は広田内閣の海相として入閣し、かれの上っ調子な人気はもうしばらくつづくことになった。

こうして一時期英雄の扱いを受けた永野は、昭和十六年八月、いよいよ自分が正真正銘の英雄であることを試されるときがきたと思いつめるようになってしまった。榎本は永野のことをこんなふうに思ったのではなかったか。

天川勇が末次信正に出馬を勧めた数日あとの八月上旬のある日、榎本は世田谷深沢町に小林躋造《せいぞう》を訪ねた。天川が末次と親しかったのと同じように、榎本は小林と親密だった。

昭和十六年夏の海軍長老たち

小林躋造については前に触れたことがあるが、ここでもうすこし述べておこう。小林は現在、六十七歳になる。海軍兵学校の卒業は永野修身より二期上、米内光政より三期上、及川古志郎、長谷川清よりは五期上だった。もっとも岡田啓介と比べれば、小林はずっと後輩で十二期下だった。小林の同期生には野村吉三郎がいた。

小林は佐官時代から未来の海軍大臣と言われ、図抜けての有能ぶりはだれからも認められていた。かれは加藤友三郎のもとで高級副官をやったことがあり、加藤の衣鉢を継ぐひとりとみなされていた。「不戦海軍」の原則を守ろうとしたかれは、ロンドン条約締結のために尽力した。

ところがかれは海軍大臣になることはなく、連合艦隊司令長官を最後に現役を去った。昭和十一年の二・二六事件直後の三月末のことだった。陸軍将官が引責退職し、海軍側もそれとバランスをとって数人の将官が勇退することになり、小林は巻き添えをくい、予備役入りとなってしまったのだった。かつてロンドン条約締結に賛成したかれを葬ってしまう絶好のチャンスとばかりに、海軍強硬派がやったことだった。

小林は多くの人びとに高く評価されていたから、現役を去ることになって、残念がられた。台湾総督となってからは、有力な代議士たちがかれを担ぐようになった。次期総理として、かれの名は頻繁に挙げられた。だが、ずんぐりとして、微笑を絶やさず、すぐれた方向感覚をもった小林が首相となる機会はついになかった。

かれを総理に推そうとしたもっとも新しい試みについては前に述べたことがある。吉田茂が計画をたて、小畑敏四郎が参画し、近衛がそれに賛成した。昨十九年はじめのことである。海軍出身の重臣である岡田と米内が尻込みして、その計画も消えてしまった。

小林を総理に担ぐ計画が消えたあと、昨十九年八月にかれは翼賛政治会の総裁となった。つづいて国務大臣になった。翼賛政治会を解消し、新政党をつくる動きが活発になって、小林はその仕事に取り組もうとして、この三月一日に国務大臣をやめた。ところが、議員たちのあいだに小林が総裁をつづけることに反対する声が起き、分裂の動きがでてきて、かれは新政党の党首となることを断念した。

昭和十六年八月上旬の榎本重治と小林躋造の話し合いに戻れば、榎本は航空本部長の井上成美が局部長会議で直言した事実を取り上げた。

「井上本部長は戦闘機と爆撃機の生産の状況を説明し、増産が難しい実状を明らかにし、南部仏印進駐が原因となって、アメリカとの戦争になっても、航空本部長としては責任をとることはできないと語り、海軍省幹部の軽率さを批判したのです」

それは昭和十六年七月三日のことだった。その前日の御前会議で南部仏印進駐が正式に決まった。それより前に開かれた海軍内の会議でその進駐の是非が検討された。ところが、航空本部長と艦政本部長は呼ばれていなかった。井上はこのことを指摘し、艦艇と航空機生産の責任者の意見を聞くことなしに、このような重要国策を決めてしまったことの非を鳴らし、座長の次官に迫ったのである。

榎本は小林に話をつづけた。それから一カ月たらずあとに井上本部長が予見し、憂慮していたとおりの事態となってしまった。わが方の軍隊がサイゴンに進駐するや、アメリカ側はただちに対抗措置にでた。七月二十六日、ルーズベルトは在米日本資産の凍結を発令した。そのあとの全面禁輸を待つまでもなく、貿易は断絶してしまった。こうして七月三十日に永野総長は天皇に向かって、アメリカと戦うほかなしと上奏することになった。榎本はこんな具合に語ったのであろう。

小林躋造が尋ねた。航空機や軍艦の生産の実状は軍令部にもわかっているはずだ。どうして総長はそんな強硬論を説くのだろうか。榎本は答えた。

「中堅幹部たちに強気の者が多く、航空機なんか、戦いになりさえすれば、どしどし増産できるから、いまから不足を恐れる必要はないといった議論をしている。総長がこのような主張に引っ張られるのは、体の具合が悪く、心の平衡を失っているからでしょう」

小林はなるほどと思った。アメリカが全面禁輸に踏みだす前にかれは永野に会った。永野はアメリカと戦うべきだと説いた。陸軍の関心をシベリアからそらせようとして、そんなはったりを言ってまわっているのだろうと思いながらも、そのとき小林が驚いたのは、永野がひどく不健康に見えたことだった。いつも赤黒いかれの顔色が灰色であり、色つやがなかった。

永野をやめさせるしかないと小林も思った。どうしたらよいかと考えた。かれは商工大臣の左近司《さこんじ》政三に会った。永野を自発的に辞任させることはできないものかと問うた。左近司は海軍兵学校で永野と同期であり、仲が好かった。左近司はすこしまをおいて、永野に話してみましょうと答えた。

小林は原田熊雄にも会い、軍令部総長が対決論を説くようになって心配だ、永野を辞任させるしかないと語った。それを首相に話せと原田が言った。八月二十二日に小林は近衛と会った。

近衛は、小林に向かって、対米戦争には絶対反対だと語った。だが、近衛は自分がひそかに進めている頂上会談の計画についてはなにも語らなかった。永野のことが話題になって、近衛は言った。

「じつは永野君に対するお上の信任はきわめて薄い。御下問に対して即答ができず、しばしば訂正するらしい。お上ももてあましのように拝聞します」

首相の近衛は木戸から永野の上奏の一部始終を聞いていたはずであった。そして口外しないようにと念を押されていたにちがいない。三国同盟を廃棄してでも、アメリカとの戦いは避けるべきだと軍令部総長が上奏したという事実が外部に洩れたら、めんどうな事態になるのは目に見えていた。もしそうした噂がひろがれば、永野はそんな宥和策を喋った覚えはないとばかり、いっそうの強硬論をぶつことになるにちがいなかったからである。

そこで近衛は小林に向かって、記憶力の衰えた永野の首尾一貫しない話に陛下はお困りのようだと語ったのであろう。小林はうなずき、じつは左近司商工大臣に頼み、永野総長に静養を勧めるように手配しているところだと説明した。

近衛がうなずき、軍令部総長が交代することを私も望んでいるのだと言い、外務大臣の豊田貞次郎に私の考えを告げたのだと語って、つぎのように言った。
「とにかく君らの力でなんとか円満に永野が去り、もっと穏健な政治の分る人があの地位につくようにしてもらいたい。頼みますよ(25)」

その一両日あと、小林は前首相の米内光政に会った。永野を軍令部総長のポストに留めておくことは、国家のためにも、海軍のためにもよくないと小林は言った。まったく同意見だと米内は答え、つぎのように語った。
「これを穏便に計うには、時局重大でいついかなる変化を見るか分らない世の中であるから、この際、将官を含む海軍士官全部の健康診断をおこなうことにしたらよいと思う。その結果を見て、永野大将を軍事参議官にし、及川大将を永野大将のあとにもってくる。及川のあとの海軍大臣には山本五十六がよいでしょう(26)」

小林はびっくりした。かれは米内のことをものをはっきり言わない男と見ていた。かれは米内を内心軽蔑していたのである。すぐに気づいた。健康診断をしたらいいといったアイデアは、小林自身が榎本に語ったものだった。榎本は私に会い、つぎに及川古志郎に会って、永野を更迭させるべきだと説き、健康診断をやったらどうかと勧めたものにちがいない。つぎに及川は郷里盛岡の先輩である米内とその問題を協議したのであろう。そこで米内はそのような人事案をつくりあげたのであろう。小林はこんな推測をした。

ほんとうはそうではなかったのであろう。榎本重治は海軍大臣の及川と相談したのではない。及川に語ったのでは、握りつぶされてしまい、それでおしまいだと思ったはずだ。榎本は宮内大臣の松平恒雄に会ったのではなかったか。ワシントン会議とロンドン会議で榎本は松平に協力したことがあったから、よく知っていた。宮内大臣に永野を更迭しなければならないと説けば、松平宮相は内大臣にそれを告げ、米内前首相とも相談するだろう。かれらが及川大臣にそれを告げれば、大臣は動かざるをえなくなろう。榎本はこのように考えたのではなかったか。

それはともかく、小林は米内に会ったあと、岡田啓介、そして財部彪を訪ねた。陛下の御信任が薄いのであれば、永野をやめさせねばならないと財部は言い、近衛総理が海軍大臣にそれをはっきり告げればすむことだと語った。岡田の見方はもうすこし現実的だった。「代わったほうがよいと思う。ただ宮様が永野の背後においでになり、永野の在任期間も長くないから、うまくやらんといかんなあ」と諦めの口調だった。

岡田が宮様と言ったのは伏見宮博恭《ひろやす》王のことだった。軍令部総長をやめたあとも、大臣、総長の人事に口出しをする伏見宮の存在が永野の更迭を難しくしていた。

前にも触れたとおり、永野は伏見宮の信頼が厚かった。永野が昭和十二年はじめに海軍大臣をやめてからずっと軍事参議官のポストにとどまっていたのも、伏見宮の支持があってのことだった。伏見宮は九年間にわたって軍令部総長をつづけたあと、昭和十六年四月に永野に自分の椅子を譲った。そこで永野が軍令部総長になって、四カ月がたっただけだった。

小林は岡田啓介の話を聞いたあと、外務大臣の豊田貞次郎に会った。豊田は海軍兵学校では小林の五期下だった。昭和十五年九月に海軍次官となり、昭和十六年四月に現役を退き、商工大臣となったいきさつは前に述べた。七月にかれは松岡洋右に代わって外務大臣となり、商工大臣には左近司政三がなったのだった。

総長更迭の問題はどうなったかと小林が尋ねた。豊田はなにもしていなかった。かれは言った。

「永野さんの更迭は結構だが、それよりさきに必要なのは海軍大臣の更迭です。永野さんが強腰でも、それが内閣に響くのはたまにおこなわれる連絡会議だけだ。ところが、海相はつねに閣議に出席し、国策を決定するに与《あず》かる。

ところが、及川大将は海軍に関することであるにもかかわらず、黙して語らず、こちらから水を向けても、ニヤリとするだけで意見を述べません。海軍大臣がしっかりし、強く所信を述べれば、永野さんの連絡会議における強硬さなどものの数ではありません。自分としては山本五十六を海軍大臣にすることが第一にやることだと思います(27)」

小林はこれはめんどうなことになったと思った。豊田にうまく逃げられたと舌打ちをしながらも、たしかに、更迭しなければならないのは及川かもしれないと思った。いったい、どうしたらよいのか。小林をさらにがっかりさせたのは、商工大臣の左近司政三の返事だった。

「いや、機会を逸してしまいました。永野に会おうと思ったら、かれは房州へ静養に行っていて、留守でした」

だれもがちょっと頭をだしただけだった。ふたたび殻のなかに閉じこもってしまった。豊田貞次郎は海軍大臣を山本五十六にすべきだと言っただけだった。左近司政三は逃げてまわった。岡田啓介は困ったものだと嘆息したにとどまった。米内光政は及川と山本のコンビにしたらいいと語っておしまいだった。

なぜだれもが優柔不断だったのか。海軍中央の責任あるポストにいるわけではなく、それどころか現役でもない者が、統帥部の最高責任者の人事に首を突っ込み、口出しするのは、穏当なことではないといううしろめたさがだれの胸中にもあったからだ。だが、ほんとうのことをいえば、このさきで明らかにしなければならないが、そのような言い訳は自分をごまかすだけのものだったのである。

それはともかく、かれらはその問題を自分の胸にしまい込み、まったくなにもしなかったわけではなかった。前にも触れたとおり、米内光政は宮内大臣の松平恒雄とその問題を協議したにちがいなかった。岡田啓介は親しくしている内府秘書官長の松平康昌にそれを相談したはずであった。そしてふたりの松平はそれぞれ木戸幸一にそれを告げたにちがいなかった。木戸は一年前に二人の統帥部総長、伏見宮と閑院宮を更迭する問題に口をだしたが、永野更迭のためには、かれもまたなにもしなかったのである。

昭和十六年夏の近衛

小林躋造が近衛、岡田、米内に会い、軍令部総長更迭の問題を相談してから一週間たらずあとのことになる。昭和十六年八月二十九日の早朝、近衛は秘書官から一綴りの電報の写しを受け取った。そしてその日か、その翌日からか、ある噂が永田町と霞が関に流れはじめた。近く政変がある。米内光政が次期の首相だというのである。近衛内閣はゆきづまったのか。それにしても、後任はなぜ米内なのか。そしてもうひとりの候補が宇垣一成《かずしげ》だった。奇妙な噂だったが、立ち消えになることはなかった。それからしばらくのあいだ、衆議院議員や貴族院の勅選議員、外務省や内務省、陸海軍両省、情報局の幹部たちが米内の名を耳にすることになり、首をかしげ、考え込むことになったのである。

ところで、首相近衛の手に渡った電報の写しとはなんだったのか。ワシントン駐在大使の野村吉三郎からの報告だった。待ちに待った回答だった。近衛からの親書に米大統領が答え、首脳会談の開催に同意を示し、三日ぐらいの会談を希望し、会談地はハワイよりも、アラスカのジュノーがいいと語ったというのだった。近衛の心臓は高鳴ったのであろう。大丈夫だ、これでうまくいくと思ったのだが、かれの顔に安堵の色が浮かんだのは一瞬だけだったにちがいない。つぎの瞬間には、いよいよ自分の肩に国の命運をかける重荷のすべてがかかってきたと胸が締めつけられる思いとなったのである。

近衛はそのあと、べつの電報の綴りも読んだのであろう。同盟通信社とアメリカの通信社のワシントンからの電報だった。かれがルーズベルトに親書を伝達したという事実を明らかにしてしまっていた。首脳会談を呼びかけたものだと、親書の中身を暴露したアメリカの新聞の記事もあった。

総理官邸と外務省、陸軍省、海軍省は大騒ぎとなった。親書伝達の事実とその中身を知っていた少数の幹部たちは狼狽した。会談日程が正式に決まってからも、出発寸前まで、すべては秘密にしておくのが常識だと思っていただけに、だれが喋ってしまったのだろうかと慌てふためいた。前もってなにも知らなかった人びとはこれまたびっくり仰天し、首相はなにを企んでいるのかと騒ぎだした。

午後一時半、近衛は臨時閣議を開いた。首脳会談を開くつもりだとかれは閣僚たちに語り、アメリカ大統領と日米両国間の重要問題について討議し、時局収拾の可能性を検討するつもりだと説明した。

閣僚会議だけではすまなかった。政府は近衛親書を米大統領に手交したという事実を国民に明かさなければならなかった。それを公表しなければ、アメリカは首脳会談にたいする日本側の熱意と誠意を疑うにちがいなかったからである。だが、それがどこから洩れたのかを調べるのがまずさきだった。

さて、閣議のあとのことか、近衛は官邸を訪ねてきた前田米蔵と水谷川忠麿《みやがわただまろ》に向かって、アメリカとの国交調整に全力を傾注すると語った。そして失敗したら辞任するしかない、成功してもやめる考えだと言い、さらにつけ加え、あとは米内大将か、宇垣大将にやってもらうつもりだと語った。(28) 近衛はかれらに口止めをしなかったようであった。そこで前に記したとおり、そのあと人びとのあいだで宇垣と米内の名が語られるようになり、やがてその話はひとり歩きをはじめることになった。

近衛はなにを考えて、そんなことを言ったのか。ルーズベルトに対日包囲陣を解くと約束させ、経済封鎖の撤回を宣言させねばならなかった。そのためにはアメリカ側の要求を入れ、前にも述べたとおり、中国からの軍隊の撤収と三国同盟の死文化を約束する考えだった。

かれは自分がやろうとすることを陸海軍首脳に語るつもりはなく、かれらと討議する考えもさらさらなかった。陸軍の幹部を説得して賛同させることはとてもできないと思っていたからだし、なにも言わないでおくほうがかれらのためにもいいと考えたからでもあろう。アメリカと取り決めができたとき、陸海軍の大臣や総長が部下たちに向かって、なにも知らなかったのだと弁解できるようにしておくことが大事だと思ったのである。

近衛は天皇にも前もって自分の計画を説明するつもりはなかったのであろう。内奏したら、天皇はただちにそれを内大臣に告げるだろう。木戸は自分が厄介な立場に陥るのを恐れ、天皇に向かって、その問題は大本営・政府連絡会議で審議しなければならないと助言することになろう。そうなったら、すべてはおしまいだ。

近衛は自分の解決策をだれにも明かさないつもりだった。だが、かれはまったく逆のことをしなければならないことも承知していたのである。陸海軍首脳から政財界の指導者たちにたいして、かれがアラスカのジュノーでなにをやるのかを薄々ながら気づかせ、心の準備をさせておかねばならないということだった。

自分がやることを前もって知らせておかねばならない理由はもうひとつあると、かれは考えたのであろう。愚にもつかないようなことであったが、けっして無視してはならないことがあった。閣議、連絡会議のすべての取り決めを破ってしまったと陸軍に非難されるのを近衛は恐れていなかったが、ルーズベルトに威かされ、脅迫されて、かれは国を売ってしまったと陸軍や右翼が国民を煽動することを恐れていたはずである。

そこで外交の大転換を決意したのはずっと前だ、かれがルーズベルトに親書を送った段階で、その方向転換を決めていたのだという明らかな証拠を残しておかねばならなかった。中国撤兵と三国同盟廃棄を口にせずに、聞き手にそれを気づかせる方法は、米内と宇垣の名前をあげることだった。

米内の名前を聞いてだれもが思い浮かべるのは、かれが海軍大臣だったときに三国同盟の締結に反対したことだった。米内の名は三国同盟拒否と同義語だった。では、宇垣一成の名はなにを意味していたのか。かれは第一次近衛内閣の外務大臣だったときに、支那事変の和平解決を意図し、陸軍と右翼に激しく反対され、お膝元の外務省からも総すかんをくったことがある。かれの名を聞いて、だれもが思い浮かべるのは重慶政府との和平だった。

そこで近衛が議会でもっとも大きな力をもっている前田米蔵と弟の水谷川忠麿を通じて人びとに理解させようとしたのは、つぎのようなことだったのである。

陸海軍の首脳はそれぞれの面目があり、面子があって、口にはだせないであろうが、国力と国際情勢を冷静に見きわめ、現実と非現実をはっきり見分けての結論は、三国同盟の死文化と中国からの撤兵しかない。私はルーズベルトに会ったら、この二つを約束するつもりである。

ところで同じ八月二十九日、陸軍は海軍に向かって、開戦を決意させようとして、それに成功した。

陸海軍の軍務局長、武藤章《あきら》と岡敬純、双方の作戦部長、田中新一と福留繁、この四人が集まっての会議は、その日が三日目だった。アメリカにたいする要求事項とこちら側の約諾事項を最初の日に決めた。本来なら、陸海軍のあいだの最大の争点となるはずの問題だった。海軍は陸軍と争い、三国同盟の廃棄を主張し、中国から撤兵しなければならないと説かねばならないはずであった。もちろん、それらのことは肚のなかで思っていただけで、福留も、岡もそんな気配をおくびにもださなかった。

アメリカ側が重慶政府にたいする援助をやめ、日本にたいする禁輸を解除すれば、これとひきかえに南方地域への武力進出をしないと約束すると、いとも簡単に定めてしまった。アメリカがそのような取り引きにうんと言うはずのないことは、田中も、岡も、武藤も、福留も承知していた。つづいては戦争をいつはじめるかという相談になった。九月下旬までに開戦を決意することにしようと主張したのが、陸軍作戦部長の田中だった。

海軍省側がはじめて反対だと言った。海軍軍務局長の岡は、アメリカとの外交交渉が不調に終わることになっても、欧州の戦いの情勢を見るべきだと主張した。海軍作戦部長の福留は開戦を決意したいと言った。前もっての海軍部内の打ち合わせに従い、役割分担どおりに喋ったのである。

八月二十七日、二十八日、岡と陸軍側の主張は平行線をたどった。ところが、八月二十九日になって、岡は欧州の戦いの推移を見きわめるべきだという主張を引っ込めてしまった。陸軍側が開戦決意の時機を九月下旬と決めていたのをわずかばかり遅らせ、十月中旬ならいいと言ってしまった。

海軍大臣の及川古志郎と次官の沢本頼雄《よりお》は、岡に峻拒をつづけよとなぜ命じなかったのか。ドイツが敗北する事態になれば、日本は全世界を敵にまわして戦うことになってしまうと、どうして岡に説かせなかったのか。ヒトラーに日本の運命のすべてをかけてしまうわけにはいかないと、なぜ岡にがんばらせなかったのか。

軍令部総長の永野修身、そして軍令部と海軍省の課長たちは主戦論を説いていた。熱意を欠く、欠かないはともかく、作戦部長の福留繁も四人会議の席で開戦決意の時機を定めることに賛成していた。海軍内の意見がひとつにまとまっていないことを、及川や沢本、そして岡は陸軍側にひけ目を感じていたからか。ひけ目というのなら、経済封鎖をされてなお、なんとか戦争を避けようとする自分たちの態度を惨めで不名誉と思っていたからか。

及川、沢本、岡が八月二十九日に性急に態度を変えてしまったのは、ほかに大きな理由があったからであろう。心配することはない、戦争にはならないとかれらは互いにうなずき、開戦決意を明示してしまってかまわないということになったのではなかったか。

なぜだったのか。その日の朝に野村大使からの電報の写しが届き、ルーズベルトがアラスカで首脳会談を開きたいと語ったと告げてきたからであろう。近衛がその同じ電報を読み、ほっと一息つき、つづいて胸が締めつけられる思いとなったのではないかとは前に述べたことだが、及川をはじめ、海軍の幹部たちはよかったと胸を撫でおろし、すべては総理がやってくれる、かれに任せればいいと思ったのである。

かれらはつぎのように考えたのであろう。石油の禁輸を解除させるためには、アメリカの要求を受け入れなければならない。近衛首席全権はそれを受け入れ、戦争を回避しようとするだろう。そのときに備えて、海軍がアメリカに屈服したのだといった非難を受けないようにすることがなによりも大事である。一日も早く陸軍案に賛成してしまったほうがよい。開戦決意の時機を十月中旬と認めてしまって、かまいはしない。アラスカのジュノー沖は十月に入れば、波が荒くなり、洋上会談は不可能となる。首脳会談は遅くとも九月末までには開かれよう。及川、沢本、岡の三人はこんな具合に考えたのではなかったか。

陸軍の反応はどうであったか。翌八月三十日、陸軍軍務局長の武藤章は省内の局長会議で近衛親書の問題を説明した。陸軍中央機関内の動揺を抑えようとしたのである。

「世間ではこれをもって日本は親米に転じたりと見る者もいようが、これは真実を知らざる者の言にして、当っていない」(29)

たしかに武藤章はかれなりの真実を知っていた。戦争の時間表はいよいよできあがろうとしていた。局長会議のあと、前日につづいて陸海軍の作戦部長と軍務局長が集まった。主要ポストの課長たちも出席した。前日に海軍側は開戦決意の時機を十月中旬にしたいと述べたのだが、陸軍案の九月下旬とのあいだをとり、十月上旬と定め、帝国国策遂行要領の陸海軍案はできあがった。

その内容はつぎのとおりだった。アメリカにたいし、重慶政権にたいする援助の中止と日本にたいする経済封鎖の解除を求め、極東における爆撃機と軍隊の配備をこれ以上増やさないように求めることにする。これらの要求事項が受け入れられたときには、フィリピンの中立を保障する。極東の平和が確立したあとに、仏領インドシナから撤兵する用意があると約束する。そしてこちらの要求が入れられない場合には、十月上旬に開戦を決意すると定めた。

ところで、近衛親書の漏洩問題の調査はどうなっていたのか。なんということはなかった。つまらぬミスだった。駐米大使の野村吉三郎が親書を渡すにあたって、秘密にしてほしいとつけ加えるのを忘れただけのことだった。その日、八月三十日だが、夕刊に丸一日遅れの情報局の短い声明が載せられた。

「本月二十八日、野村大使は米国大統領を訪問し、現下の国際情勢に鑑み、日米両国間に懸案である太平洋問題について、帝国の所信を近衛総理大臣のメッセージとして手交しました」

首相の親書というべきところを、メッセージなどと使い慣れない言葉を使ったのは、親書という言葉が日米親善を求めるといった響きを読者に与えるのを警戒してのことだった。そしてその発表は、首相が首脳会談を申し入れたという肝心な事実を隠していた。新聞はまたその声明の末尾に、情報局第二部長の吉積《よしづみ》正雄のつぎのような説明を載せていた。「太平洋をめぐる日米のデリケートな情勢に関して、どこに癌があるのかを検討しているのである」

情報局の発表と第二部長の説明はどちらも短く、舌足らずだった。それでも、その記事が国民に与えた衝撃は大きかった。首相がわざわざ米大統領にメッセージを送ったからには、戦争を回避しようとする政府の意思は固いのだとだれもが思った。よかった、戦争は起きないと人びとは思った。

もちろん、なんのためにメッセージを送ったりしたのだ、幣原《しではら》軟弱外交の二番煎じではないかと怒りを爆発させた人たちもいた。陸軍省と参謀本部のなにも知らなかった大部分の部局員も怒った。かれらは怒りの矛先を情報局第二部長の吉積正雄に向けた。どうして日本の基本的立場をはっきりと主張しないのだと非難した。

あるいは陸軍主戦派の筆頭である作戦部長の田中新一が軍務局長の武藤章に向かい、吉積は怠慢だ、任務を果たしていないと怒り、一週間前に日本を攻撃したチャーチルの放送演説にも黙ったままだった、やっと喋るとなれば、傍観者の解説ではないかと怒鳴ったのではなかったか。

じつは吉積正雄は現役の陸軍軍人であり、そのとき少将だった。陸軍士官学校では田中や武藤の一期下だった。かれは情報局に出向していたのだった。かれの管轄する第二部は、新聞、出版、放送を管理、指導していた。つけ加えるなら、現在、吉積は軍務局長である。かれについてはこのさき述べる機会があろう。

さて、その日の夜のことか、翌三十一日のことか、陸軍次官の木村兵太郎と軍務局長の武藤章が協議したのであろう。軍務課長の佐藤賢了《けんりょう》も同席したのかもしれない。かれらは陸軍中央機関内で近衛親書にたいする憤懣が大きいと語ったのであろう。そしてかれら自身が抱くある疑問を語り合ったはずだった。近衛親書が洩れたのは単純なミスだったという外務大臣の説明は事実なのであろうか。外相は駐米大使に指示し、失策にみせかけて、その親書の伝達を公表させるように仕向けたのではなかったか。

野村と豊田は海軍兵学校の先輩後輩の間柄だ。もちろん、首相も加わっての陰謀にちがいない。親書の手交、そして首脳会談開催を申し入れたという事実をできるだけ多くの人びとに告げ、閣僚と議会幹部、そして報道機関内に宥和的な空気を醸成しようと狙っているのだ。大きな代償を支払っても、和平が望ましいと国民のムードを変えてしまおうつもりにちがいない。そして外務省は国策遂行要領の陸海軍案を骨抜きにしてしまおうと考えているのであろう。さら大本営・政府連絡会議で総理と外相、海相がその案に大鉈《おおなた》をふるうつもりでいるのではないか。後継首相が米内だと言っているのも、おかしい。首相は国策遂行要領を屑籠に放り捨て、アメリカ大統領に最大限の譲歩をしようと考えているのかもしれない。

陸軍次官、軍務局長、軍務課長は互いにうなずき、こちらもまた国民を啓発し、世論を喚起しなければならないと意見がまとまったのであろう。願ってもないチャンスがあることにかれらのひとりが気づき、それを利用することになった。まず、吉積正雄に軍務局長室へ来るようにと指示したのであろう。そしてもうひとり、報道部長の馬淵《まぶち》逸雄を呼ぶことにしたのである。

翌九月一日の陸軍省の局長会議で吉積正雄が喋った。かれは自分の発言について釈明した。

「英米の主張に対する反撃は、情報局総裁談として堂々と発表したいと思っているが、海軍と外務省がこれに不同意を唱えている。そのために新聞社は政府の根本方針が全然わからず、国民をどのように啓蒙してよいのかわからぬわけである。

この際、政府の責任者が時局に対する三原則、すなわち、支那事変の完遂、大東亜共栄圏の確立、三国同盟の遵守、この三大国策を明瞭に示すことがなによりも必要なことだと思います(30)」

吉積正雄にこのように喋らせたのは、軍務局長の武藤だったのであろう。政府が弱気な態度をとりつづけているのだと陸軍中央機関の幹部たちに告げ、いくじのない政府に代わって、陸軍が三大国策を国民にアピールする責任があるのだと告げようとしたのである。

そして軍務局長は、その夜に陸軍報道部長の馬淵逸雄を表舞台に登場させた。じつはその日は防災記念日だった。馬淵は神田共立講堂で午後七時半から三十分にわたって防空についての講演をおこなうことになっていた。しかも第二放送で全国に中継を予定していた。

防災記念日の演説

ここで馬淵逸雄について述べておこう。かれの名は現在も多くの人が記憶していよう。昭和十五年、十六年には、かれは有名人だった。第二次近衛内閣の発足直後のことになるが、政治評論家の山浦貫一が「近衛時代の人物」といった人物月旦《げったん》を刊行したことがある。そのなかでかれがとりあげた政治家と高級官吏は五十人にのぼったが、現役の軍人はわずか三人だった。連合艦隊司令長官になったばかりの山本五十六と興亜院政務部長の鈴木貞一、そしてもうひとりが馬淵逸雄だった。

馬淵は山浦に紹介されたときは支那派遣軍の報道部長であり、四十三歳だった。かれは演説がうまかったし、文章を書くのも巧みだったが、なによりも交際上手だった。かれは応召されている名の通った新聞記者を傘下に集め、報道部の強化を図った。そしてかれは派遣軍の力をフルに使い、招待工作をおこなった。上海、南京を訪ねた新聞社の幹部や作家を歓待し、だれをも楽しい気持ちにさせた。つぎつぎと評論家や画家を上海や蘇州に招き、かれらを喜ばせた。

こうして馬淵は文化人のあいだで人気を高めた。火野葦平を見出し、文壇に送り込んだのはかれなのだと語り伝えられ、つぎの陸軍報道部長なのだ、やがては情報局総裁になるともてはやされた。だが、支那派遣軍司令部がこの花形スターを手離さなかった。昭和十五年十二月にやっとかれは陸軍報道部長となった。

短い鼻髭をたくわえた馬淵の顔が新聞に載り、ニュース映画にでて、かれは名実ともに「近衛時代の人物」となったのだが、しだいにかれは激しい不満と不安を抱くようになった。米英蘭の三国から経済封鎖をされ、喉元に敵の指がかかっている状態であるにもかかわらず、政府は蚊にでも刺されたかのような態度をとり、なにも問題はないとみせかけているのは致命的な誤りだとかれは思った。事態は非常に厳しいと世論を指導し、国民の結束を図らねばならないとかれは考えた。英国首相が全世界に放送し、日本は中国を侵略し、殺戮と破壊を繰り返していると非難し、日米戦争が起きれば、英国はアメリカの同盟国として行動すると恐喝的態度をとったときにも、情報局は対応を誤ったとかれは思った。情報局は新聞がそれを一面トップに掲載するのを許しておきながら、それにはっきりと反論しなかった。あとになって「情報局総裁談として堂々と発表」したかったと吉積正雄はぼやいたのだが、馬淵の苛だちはずっと大きかった。そして首相親書伝達の事実が明るみにでて、「どこに癌があるのかを検討している」と語った吉積部長の説明を新聞で読み、それに関する新聞の社説のすべてに目を通し、お粗末な限りだ、救いがたい弱腰だと馬淵は憤慨した。

馬淵の切歯扼腕ぶりを次官や軍務局長は知っていたのであろう。前に触れたとおり、かれらは協議し、そのあと武藤は馬淵を呼んだのであろう。まず数日あとの大本営・政府連絡会議に提出を予定している帝国国策遂行要領案を示したにちがいない。十月上旬には戦争を決意すると定めた要領案である。つづいて翌九月一日の馬淵の講演の話になったのであろう。国民防空を語るのもいいが、国民が直面している最大の問題を説くべきではないかと武藤は言ったのではなかったか。陸軍報道部長は大きくうなずき、自分にすべてを任せてもらいたいと答えたのであろう。馬淵は体のなかに緊張感がみなぎってくるのを感じたのである。

こうして九月一日夜の馬淵の講演となった。

翌九月二日の朝のことになる。人びとは朝刊の第一面をひろげ、いつもの紙面と感じがちがうのに気づき、そのトップ記事に目をとめ、驚きで身を硬くした。総理の近衛はそれを読み終え、新聞をテーブルに投げつけ、秘書官を呼び、情報局総裁の伊藤述史《のぶふみ》に電話せよと命じたのであろう。それより前、伊藤述史は第二部長の吉積正雄を電話口に呼びだし、前夜のラジオ放送と朝刊の記事はどういうことなのかと詰問したのではなかったか。

新聞は陸軍報道部長の馬淵逸雄の前夜の神田共立講堂でおこなった講演を掲載していた。朝日新聞の見出しは「帝国興亡の一大危局　一億国民奮起の秋」というパンチの利いたものだった。馬淵は雄弁だった。「対日包囲陣」「対日経済圧迫」「経済宣戦」「死活の脅威」「息の根を止める最後の挙」だと経済封鎖を激しく攻撃していた。

それは米英両国にたいするはじめての公然たる非難だった。馬淵は、両国がその包囲を緊急に解かないかぎり、日本は「実力に訴えて対日包囲陣を突破しなければならない」と説き、「敵火の下、たとい国土を焦土と化し、国民が最後の一員となるも戦い抜き、以てわが万邦無比の国体と光輝ある歴史とを死守せねばならぬ」と訴え、最終的な決定をくだすときが迫っていると主張したのである。

朝八時に外務大臣官邸で外務次官の司会する会議が開かれた。内閣書記官長、陸海軍軍務局長、外務省のアメリカ局長と東亜局長が出席した。外務省がつくった日米交渉の計画案を検討し、帝国国策遂行要領の陸海軍案とのすり合わせをおこなう予定だった。ワシントンからの最新の電報を披露することからはじまるはずであったが、まず最初に内閣書記官長の富田健治が前夜の馬淵の演説をとりあげたのであろう。あるいは陸軍軍務局長を詰問したのは富田ではなく、喧嘩早いアメリカ局長の寺崎太郎だったのかもしれない。かれは外務省内でも数少ない正真正銘の避戦派だった。

〈あのような挑発的な演説をしたのは、閣議の申し合わせの重大な違反である。だれが命じたのか〉

武藤章はまったく知らないと言い、即刻調査をおこなうと答えたのであろう。

外務大臣官邸でそのような問答にはじまって、総理官邸、海軍省庁舎でも、人びとは馬淵演説をとりあげた。陸軍はなにを意図しているのだ、首脳会談を潰そうとするつもりかと息まいた。

もちろん、馬淵演説はどこでも話題になった。議員、新聞記者、工場の幹部、学校教師がその演説について論じ合い、その他さまざまな情報を語り合った。

〈陸軍大臣と参謀総長が九月一日に協議し、陸軍報道部長に命じ、あのような演説をさせたらしい〉

〈近衛メッセージの中身は総理の訪米を申し入れたものだという。総理とルーズベルトとの会談地はハワイのようだ〉

〈馬淵大佐の演説はたいへんな評判で、講演の依頼を断るのに陸軍報道部はてんてこ舞いだそうだ。右翼団体はいずれも近衛メッセージに憤激し、馬淵演説に共鳴して、その動きは活発となっている〉

〈総理と外相は馬淵演説にたいそう怒り、陸相に馬淵の処分を申し入れたようだ。馬淵は勝手にあの演説をしたらしい〉

〈要人テロの噂がある。近衛首相暗殺計画があるようだ。総理の荻窪の邸には三十人の警官が警護するようになったのだという。首相の私邸にはふたたび右翼首魁《しゅかい》の井上日《にっ》召《しょう》が住み込んだそうだ。右翼封じのためだという〉

〈左翼の人びと、かつて共産党に加わっていた者はいずれもアメリカと戦うべきだと熱心に説いている。関東軍がシベリアを攻撃することを恐れているのだ。かれらがいまなお崇拝しているスターリンが挟み撃ちとなるのを心配してのことだ〉

〈総理訪米の随員の名簿はできあがっている。船は郵船の新田丸を使うらしい。横浜港の新港埠頭で出帆を待っているのだという〉

ある人びとはこれらの情報のひとつを耳にして、陽気な顔になり、ほかの噂に顔をしかめた。そしてべつの人たちは逆の受け取り方をした。ところでかれらのすべてが耳をそばだてるまたべつの噂があった。前に記した米内光政についての話である。

〈近衛首相が辞任するのだという。後任は米内大将か、宇垣大将となるらしい〉

人びとのあいだにその噂はひろがったが、近衛が告げようとしたことは、かれらにはわからなかったのであろう。だれもが疑わしいという顔をした。米大統領にメッセージを送ったばかりではないか、馬淵の演説が原因なのだろうかと首をかしげる者がいた。

どうして後任の首相は米内や宇垣なのか、南次郎大将か、杉山元大将あたりではないのかといぶかしく思う人がいた。この非常のときに出馬を求められるのは米内光政なんかではなく、末次信正ではないかと説く者もいた。

末次信正はどうしていたのか。

馬淵演説から二日あとの九月三日、矢部貞治と高木惣吉が会った。末次を推そうという相談だった。じつはそれより前、高木と矢部はべつべつに天川勇から末次を訪問したという話を聞き、これまた末次を高くかっていた高木と矢部は、かれを擁立する計画に賛成していたのである。

矢部貞治については前に触れたことがある。東京帝大法学部の教授であり、海軍省嘱託だった。高木惣吉はそのとき海軍省官房調査課長だった。現在、かれが海軍大学校の研究部員といった低いポストに就き、戦争終結のための研究をしていることは、これも前に何回か述べた。矢部はこれまでずっと高木に協力してきた。昨十九年七月には、高木は陸軍長老から海軍中堅幹部、近衛系の政治家、宮廷の高官までを繫げ、東条内閣を打倒するための連合戦線をつくったが、その工作には矢部も参加した。

昭和十六年九月三日のことに戻れば、高木は矢部に、「近衛首相はアメリカとの手が打てても打てなくてもその機会に退く心算のようだ」と語った。じつは高木は八月二十八日に直接に首相からそれを聞いた。駐米大使の野村吉三郎が首相の親書を米大統領に手交する前のことであったから、高木は近衛の口から自分の後任には米内大将がいいといった話を聞くことはなかったはずである。

だが、それから六日のあいだには、高木は総理が首脳会談を米大統領に申し入れたという事実を知り、ルーズベルトが応諾したことを知り、代表団派遣の準備がすすめられ、海軍側の首席随員に大臣の及川古志郎、前大臣の吉田善吾の名前が挙げられていることも承知していたはずであった。そして高木は米内光政か、宇垣一成が次期首相となるらしいといった噂も耳にしたはずだった。

政府首脳と宮廷は戦いに踏みきる勇気を欠いている、かれらはみずからの力を正しく評価できず、相手の力を過大評価しているのだと高木は思ったのであろう。そこで首脳会談の開催には、かれは反対だったのであろう。ルーズベルトと直接話し合ったところで、玉虫色の合意をつくるのが精いっぱいとなろう。だが、それではアメリカは経済封鎖を解除しないであろう。さらに無益な交渉をずるずるとつづけることになれば、時間稼ぎを望んでいるアメリカ海軍の思う壺となる。高木はこんなふうに考えたのであろう。

では、米内、あるいは宇垣が後任首相となるという噂についてはどう思ったのであろうか。疑わしい話だと高木は見たのである。米内や宇垣を総理に推す重臣はいないであろうし、宇垣はともかく、米内は首相になるつもりはないはずだ。しょせん米内も、宇垣も過去の人物である。

そうではないのだろうと口をはさむものがいて、近衛首相が米内大将と宇垣大将の名を口にしたのは、三国同盟廃棄と中国撤兵の決意を示唆したものではないのかと語ったら、高木はどのように答えたであろうか。狼狽を隠し、しばらくじっと考え、そんな大きな譲歩はやろうとしてもできはしない、しょせん近衛公にそれをやり抜く力はあるまいと語ることになったのではなかったか。

高木は矢部に向かって、「近衛公のあとには、重臣方面の雰囲気からして、近衛の延長、近衛の当て馬のようなものがでる可能性がある」と言った。「近衛の延長」といったところで、もちろん、高木の脳裡に米内や宇垣の姿があったわけではない。かれにとって、末次信正以外の者はすべて「近衛の当て馬」だったのである。かれはつづけた。「本当の革新的なものはその次ぐらいでないとでない。そのほんもののことを考えるのに、あちこち見渡しても、末次提督の他にはいないと思う[31]」

矢部が大きくうなずいた。かれはそのとき海軍のために戦争に備えての計画書、「臨戦政治態勢の諸問題」をつくったばかりだった[32]。首相に権力を集中して、総力戦を指導する国防会議を設置し、議会を解散して、議会の人的構成を一新するといった内容だった。出撃する巨大戦艦の舵をとることができる指導者は末次しかいないと矢部も考えていた。

矢部がびっくりしたのは、そのあとの高木の話だった。九月下旬から十月上旬がもっとも重大な時機になると高木は語った。首脳会談が開かれるのが一カ月あとになるのだろうかと矢部は尋ねたのであろう。作戦上の必要からだと高木が答えた。

矢部がけげんな顔をするのに答え、高木はつぎのように説明したのではなかったか。冬になると南シナ海は北東の季節風が吹く。フィリピンやマレー半島の海岸は波が荒く、上陸作戦が難しくなる。だからといって昭和十七年の春まで作戦を延期すれば、アメリカはルソン島のクラークフィールド基地にB17長距離爆撃機とP40戦闘機、あわせて四百機以上を配備してしまう。

そうなってしまっては、わが方の航空攻撃が成功する見込みは半減する。海空を制することができなければ、ルソン島とシンガポールの英米の海空基地を攻略するのが遅れ、バリクパパンの油田、パレンバンの製油所、タラカンの油田の入手はいっそう遅れる。高木はこんな具合に語ったのであろう。

矢部は高木の話を聞いて、疑問を抱いた。近衛の退陣が確かなら、戦争をはじめなければならなくなるのは、「近衛の亜流」か、「当て馬」が首相となったときとなる。そんな内閣に大戦争を指導できるのだろうか。

高木が答え、いまただちに戦うのであれば、ルソン島からマレー半島、ジャワを守る米英蘭の戦力を制圧する第一段の作戦はたいしたことなく終わる、「亜流」でも、「当て馬」でも間に合うのだと語り、長期持久戦に入る第二段の作戦が大変なのだと言ったのであろう。かれは戦争と言わず、作戦と言った。作戦をはじめてから末次大将を首相にするか、末次内閣をつくってから、そのあと作戦に入るか、どちらにするかを真剣に考えているのだと語った。喋っているうちに、かれは興奮してきた。「自分はすでに上海戦のときに一度大病で死んだつもりの人間だから、このことのためにどうなってもかまわない。最近の状勢は見るに忍びず、夜も眠れない。貴君も大学教授の官職を持ってのことであってみれば、種々の困難もあろうが、よろしくお頼みします(33)」

矢部は答えた。「死に甲斐のある大事なら、大学教授の職など問題ではありません」

同じ九月三日の午後、国の命運を定める重大な会議が開かれた。大本営・政府連絡会議だった。会議の冒頭、軍令部総長の永野修身が帝国国策遂行要領の提案理由を説明した。相変わらず顔色は悪かったが、声に衰えはなかった。

「いまであれば戦勝のチャンスがあることを確信しますが、この機は時とともになくなることを恐れます」と語り、「開戦時機をわが方で定め、先制を占める他なし(34)」と断言した。

首相近衛と外相豊田は反対せず、海軍大臣の及川がわずかに字句の修正を求めただけで、帝国国策遂行要領は採択された。そして九月六日の御前会議で要領は本決まりとなった。

ところが、それより前の九月四日、アメリカ大統領の首脳会談にたいする正式回答が東京に届いていた。明確な表現を避けながらも、首脳会談の開催に反対を告げ、予備交渉をつづけるように求めてきていた。近衛は愕然とし、及川は息を詰めたのである。十月はじめには開戦を決意するといったとんでもないことを決めてしまうことになるが、はたして大丈夫だろうかという大きな不安がかれらの胸中を支配することになったはずだった。

どうあっても、ルーズベルトとさしで話し合わねばならない。そこで前にも述べたことだが、御前会議が開かれた九月六日の夜、近衛は伊藤文吉の邸でアメリカ大使のグルーと会い、首脳会談の開催を重ねて要請したのである。

だが、何日待っても、首脳会談を開くことに同意するとのワシントンからの返事は届かなかった。

沢本頼雄の回想

昭和十六年の九月はまたたくまに過ぎ去った。近衛メッセージをアメリカ大統領に渡してからすでに一カ月にもなると人びとは思った。日米関係に改善の兆しがなく、経済封鎖がつづくのはどうしてなのかと考え込んだ。首脳会談が開かれるのだという話を前に耳にしていた人は、いつになったら会議は開かれるのだろうと思い、事態の進展のテンポがこうも遅いのはなぜなのかと考えた。

相変わらずさまざまな噂が東京の町にひろがっていた。馬淵大佐が陸軍報道部長の椅子を逐われ、連隊長となって朝鮮へ飛ばされたという話(35)を聞いた人たちは、対日包囲陣を突破しなければならないと叫んだかれの演説を思い浮かべ、やっぱりかれが勝手に喋ったことだったのだとうなずき、ある人は安堵し、べつの人は憤慨し、政府は相変わらず弱腰だ、陸軍もだらしがないと不満を口にしたのだった。

そしてそのあいだにも、陸海軍は双方休むことなく戦争準備をつづけていた。連合艦隊司令部と参謀本部作戦課はハワイ奇襲作戦と南方作戦の計画と準備に忙しかった。鹿児島沖の空母機動部隊は夜を日に継いでの訓練をおこなっていた。満洲へ送り込まれたばかりの陸軍の将兵はふたたび輸送船の船艙へ詰め込まれ、台湾、海南島へと送られていた。アメリカ、英国は、フィリピン、マレーの軍備の強化に懸命だった。血みどろの戦いがつづいていたのはソ連と中国の戦場だった。ドイツ軍はキエフを占領し、オデッサを包囲していた。日本の陸軍は湖南省の長沙を占領したばかりだった。

夏の天候が不順だったことから、天明の饑饉の再来ではないかと心配した人もいた。その予測は大袈裟だったが、それでも凶作は凶作だった。昭和六年、九年の冷害年と似ていた。予想収穫量は平年作の二割減だった。

いよいよ十月に入った。対米戦争を避けたいと望む人びとはいっそう重苦しい気分となった。十月七日、海軍次官の沢本頼雄が米内光政を訪ねた。

現在、この昭和二十年四月のはじめ、沢本頼雄が対米開戦前の息づまる数カ月の出来事をふりかえり、自分の努力と判断のどこに誤りがあったのかと考え、かれが出席した多くの会議、かれが読んだ書類や電報、かずかずの最終決定を思い起こせば、どうしてもかれの記憶はその十月七日のことに戻るのであろう。


沢本頼雄は呉鎮守府司令長官である。かれは伊藤整一中将の率いる第二艦隊がまもなく出撃することを承知している。燃料がなく、大和は沖縄までの片道分だけを搭載することになっていたのが、日吉の連合艦隊司令部から呉鎮守府に電話がかかってきて、どうあっても往復分の燃料をかき集めてくれとの依頼があり、徳山の燃料廠のタンクの底に残っていた最後の燃料を汲みあげることになった。沢本はそうしたことも知っている。もちろん、かれは大和が二度と柱島へ戻ってこないことも承知している。そして大和の運命を考えれば、戦いに沈んだ多くの軍艦を思い浮かべることになり、昨十九年六月のあ号作戦を思いだすことになろう。

六月十五日の早朝、サイパン島に敵地上部隊が上陸を開始した。連合艦隊司令長官があ号作戦決戦発動を電令した。海軍省と軍令部のすべての人びとはまもなくはじまる海戦に国の存亡がかかっていることを知っていた。この戦いに勝つことができさえすれば、帝国海軍は立ち直ることができ、戦勢を大きく変えることができるはずだった。

だれもが望んだのは、マリアナ諸島の基地から発進する第一航空艦隊が敵艦隊を叩き、フィリピンから出撃する第一機動艦隊が敵艦隊と輸送船団の群れへ突進し、大混乱のなかで決定的な勝利を収めることだった。

決戦の成り行きを待ち、緊張の終日終夜がつづいた。戦果を告げる電報は入ってこなかった。赤煉瓦内の人びとの不安は増した。六月二十日の未明、信じることのできない凶報が入った。第一機動艦隊の中核となる二隻の正規空母、大鳳《たいほう》と翔鶴《しょうかく》の沈没を知らせるものだった。第一航空艦隊ががんばってくれるだろうと最後の望みをかけた。ところが、マリアナ地区の第一航空艦隊はとっくに潰滅してしまっていた。あ号作戦は完全な完敗に終わり、大きな希望はあえなく消えてしまった。あらかたの搭乗員と航空機を失ってしまい、海軍航空再建のめどはたたなくなり、海軍勢力は実質的にはないも同然となってしまった。

同じ六月二十日の夕刻のことであろう。軍令部作戦室から軍令部総長を兼任する嶋田繁太郎が大臣室に戻ってきた。次官の沢本と軍務局長の岡敬純が大臣室へ入った。だれも口を開かず、いつまでも黙ったままだった。沢本の眼に涙があふれた。涙は筋をひいて頬を流れた。突然にかれは感情の激流に突き動かされ、泣き崩れた[36]。

沢本の生まれは山口県岩国である。明治十九年の生まれ、五十八歳になる。海軍兵学校の同期には秀才の名をほしいままにした佐藤市郎がいた。かれの聡明さは海軍の外でも有名だった。体は痩せ、眼光は炯々《けいけい》として、弟の岸信介がよく似ていた。佐藤は昭和十五年に中将で現役を去った。剃刀のごとき鋭い頭脳が予備役編入を早めることになってしまったのだと沢本は残念に思った。海軍兵学校の成績は佐藤がトップ、沢本が二番だった。

沢本が防長の出身と聞いて、かれを末次系の一員と想像する人がいるかもしれないが、そうではなかった。かれは加藤友三郎の衣鉢を継ぐ海軍正統派のひとりだった。もちろん、かれは加藤のはるかな後輩だった。大正十二年に加藤が没したときには、かれは少佐だった。かれは英国に派遣され、ロンドンに到着したばかりだった。かれはエリート・コースを歩み、軍務局第一課の勤務が長かった。ロンドン条約をめぐっての争いのさなかには、軍務局第一課長のかれは軍務局長の堀悌吉と次官の山梨勝之進を補佐した。

沢本が海軍次官となったのは昭和十六年四月だった。沢本次官が態度をはっきりさせないと榎本重治が小林躋造に向かって語ったことは前に記したが、実際には海軍省内でかれが一番の避戦派だった。かれは閣議で及川大臣が肝心なときに発言しないことを危ぶみ、もっと態度をはっきりさせるようにと進言したことが何度かあった。

昭和十六年十月七日に沢本頼雄が米内光政に会った話に戻ろう。沢本はどうして米内を訪ねたのか。沢本は重臣会議を開催する計画をたて、まず米内の支持を得ようとしたのである。米内と会ったあとには、岡田啓介とも会う予定だった。

なんのために重臣会議を開こうとしたのか。切羽《せっぱ》つまっていた。その日から四日前の十月三日に外務省に届いたアメリカの回答は有無を言わせぬものであり、首相と外相、そして海軍がしがみついていた日米首脳会談への希望を打ち砕いた。米国務長官ハルのその口上書は重ねて首脳会談に反対の態度を明らかにし、中国からの撤兵の意向を宣言するように求め、三国同盟から離脱の意思をいっそう明確にしてくれと要求していた。交渉の衝に当たっていた駐米大使の野村吉三郎は「日本が政策ヲ転向スル場合ノ外、対日外交ハ不変ナリト思考ス」と書き送ってきていた。

「政策ヲ転向スル」ためには、海軍大臣が戦争を回避したいと説くことしかなかった。沢本頼雄が米内光政を訪ねるよりすこし前、同じ十月七日のことだが、朝九時に及川古志郎は陸軍大臣の東条英機と会った。二年さき、三年さきの戦いに自信がないのだと及川は東条に語った。わが国の経済力では長期戦は無理なのだと、はっきり言わねばならないところであった。ところが、かれは急いでつけ加え、二年、三年さきの戦いがどうなるかについては、いま検討中なのだと語った。ともかくも、十月上旬と定めた開戦決意の時機をさきに延ばしたかった。だが、それが言えなかった。東条は及川の真意を聞きだそうとした。かりに海軍が戦争に自信をもたないのであれば、すべてを考え直さねばならないと言った。及川は黙ったままだった。短い話し合いは終わった。

及川は自分の口ではいえないことを重臣に語ってもらおうとして、重臣会議の開催を考えた。沢本が及川に勧めてのことだったのかもしれない。

重臣会議を開いたのは、昭和九年に斎藤内閣が退陣したあと、後継首相を選んだときが最初だった。だが、重臣会議の名称を公式に用い、情報局がそれを発表したのは、第二次近衛内閣の総辞職のあと、重臣会議を開いて、後継首相選出のための協議をおこなったときがはじめてだった。

重臣会議の開催は慣例として確立されはしたものの、外交問題を審議するためにその会議を開いたことはなかった。だが、国が生死をかける戦争に踏みだすかどうかという境目にあるとき、重臣会議を開き、重臣たちの意見を徴してもいいのではないかと及川と沢本は考えたのである。

重臣会議に招集される重臣は、内大臣と枢密院議長、そして在京の前に内閣総理大臣だった者たちである。全部で十人いたが、平沼騏一郎は八月十四日に暗殺者に襲われ、重傷を負い、入院していた。九十歳を超す清浦奎吾は病床にあった。そこで八人が出席できるはずであった。

及川、沢本、岡はつぎのように考えたのであろう。林銑十郎と阿部信行は陸軍出身の重臣だから、陸軍の主戦論を支持し、戦うべきだと説く可能性があった。だが、海軍出身の岡田啓介と米内光政は戦争に反対するであろうし、若槻礼次郎、広田弘毅、枢密院議長の原嘉道もまた外交交渉をつづけようと主張するにちがいなかった。

重臣会議がどのような結論をだしても、それはそれだけのものだった。だが、陸軍出身者を除くすべての重臣が戦争回避を望んでいるというはっきりとした事実が明らかになれば、戦争突入に反対する首相の立場はぐんと強まるはずであり、内大臣の考えに大きな影響を与えるはずであった。

ところが、米内は重臣会議の開催に反対した。かれは沢本に言った。

「充分な資料の提供がなされたあとの会議の開催でなければ、なんの権威もなく、無責任な言動となり、表面的なものとなる。開かないほうがいい(37)」

沢本はがっかりした。米内はそのあともうしばらく喋った。後刻、沢本はそれを日記に書きとめた。

「陸軍の言うことはまったくあてにならず。閣員に列したる期間、幾回か折衝することあるも屢々この感を深くせり。大臣の明言せることをただちに変更せらるる例多し」

沢本は米内からその話を聞きながら、そのあと及川にそれを報告したとき、そしてそれをノートに記したとき、どうして米内がそんな話をしたのかを繰り返し考えたはずであった。米内は打ち解けてとりとめのない思い出話を語り、陸軍にたいするかつての恨みをのぞかせただけのことだったのか。そうではなかったはずだ。

米内はなにを語ったのか。陸軍首脳が南方地域を攻略すると主張し、そのような計画を説いても、油断してはならない。陸軍はウラジオストク、チタへ侵攻する機会を虎視眈々と狙っている。海軍の反対を無効にするために、既成事実をつくってしまうのが陸軍のやり方だ。米内はこのように告げ、沢本に注意を促したのか。

それとも米内の警告はつぎのようなものだったのであろうか。参謀総長や陸軍の作戦部長がフィリピンやマレー半島の攻略は容易だと自信たっぷりにかれらの作戦概要を語っても、それを鵜呑みにして、安易な作戦計画をたてたら、大変なことになる。

実際には米内はそんなことは言わなかったのだし、沢本、そしてかれから話を聞いた及川は、米内が言おうとしたのは、そうしたことではないと思ったのであろう。

陸軍首脳の甘言を善意からの言葉と誤解してはならぬと米内大将は言ったのだ。陸軍側に誘われても、戦争はできないとか、戦争に自信はないとか、戦争を回避すべきだといったことを口にしてはならないと米内大将は示唆したのであろう。それだからこそ、そのあとにつづけて、「戦争の回避は総理が身をもって解決にあたるのが至当だと語り、総理はその決意であろう」と米内大将は語ったのである。

沢本はこんな具合に理解し、米内大将は及川大臣が和戦の決定権を首相にゆだねている態度を支持したのだと考えたのであろう。及川もまた同じように考えたにちがいない。

三国同盟調印記念日の電報

現在、沢本頼雄が昭和十六年十月七日の米内のその助言を思い浮かべれば、つづいて思いだすのは、同じその日の東条の言葉となるはずである。

沢本が及川に米内の返事を報告し、そのあとに会った岡田がこれまた重臣会議の開催に反対したと語ったあとのことになるが、午後五時に及川は東条と会談した。その日の朝早く及川と東条は会っていたのだから、二度目の話し合いだった。東条は及川に向かって、午後九時から総理と会談の予定があるのだと告げ、論議の争点は中国駐兵、撤兵の問題になるだろうと語って、及川がなにか言うのを待った。朝の話をつづけるのではないかと思ったのである。及川はうなずくだけだった。東条はいずまいを正し、顎の筋肉をぐっと引き締め、口を開いた。

「支那事変で二十万の精霊を失い、みすみすこれを去るのはなんとも忍びません。しかし日米戦となって、さらに多くの人員を失うことを思えば、撤兵も考えざるをえません。決しかねるところであります(38)」

及川の胸にぐさりと刺さるような言葉であったにちがいない。だが、かれは相変わらず黙ったままだった。

現在、沢本はそのとき東条中将が悲壮な顔をしていたのだと語った及川の言葉を思いだすのであろう。そして東条のその言葉を聞いていた及川の胸中を考えれば、その日の朝に会った米内の顔と重なり、かれの助言を重ねて思いだすことになるのであろう。そして沢本は米内に会った日から五日あとの十月十二日の会議を思い起こすことになるはずである。

昭和十六年十月十二日は日曜日だった。朝八時、沢本は大臣官邸に赴いた。大臣、軍務局長の岡敬純、軍令部次長の伊藤整一、第一部長の福留繁が集まった。その日の午後二時に首相の荻窪の私邸に及川と東条、外相の豊田、企画院総裁の鈴木が集まり、外交交渉をさらにつづけるか、開戦を決意するのかを協議することになっていた。それに先立ち、海軍側の最終態度を定めようとしたのである。

五人はいずれも疲れていた。首脳会談への期待はあっけなく打ち砕かれてしまい、帝国国策遂行要領だけが残ってしまった。重臣たちにブレーキをかけてもらい、戦争回避を説いてもらおうとした計画は、岡田と米内の反対で潰れてしまった。

及川は夜眠ることができなくなっていた。伊藤整一は体に悪いと知りながら、眠りにつくために酒を飲むようになっていた。そしてだれもが戦う以外に道はないのかと半ば諦めの心境だった。

沢本が会議室の暗い雰囲気を変えようとして、まっさきに口を切った。戦うべきでないと説き、国外状況、国内状況、作戦の三つの面について、なお検討しなければならないと訴えた。軍務局長の岡敬純が元気を取り戻した。ともかく来年一月まで待ったらどうかと説いた。軍令部側の伊藤と福留がはっきりした理由を挙げてくれと言った。総長、主戦派の課長クラス、そして陸軍を納得させるための説明が必要だった。だが、うまい理屈はなかった。

沢本が拳骨と握手は両立しないと言い、交渉の期間をもっと延ばすべきだと語った。あと半年、来年三月まで外交交渉をおこなうべきだと説いた。拳骨と握手は両立しないといった話だけでは、伊藤と福留が困惑するだけだった。それでも外交交渉をさらにつづけることにはかれらも賛成した。つづいて五人は重大な問題を討議した。午後の五巨頭会談で海軍大臣がなにを発言するかを定めた。海軍大臣は戦争を回避したいとは説かない。外交交渉をさらにつづけたいとは言わない。和戦の決定は総理に任せると語ることにする。こんな取り決めをしてしまってよいのであろうか、無責任にすぎはしないか、はたして首相に任せて戦争を回避できるのかという不安が及川や沢本の胸をよぎったにちがいなかった。だが、かれらは米内の言葉を思いだし、そのような懸念を打ち消したのではなかったか。

そしてその日の午後に近衛の私邸で、首相と四人の主要閣僚の会議が開かれた。陸軍大臣の東条が対米交渉はもはや見込みがないのではないかと言った。及川が和戦いずれの道を選ぶかは総理の裁決に待つと語った。近衛が戦争を避けたいと語り、外交交渉をこのさきもつづけたいと説いた。東条が中国駐兵の問題については譲歩しないと念を押した。

だれもが同じ台詞を繰り返した。動作、表情までが同じ繰り返しだった。だが、それを重ねて繰り返すことはもはやできなかった。帝国国策遂行要領が定めた十月上旬の期限は過ぎてしまい、統帥部総長が日限を切った十月十五日がいよいよ差し迫っていた。

それから四日あとに近衛内閣は総辞職した。

沢本頼雄が昭和十六年十月十二日の近衛の荻窪の邸の会議を振りかえれば、その会議こそが国の運命を分けた分岐点だったのだと思い、その会議での及川大臣の態度にすべてがかかっていたのだと思い返すことになろう。そして及川の態度決定はその朝の五人会における自分の助言で決まったのだと思い、あのとき戦争決意を六カ月延期すべきだとがんばり通さねばいけなかったのだと考えることになろう。

そしてかれはつぎのように考えるにちがいない。ただちに戦うことなく、六カ月じっと待っていれば手遅れになってしまうと総長や若手の課長たちは説いていた。では、五カ月、六カ月早く戦いをはじめさえすれば、日本は絶対不敗の態勢を整えることができるのか。次長の伊藤整一も、第一部長の福留繁も、だれもそんな自信をもってはいなかった。

軍令部総長の永野修身が帝国国策遂行要領を定めた九月三日の連絡会議で、「敵に王手にいく手段はない。しかし王手がないとしても、国際情勢の変化により、とるべき手段はあるだろう」と言ったのは、ドイツが勝利を収めると期待してのことだった。ドイツ軍がソ連を屈服させ、英国本土を攻略することができれば、ドイツは絶対不敗の態勢を築くことができるはずであった。そうなれば日本もまた絶対不敗の態勢をとれるにちがいなかった。だが、ドイツがその双方の作戦に失敗してしまい、長期戦になってしまえば、ドイツはもちろんのこと、日本も敗北を覚悟しなければならなくなる。

むこう半年待って、ヨーロッパの戦いがどうなるかを見きわめなければいけなかったのだ。どうして伊藤と福留を最後まで説得することなく、いい加減なところで諦めてしまったのか。

ベルリンからのいくつかの電報が心の奥にあったのだと沢本はいま思いだすのであろう。そのうちのひとつがベルリンに駐在する海軍武官からの九月二十七日付の電報だった。

ドイツが英仏海峡沿いに三個軍団、五十万の野戦軍を集結しているという極秘の情報だった。多数の新造の快速魚雷艇と一千三百五十隻の輸送船を用意し、大型爆撃機が利用できる百箇所の飛行場を含め、二百二十箇所の飛行場の建設を終えたという内容だった。(39)

霞が関の赤煉瓦内で、だれもが待ちわびていた情報だった。前年六月のフランスの敗北のときからずっと待ちつづけていた朗報だった。沢本は日記にその電報の要点を書き写し、部下たちとその問題を話し合い、陸軍幹部の意見を聞き、つぎのように話し合ったのではなかったか。

ドイツ軍が飛行機とグライダーを使っての五月のクレタ島攻略は英本土侵攻の舞台稽古だという情報は事実だったのだ。ソ連との戦争をはじめはしたが、ドイツは英本土上陸作戦を断念してはいなかったのだ。英本土の軍港と飛行場を連続爆撃するための大型爆撃機部隊の編成と訓練、上陸用舟艇の建造に時間がかかり、作戦準備が遅れただけのことだったのだ。ライン川、エルベ川、オランダの運河で使われていた舟艇を集め、フェリーボートを戦車が積載できるように改造しなければならなかったのであろう。

陸軍がフィリピンからマレー、蘭印を攻略するための南方作戦に準備しようとしている総兵力は四十万人である。五十万人を英仏海峡沿いに集結しているのであれば、充分な兵力であろう。上陸予定地はロンドン郊外のテームズ河南岸からポーツマスまでのあいだとなるらしい。先遣部隊が上陸したあと、たとい一時期兵站線が切断されることがあっても、空からの補給ができるから大丈夫だ。そのためにユンカースの爆撃機と輸送機用の数多くの基地をつくったのだ。こうした話がつづいて、参謀本部の部長が締めくくり、最初のドイツ軍が上陸してしまえば、それで戦いは終わりだ、英国は和を乞うことなると言ったのではなかったか。

だれをも喜ばせるもうひとつのベルリンからの電報は、ドイツの三個軍がモスクワを目指して進撃を開始したと告げるものだった。レニングラードやオデッサの戦いに手間どり、もっとも重要なモスクワ攻略の作戦が遅れ、八月、九月となにもしなかったことに陸軍が懸念を強めていたときだけに、だれもが喜び、沢本もほっと息をついたはずであった。

かれは昭和十六年十月を振りかえって、昭和十七年三月まで外交交渉をつづけるべきだと説きながら、最後までがんばることができなかったのは、モスクワはまもなく陥落するだろうと信じ、英本土上陸作戦はやがてはじまると考え、一年前にドイツ軍がオランダ、ベルギー、フランスを電撃的スピードで叩き潰してしまったように、あっというまに最終的勝利を収めることになると思ったのが原因だったといま考えるのではないか。そしてかれはあのときまんまと罠に落ち込んだのだと苦い気持ちになるのではないか。

沢本はつぎのように振りかえるのであろう。昭和十六年九月にベルリン駐在海軍武官の横井忠雄はドイツ海軍の幹部から英本土上陸作戦のための準備の説明を受けたのかもしれず、国防軍最高司令部でその情報に接したのかもしれない。だが、その話を横井の耳に入れさせるように仕組んだ者はべつにいたのではなかったか。張本人は東京にいたのだ。

横井からのその電報が届く二週間ほど前のことだった。三宅坂の陸軍幹部が激昂した。陸軍中央機関が市谷台に移る直前のことで、三宅坂にあったときだった。かれらが怒ったのは、三国同盟締結記念日の九月二十七日が近づいているにもかかわらず、一周年を祝う行事の準備をどこもしようとしなかったからだった(40)。

大政翼賛会の首脳は催しの予定を組もうとせず、無視する態度だった。情報局の幹部たちはなにかやるならほかがやってくれと素知らぬ顔だった。口にはださないながら、だれもがドイツと同盟を結んだのは誤りだったと思うようになっていることの歴然たる証拠だった。三国同盟の調印を祝い、提灯行列をしたのは、遠い昔の出来事のようであった。

三宅坂の幹部たちは危惧を抱いた。かつて三国同盟に反対した宮廷と財界の指導者、海軍の長老たちがドイツと手を切るべきだと説くようになり、つづいては対外政策の方向転換の断行を求めるようになるかもしれず、重慶政府と和平交渉をおこなえ、中国からの撤兵を約束せよと主張して、首相、海軍と組むかもしれなかった。近衛総理が自分の後継には米内大将か、宇垣大将が望ましいと語ったというのも、こうした動きとつながる危険な徴候だと陸軍幹部は思ったにちがいなかった。

かれらはこんな具合に恐れ、かれらのうちのだれかが策略をめぐらしたのであろう。必要なのは海軍に安心感を与える話をベルリンから送らせることだった。海軍がなによりも望んでいたのはドイツ軍の英本土上陸作戦だった。そこで陸軍省のだれかが東京駐劄《ちゆうさつ》のドイツ大使館の幹部、たとえば武官のクレッチマー大佐に向かい、ベルリンが英仏海峡横断作戦の準備についてなんらかの情報を与えてくれることが必要なのだと語ったのではなかったか。ドイツ大使館の陸軍武官は耳を傾けたのであろう。七月半ばに松岡外相が内閣から逐われ、八月末に近衛首相が米大統領に親書を伝達したという事実が明らかとなり、ドイツ側は日本がアメリカに接近するのではないかと警戒心を強めていたときだけに、かれは日本陸軍のその要請の重要性を即座に理解したにちがいない。

三国同盟締結の一周年記念日に、ドイツ駐在の海軍武官が英本土進攻作戦準備の極秘情報を告げてきた背後には、このような陸軍の策略があったのかもしれなかった。

英仏海峡を押し渡るための舟艇を揃え、英本土攻略のための、大部隊を用意しているといった横井の情報電報は、そのすべてが真っ赤な嘘だったのである。

沢本頼雄は考えつづけるのであろう。あの電報がなかったら、私はがんばりつづけ、半年のあいだ待ってみなければならないと説いていたにちがいない。十月十二日朝の五人会で、外交交渉を昭和十七年三月までつづけることを海軍側の主張とすると決めてしまったら、あとはうまくいったのだ。

その日の午後の荻外荘の集まりで、及川海軍大臣のその主張に東条陸軍大臣は猛然と反対したかもしれない。その日は東条は怒って帰ったかもしれないが、しょせん、陸軍は太平洋の戦いの主役ではない。結局は半年の延長に賛成するしかなかったはずだ。

それとも陸軍は伝家の宝刀を抜いたか。東条は海軍案に反対をつづけ、辞表を提出し、つぎには陸軍大臣の後任者を得ることができないと首相に通告し、内閣を倒そうとしたであろうか。いや、伝家の宝刀は竹光だった。総理と海軍大臣と外務大臣が団結していれば、内大臣もこの連合に加わることになろうから、天皇は陸軍大臣に向かって、ただちに後任者をだすようにと命じることになるはずであった。いま沢本はこんな具合に考えるのであろう。

昭和十七年三月と定めていれば

開戦を決意するかどうかの時機を半年さきに延ばし、昭和十七年三月と決めていれば、人びとの考えはまちがいなく大きく変わったのである。陸軍の軍務局長と作戦部長はドイツ軍のモスクワ攻撃が昭和十六年の十二月はじめに失敗に終わったと率直に認めることができたはずであった。

昭和十六年十月中のドイツ軍の進撃はたしかにめざましかった。大包囲戦に成功し、六十万のロシア軍を捕虜にしてしまった。三宅坂の部課長のなかには、これこそカンネーの大勝利の再現だと感嘆の声をあげる者もいた。幼年学校か、士官学校時代に読んだハンニバルの率いるカルタゴ軍の包囲殲滅戦を思いだしたのである。

それより一カ月前、キエフの戦いで、ドイツ軍は同じように六十万人のソ連軍を捕虜にしていた。他の国ならそれで戦いは終わるはずだった。だが、ソ連には兵士となることのできる四千万の男子がいた。少々の犠牲はなんでもなかった。十一月になって、ドイツ軍はロシアの冬とソ連軍の激しい抵抗にぶつかった。ドイツ軍の先鋒部隊はモスクワ市北西の郊外にある市街電車の終点まで到達した。だが、そこまでだった。損害は大きく、攻撃はついに息切れした。戦線はひろがりすぎ、予備兵力がなくなってしまった。十二月五日にソ連軍は反撃をはじめた。ドイツ軍は大きな痛手を蒙り、後退せざるをえなくなった。そのあと昭和十七年三月までソ連軍の反撃は勢いを弱めながらもつづいていた。

そこで昭和十七年三月に陸軍の幹部が独ソ戦争のこのさきを予測することになって、はたして二度目の夏季攻勢で、今度こそ三カ月のあいだにソ連を打ち破ることができるだろうかと論じ合えば、だれもが首をかしげ、難しいだろうと語ることになったにちがいない。

では、同じ昭和十七年三月に陸軍や海軍の幹部はドイツの対英戦をどのように予測したであろうか。もちろん、ドイツ軍によるイギリスへの進攻作戦はおこなわれていなかった。天候のよくなる春をまつのか。ドイツ軍は海峡横断作戦をやるつもりはなく、できもしないと見たのではなかったか。

日本がアメリカと戦争していなければ、昭和十七年三月にはアメリカはドイツに宣戦を布告してはいなかったであろう。アメリカは慌てて参戦する必要はなかった。爆撃機、戦闘機、戦車、上陸用舟艇をつくり、軍隊を訓練するほうがさきだった。ルーズベルトは待つことができたし、待たねばならなかった。

昭和十七年三月に陸海軍の担当官はアメリカの参戦時機を予測して、夏ごろになるだろうと考えたのではなかったか。なぜだったのか。英国本土がドイツを爆撃する基地となってしまう前に、英国を降伏させてしまいたいとヒトラーは望むにちがいなかった。大西洋の冬の悪天候が終わったあと、徹底した通商破壊のUボート作戦をおこなおうとするはずだった。そこでルーズベルトはドイツの潜水艦がかならずやアメリカの輸送船を沈めるとみて、第一次大戦のときとまったく同じやり方で参戦できると読んでいたにちがいなかったからである。

昭和十七年、そして十八年には、ドイツはアメリカの全面的な支援を受ける英国と戦い、もう一方で、これまたアメリカの援助を受けるソ連と戦いつづけねばならなくなるはずであった。

ところで、昭和十七年三月の段階で肝心の日米関係はどうなっていたであろうか。何回かの交渉がおこなわれたであろうが、アメリカの回答は昭和十六年十月三日に届いた米国務長官の口上書からなんの進展もみられなかったにちがいない。そして冷却期間がつづくあいだに、アメリカの要求に歩みよるほかはないと考え、戦いを回避するためには大きな譲歩もやむをえないと思う人は増えるようになったはずであった。

たとえば海軍省調査課長の高木惣吉と調査課嘱託の天川勇、そして東大教授の矢部貞治はどのような主張をするようになっていたであろうか。依然として末次信正を首相にしなければならぬと説いていたであろう。昭和十六年八月、九月のときよりも、かれらは活発に末次擁立の運動をおこなうようになっていたのではなかったか。かれらはつぎのように説くことになったのであろう。

〈妥協と和解の政策を採ることになれば、国民の士気は落ちる。われわれは魂まで売り渡したのではないということをはっきり国民に告げねばならない。国内の亀裂は深まり、五・一五、二・二六のような暗殺事件やクーデターが起きる恐れがある。強力な指導力が必要となる。どうしても総理は末次提督でなければならぬ〉

昭和十七年三月に海軍書記官の榎本重治はどうしていたのであろうか。かれは赤煉瓦内の変化の兆しを感じとり、もう一度、世田谷に小林躋造を訪ねたにちがいない。戦争は避けられそうだと語り、このさき海軍をしっかりと抑え、そればかりか陸軍作戦部長の田中新一のような強硬派を有無を言わせず黙らせるには、海軍大臣に山本五十六を起用しなければならないと説くことになったであろう。

高木惣吉がそっと考えを変え、榎本重治が勇みたてば、宮廷内でも、重大な変化が起きたにちがいない。内大臣の木戸幸一が陸軍大臣と参謀総長にむかって、二年さきの目安がたたないような戦いをしたいとがんばる書生論に日本の命運をかけるわけにはいかないと説くことになったであろう。

杉山はそれを永野修身に語ることになろう。それから数日あと、永野は海軍大臣室に及川古志郎を訪ね、つぎのようにぽつんと喋ることになったであろう。

〈富岡定俊を外へだすことにする。君のほうは石川信吾をどうするかね〉

富岡定俊は軍令部第一部第一課長、石川信吾は海軍省軍務局の第二課長だった。作戦課長の富岡が軍令部の中堅幹部と若手を結集しての主戦勢力の中心的地位を占め、石川はこれまた海軍を強硬路線に引っ張ってきた発電機といった存在だった。昭和二十年四月の現在、四十八歳の富岡は作戦部長であり、五十一歳になる石川は軍務局長になって当たり前と思われていたのが、運輸本部長の椅子に坐っている。この二人についてはこのさき述べる機会があろう。

なぜ米内はなにもできなかったのか

現在、沢本頼雄が昭和十六年を振りかえってみて、横井忠雄の電報に騙されたことを悔やむのではないかとはすでに述べた。だが、沢本が本当に残念に思うのはその電報ではなかろう。かれは昭和十六年十月七日の米内光政の言葉を思いだして、無念に思うのである。

米内大将は沢本に向かって、陸軍の首脳を信用してはならぬと述べ、つづいて海軍首脳の考えに全面的に賛成だと語り、総理にすべてを任せればいいのだと言った。死んだ子の歳を数えるようなことになるが、もしもあのとき米内大将が重臣会議の開催に賛成し、さらに私に向かって、まったく逆の助言をしてくれていたらどうであったか。沢本はこんなふうに考えて、悔やむのではないか(41)。

〈避戦を説くのは不面目であり、不名誉であると考えてはならない。海軍大臣ははっきりと戦争を回避すべきだと説かねばならない。日本の内閣総理大臣はアメリカの大統領やドイツの総統とはまったく違う。他の国務大臣を指揮する権限をもってはいない。勝利か、破滅かの重大な選択を前にして、総理に和戦の決断を一任するのは間違っている〉

米内大将がこんなふうに勧告してくれていたらどうであったか。

あの日の夕刻、陸軍大臣が支那事変の二十万人の犠牲者の話をしたとき、及川大臣はうなずき、もうすこし考えてみようと答えることになったかもしれない。それから五日あとの十月十二日の朝の五人会で、半年待つべきだと最後までがんばり通すことが私にもできたはずだ。そしてその日の午後の五巨頭会談で及川大臣は昭和十七年三月まで外交交渉をつづけるべきだと説いたにちがいない。現在、沢本はこんな具合に思うのではなかろうか。

米内光政のことに戻ろう。どうしてかれは沢本頼雄に向かって、重臣会議の開催に反対したのか。そして及川の姑息な態度を支持したのはなぜだったのか。

もう一度、昭和十六年十月十二日の近衛の荻窪の邸における会議から振りかえってみよう。近衛は陸相、海相、外相と企画院総裁を私邸に招き、対米交渉をさらに継続することの合意を得ようとした。いよいよ重大な会議だった。及川が重い口を開き、海軍不戦を主張してくれることを近衛は望んだ。じつはそれより十日前、近衛は及川から全面的に協力するとの約束をとりつけていた。

約束どおり、及川に戦争回避を主張してもらわねばならなかった。会議の前夜、近衛は内閣書記官長の富田健治を海軍軍務局長の岡敬純のところへ行かせた。富田は岡に向かい、海軍の支持が得られないなら、内閣は総辞職するしかないと威しをかけた。岡が慌てた。岡と富田は日比谷の海相官邸へ行った。夜の十二時半だった。富田はパジャマ姿の及川に向かい、明日の会議では総理を支援してもらいたいと懇請した。ところが、及川はうなずかなかった。公式の場で対米戦争に反対だとは言明できないと言い、戦争するのかどうかを決めるのは政治問題だから、総理が決めるべきだと語った。

翌十月十二日の朝、及川は五人会を開いた。これについては前に述べた。そのあと軍務局長の岡は内閣書記官長の富田に電話をし、海軍大臣は会議で和戦の決定権は総理にゆだねると発言するつもりだと告げ、それ以上にはでられないと言った。

富田は近衛にそれを報告した。見込みがないことはわかっていたが、最後の説得をしてみようということになった。富田は岡を訪ねた。海軍が戦争はできぬと考えているのなら、陸軍のほうはなんとか収めるから、ほんとうのところを言ってくれと切りだした。岡は困ったという表情をしただけだった。午後の首相私邸における会議では結論がでず、近衛と東条とが対立したままで終わった。これも前に述べた。

翌十月十三日、近衛は苦肉の策を考えた。外交交渉の最終期限を定めた九月六日の御前会議の決定そのものを白紙に戻そうとした。無茶な話だったが、それ以外に方法はなかった。陸軍大臣にそれを話してみた。むろんのこと、東条は相手にしなかった。わずか一カ月前の御前会議の取り決めを反古にしようというのであれば、政府と統帥部の責任は重大だと言った。

近衛は万策つきたと思ったが、明日も東条を説得してみようと考えた。東条のほうは神経を苛だたせ、首相の側が策略をめぐらしているのではないかと疑った。総理は内大臣と組み、三カ月前に松岡洋右を外務大臣の椅子から逐った。同じ騙し討ちにでるのではないかと東条は猜疑心を燃やした。

東条は松岡からもらった手紙の中身を思いだしたのであろう。三国同盟を締結し、独伊の要路と重要な交渉をおこなった私を追いだし、いったい近衛公はなにをするつもりなのかと松岡は非難し、ごまかしや弁明外交ではこのさきどうにもならないと近衛を激しく攻撃し、このままでは大東亜圏の建設はおろか、中国問題も解決できないと批判していた。松岡のその警告は正しかった。松岡のつぎには私を追放し、近衛はずるずると敗北路線を歩むつもりなのだ。

東条はこのように考えた。反撃をするしかないと思った。十月十四日の定例閣議で、東条は閣僚たちに向かって、これまでの経過を明らかにしようとした。九月六日の御前会議で「外交交渉ニヨリ十月上旬頃ニ至ルモ尚我要求ヲ貫徹シ得ル目途ナキ場合ニ於テハ直チニ対米英蘭開戦ヲ決意ス」となっているのだと説明した。「ところで本日は十月十四日でござる。十月上旬と決めたのに、すでに十四日でござる」[42]と東条は閣僚たちの顔を見まわし、声を張りあげた。

顔色を変えた首相が外相に発言を促した。重点は中国からの撤兵だと語り、これをやれば、外交交渉の見込みはあると豊田が言った。東条がただちに反駁した。中国からの撤兵には反対だと喋っているうちに感情を抑えきれなくなった。撤兵は退却だ、駐兵は心臓だ、心臓まで譲る必要はないと力をこめた。だれも口をはさまなかった。茫然として陸相の顔を見つめ、ある者は海軍大臣がなにを言うかと見守った。だが、及川はいつもと同じく牡蠣のように口をとざしていた。

近衛は忍耐の糸が切れてしまった。閣議のはじまる前にかれは東条とさしで話し合い、アメリカに中国撤兵を約束して、日米戦争を避けるべきだと重ねて説いた。東条はそれに反対した。近衛は閣議のあとでもういちど内輪で話し合おうと言った。ところが、東条は全閣僚を前にして、外交交渉を打ち切れといい、中国撤兵に反対だと喋ってしまい、閣内不統一を既成事実としてしまった。なんたるばかげたことだ。これですべてはおしまいだ。

閣議が終わって、近衛は鈴木貞一を呼んだ。近衛は鈴木に向かい、陸軍の今日の言動によって、対米交渉をつづけることができなくなってしまったと言い、内閣は総辞職するほかはないと語った。近衛はつづけて、この総辞職は陸相の態度によるものだから、内閣退陣のあとの政局の収拾につき、陸相がどのような考えをもっているのかを聞いてきてもらいたいと言った。

夕刻、近衛は麻布三河台町の内田信也の邸を訪ねた。内田が船成金であることは前に述べた。元鉄道大臣であり、茨城一区選出の衆議院議員だった。内田邸で会食の予定があり、もうひとりの客の賀屋興宣はすでに来ていた。第一次近衛内閣で大蔵大臣をやった賀屋は、そのとき北支那開発会社の総裁だった。近衛は坐るなり、内閣はもうおしまいですよと言った。どうしてとの問いに、今日の閣議で陸相が対米交渉を打ち切るように迫ったのだと語った。

内田と賀屋は首相の言葉に驚いた。どうにかならないのかと問うた。近衛は十月十二日の私邸での会議とこの日の閣議の模様をかいつまんで語り、迷路からの出口はただひとつあるのだと言った。

「及川海軍大臣が戦争は不可能だと明言してくれれば、陸軍を抑えることができるのだが、及川大臣は首相一任としか言わない。海軍として戦争が可能か不可能かを聞いているのであって、政治上の裁決を問うているのではないと重ねて意見を叩いても、依然として曖昧をきわめ、首相一任を繰り返すといった状態なのです(43)」

広間には憂鬱な気分がひろがった。そのあいだに二度、三度と電話がかかってきた。近衛に面会を求める鈴木貞一からのものだった。内田と賀屋は近衛がすでに鈴木に総辞職の決意を告げていたという事実を知らなかったから、鈴木の慌てぶりをいぶかしく思いながらも、それでも大事な用件にちがいないと考え、内田は追いたてるようにして近衛に帰宅を促したのだった。

その夜、内田は眠れなかった。翌十月十五日の早朝、かれは新宿角筈《つのはず》の岡田啓介の住まいを訪ねた。内田が岡田と親しいことは前に述べた。内田は岡田に向かい、前夜の話をし、及川大臣を説得して、米英両国を相手に勝利を得る見込みがないと閣議で確言せしめる以外、開戦回避の方法はないのではないかと言った。岡田は緊張した表情で聞き終え、小林躋造大将に頼むようにと言った。自分が動かないほうがいいと言い訳をしたのであろう。

内田は芝栄町の水交社で小林と会った。小林は内田の話を聞きながら、しまったと思ったにちがいない。軍令部総長の永野の更迭を意図しながら、だれの協力も得られず、いつか尻つぼみとなってしまった。かれはなにもしなかった自分の怠慢を悔やんだはずだ。

小林はただちに海軍省へ電話をかけ、及川古志郎と会う約束をとりつけた。

永田町と霞が関ではすでに総辞職の噂がひろがっていた。次期首相は末次信正大将らしい。いや、東条中将のようだ。連合艦隊司令長官の山本五十六大将だ。やっぱり戦争になるのだろうかと話し合い、だれも落ち着かなかった。米内大将が後継首相だという噂はすでに消え、もはやだれも語っていなかった。

小林は及川に会って、言った。

「世間ではこのままぐずぐずしていれば、じり貧になる。速やかに戦争を決意せざるべからずとの説もあるが、私はいま戦えば、どか貧になると思う。君の考えはどうか」

じり貧という言葉は前からあったが、どか貧という言葉は世間一般で使われてはいなかった。それでもどか損、どかもうけといった言葉があったから、だれにもどか貧の意味は見当がついた。及川は答えた。

「まったく同感です。いまただちに交渉を打ち切るべき時機ではなく、またいま開戦すれば、どか貧になると思います」

「それでは君の意見を閣議で明らかにしたらどうだ」

「私がどんな考えを持っているかは、これまで折にふれて首相に申しておりますから、近衛さんは御承知のはずだと思います」

「ぼくの聞くところでは、君のその意見を首相ははっきりつかんでおらぬようだ。この大事な場合、繰り返してはっきり言われたらどうか」

「そうすると陸軍と海軍が正面衝突することになり、この事変下において好ましからぬ事態が生じます」

海軍が避戦論を説けば、主戦論で固まっている陸軍と衝突することになると及川は言い、昭和十四年の三国同盟締結をめぐっての陸海軍間の紛糾などとは比較にならぬ危険な争いとなり、五・一五事件、二・二六事件が頻発する事態になると仄めかした。

及川はいかにも起こりそうな話をした。だが、それは嘘だった。及川は実際には恐れていないことを恐れているかのように喋ったのである。ほんとうは中国撤兵の問題が私を身動きできなくさせているのだと言わねばならなかったのである。それはどういうことなのか。どうして及川はそれを喋ることができなかったのか。これについてはこのさきで述べる。

そこで小林だが、かれは及川の嘘に気づかなかったのか、それとも気づかないふりをしてか、つぎのように言った。

「君が海軍大臣として陸軍との衝突を避けたい気持ちはぼくにもわかるが、ほかならぬ国の一大事である。国務大臣として自説を強調すべきではないか」

「それは私にはできません」

なんとも腑甲斐ない奴だと思ったとのちに小林は記した。かれはつぎのように尋ねた。

「それでは君、近衛君の辞意をひるがえさしむることはできないか。突然、陸相から提案された交渉打ち切り論なのだから、近衛君としても熟考して処理するのが当然であろう。なにしろ近衛君が引っ込めば、そのあとに来る者は必戦内閣で、国民の不幸ではないか」

及川が答えた。「近衛公がやめて、そのあとに来るものが必戦内閣だと仰っしゃるが、それは必ずしもそうではありますまい。重臣会議の結果、なにびとを推薦されますか、それもありますからね」

そんなことを私に言われても困る、それは内大臣をはじめ重臣諸公が決めることだと及川は言ったのだが、小林は思い違いをしたようだった。及川にしては存外はっきりしたことを言うなと思い、次期首相候補についてなにか情報をつかんでいるのかもしれないと想像した。

小林は海軍省をでて、三年町の米内光政の家へ向かった。米内が及川を説得してくれるかもしれないと思ったのである。

あとになって小林は米内とのあいだの問答をノートに記した。

「米内君に及川君が其自説をハッキリ閣議で言い得ないと言っていると言うと、彼は実は十日も前に及川君に対し時局極めて重大である、海軍の考えをハッキリさせねばならない旨を或人を介して申入れしめたのだが、今尚ソンナ事を言っているのか困ったナアと言う(44)」

米内が及川にそのような勧告をしたというのは本当だったのであろうか。もしそれが事実なら、米内は小林に向かって、つぎのように語って当然のはずであった。〈及川の態度に国の存亡がかかっている。私ももういちど及川を説得してみよう。これからただちに会うことにしましょう〉

ところが、米内はそんなことを語るそぶりをまったく見せなかった。当たり前だった。前に述べたとおり、それより八日前に米内は海軍次官の沢本に向かって、首相にすべてを任せればいいと助言していた。海軍大臣は閣議ではっきり戦争回避を説かねばならぬと米内は言わなかった。ある人を介し、はっきり主張するようにと及川に告げたという米内の話は嘘だったのである。

どうして米内は小林にそんないい加減な話を語り、戦争回避のためになにもしようとしなかったのか。かれは自分の名前がつぎの首相候補として取り沙汰され、やっと下火になりはしたものの、九月中、噂となっていたのを知っていて、それが理由で身動きができなかったのであろうか。

それはこういうことだった。米内は支持者や友人たちから出馬の意思があるのかと問われ、とんでもないと否定を繰り返していた。それでも次期首相は米内だという噂は消えなかった。かれはその噂の火元が近衛だということを知っていたのであろう。かれは近衛がどうして自分の名前を口にしているのかも知っていたのかもしれない。ところで、その噂がある人びとの感情を刺激していることも、かれは承知していた。かつて海相、首相時代のかれに好意をもたなかった人たち、それどころかかれに敵意をもっていた人たちを警戒させることになった。

そして米内は末次信正を首相に推そうとする動きが活発になっていることも知っていたのであろう。米内は重臣会議の空気を承知していたから、末次が首相に選ばれることはありえないと見ていたのであろう。だが、米内はべつのことも知っていた。末次とかれを支持する人びとは戦争を回避したいと望んでいる人びとを黙らせてしまうことのできる力をもっているということだった。

前内務次官、内務省ＯＢの大物である大達《おおだち》茂雄が末次と会ったという話も米内は耳にしたはずであった。末次と大達は近衛メッセージを非難し、対米媚態外交に反対する国民運動を展開することを約束したというのだった。

米内は自分がなにかをやれば、たとえば重臣会議の開催を重臣たちに説き、内大臣を説得し、その会議で戦争を避けよと主張し、あるいは海軍大臣の及川にしっかりしろとはっぱをかけたりすれば、次期首相の噂のある米内が戦争回避のために動きだしたという話はたちまちのうちにひろがり、めんどうなことになると思ったのである。主戦派の人びと、とりわけ末次とかれの仲間は各地で演説会を開き、大衆動員をかけ、私を攻撃し、政府を牽制することになろう。及川や沢本はかれらの大きな力に押され、ためらい、当惑し、戦争回避の態度をつづけることができなくなってしまう。米内はこんな具合に考え、小林の求めに嘘をつき、なにもしなかったのであろうか。

ここで末次信正について述べておこう。かれを戦争内閣の首班にしようとする動きはどうなっていたのか。

矢部貞治は古井喜実《よしみ》を仲間に加えた。古井は矢部の中学時代からの友達であり、そのとき内務省の人事課長だった。吉井は大達茂雄を末次内閣の参謀長にすべきだと勧めた。そして大達系列下の警視総監の山崎巌《いわお》、警視庁官房主事の坂信彌《のぶよし》を末次陣営に加えることにした。

その大達が末次に会ったという話は高木惣吉や矢部の耳にも入った。かれらは過激派の海軍軍人が末次を首相にせよと説いてまわっていると知り、贔屓の引き倒しになると顔をしかめていたときだった。宮廷と重臣たちにつまらぬ警戒心を起こさせてはならなかった。古井は大達のところへ飛んでいったのであろうし、天川は末次の邸へ駆けつけ、自重してほしいと言ったのである。

かれらが一番にしなければならないのは、内大臣の木戸幸一を説得し、末次を支持させるようにすることだった。まず内大臣秘書官長の松平康昌を味方につけようとした。松平と親しくしている海軍軍人が松平に会い、協力を求めた。松平は支持するとも、しないとも言わず、つぎのような挿話を語ったのではなかったか。

〈末次大将が軍令部次長だったときに、御用掛として、軍事学の御進講を担当したことがある。ところが、その進講の途中、大将はロンドン条約への反対意見を述べ、帷幄《いあく》上奏権の問題を論じだした。陛下は折り目正しいお方である。軍事学の進講が政治論議に脱線してしまったことを大変不快に思われた[45]〉

天川や矢部は松平が言おうとしたことに気づいたのであろう。宮廷は帷幄上奏権の騒ぎがもたらした過去の出来事をけっして愉快には思っていないと松平は告げたのである。

帷幄上奏権とはなにか。統帥部が定めた軍事計画は閣議に諮ることがないし、それを上奏するのに首相を経由する必要がない。統帥部の長が大元帥である天皇に直接上奏し、裁可をあおぐことができる。帷幄の大権といってもいいし、統帥権といってもよい。だが、軍事問題に外交が介在し、予算が絡めば、内閣の責任範囲となるから、閣議で決めねばならない。

統帥部だけで決定することができない問題でありながら、ことさらに帷幄上奏権だと肩肘を張り、統帥権の干犯《かんぱん》だと騒ぎたてたのが、昭和五年のロンドン条約批准のさいの混乱の原因だった。統帥権干犯だと政府を攻撃したのは野党だったが、その背後で糸を引いていたのが軍令部次長の末次だった。

そしてそのあと統帥権干犯の言葉は魔力を帯びるようになった。天皇の大権を干犯したという空恐ろしい意味が込められるようになり、政府首脳と宮廷高官を攻撃するのに利用されて、要人の暗殺、軍隊の蜂起まで引き起こすことになった。

こうしたわけで、内大臣斎藤実の命を奪われ、大蔵大臣高橋是清を殺され、侍従長鈴木貫太郎を失いかけることになって、天皇は末次にずっと不快感を抱いていたのである。そこで松平は末次を担いでもだめだと婉曲に語ったのである。

高木、天川、矢部はもうしばらく待つしかないと思った。かれらはその問題をしばらく忘れることができた。開戦に備えての計画づくりにいよいよ忙しかった。

中国撤兵の問題

米内光政は主戦論を説く末次信正とかれを支持する勢力を恐れて、なにもできなかった。だが、そう言い切ってしまっては、正しくない。及川古志郎が小林躋造に向かって、海軍が避戦論を説けば、主戦論で固まっている陸軍と対立することになる。その衝突を避けねばならないと語ったのが、避戦論を説くことのできなかったほんとうの理由でなかったのと同様、米内がほんとうに恐れていたのは、末次信正ではなかった。かれが真に恐れていたのは、中国撤兵の問題だった。

公式の会議の場で、そして私的な話し合いのなかで、論じられることがまったくなく、とりあげられることがあっても、さりげなく口にされるか、わずかなやりとりで討議が終わる重大な問題がいつの世のなかにも存在する。昭和十六年の八月、九月、十月の中国撤兵の問題がまさしくそれだった。

まず、国民はそれが重大な外交問題となっていることを知らなかった。政府はアメリカが中国からの撤兵を要求してきているという事実を明らかにしなかった。それを公表したら、国民のあいだの反米感情は一挙に強まり、和平にむけての努力に反発する空気が強まるのではないかと首相や外務大臣、情報局総裁は判断したからであろう。

では、陸軍は国民の支持を自分の側に集めようとして、どうしてその問題にスポットライトをあてようとしなかったのか。

陸軍報道部長の馬淵逸雄が政府を出し抜き、九月一日に米英両国を攻撃する煽動演説をおこない、センセーションを巻き起こしたことは前に述べた。馬淵はアメリカの日本にたいする攻撃的な態度を非難して、国民の敵愾心をかきたてるのが狙いだったのだから、アメリカは中国からの日本軍の撤収を要求しているのだと説き、まことにけしからん、不遜きわまりないと非難して当然のはずであった。ところが、かれが矛先を向けたのは、もっぱら経済封鎖にたいしてだった。

なぜ馬淵は中国撤兵の問題をとりあげなかったのか。軍務局長の武藤章から、その問題に触れるなと指示されていたのではなかったか。武藤が中国撤兵の問題を宣伝しないほうがいいと判断したのは、それが諸刃の剣になると思ったからであろう。参謀本部の作戦部長の田中新一、参謀総長の杉山元も同意見だったのではなかったか。

アメリカが日本に向かって中国撤兵を要求するのはけしからんと宣伝すれば、国民の支持を得られるかもしれなかった。だが、それはいっときだけの線香花火で終わってしまい、お鉢が陸軍にまわってくる可能性があった。

武藤、田中、杉山はそれを恐れる理由があった。昭和十二年に蘆溝橋事件が起きたとき、動員、派兵を説いたのは参謀本部作戦課長の武藤だった。陸軍省軍事課長の田中、陸軍大臣の杉山が武藤の主張を支持し、かれらもまた積極論者だった。かれらは誤りを繰り返し、ずるずると戦いをつづけ、多くの若者を死地に赴かせ、国民に苦労を強いてきた。そのあげく、アメリカにつけ込まれる羽目となったのは、だれでもない、かれらの責任だった。それだからこそ、かれらは馬淵逸雄にアメリカが日本に中国撤兵を要求してきていると喋らせなかったのである。

こうして中国撤兵の問題が日米間のもっとも重大な争点となっていることを、国民の大部分は知らなかった。撤兵すべきだ、いや、駐兵しなければならないと内密の話し合いをしたのは、首相の近衛と陸相の東条だった。

近衛にしても、首脳会談開催の希望があるあいだは、その問題に触れようとしなかった。陸軍大臣をうんと言わせないかぎり、閣内の多数派工作をやってもまったく意味がなく、陸軍大臣と話し合ったところで、どうにもなるはずはないとわかっていたからである。だが、首脳会談開催の見込みが消えてしまってから、近衛はやむなく東条に向かい、中国撤兵への賛成を求めた。はじめからわかっていたとおり、東条は強く反対したから、議論はそこまでだった。

そしてそのあいだ、海軍大臣の及川は自分とはなんの関係もないことだといった態度をとり、その問題について完全な沈黙を守った。軍令部総長の永野も同じだった。天皇に向かって三国同盟の存在が日米国交調整の邪魔になると述べたが、中国から撤兵しなければならないと説こうとはしなかった。

もちろん、及川にしても、永野にしても、気心のしれた部下たちに向かっては、中国撤兵の問題を語ったことがあったはずである。支那派遣軍総司令官の畑俊六が中国からの撤兵に賛成だと首相に告げたと次官の沢本頼雄が披露すれば、及川と他の者たちが体をのりだし、中国に駐兵をつづけるか、撤兵するかといった問題で、アメリカと戦うなんてあまりにもばかげているとこもごも語り、それを契機に話題は陸軍の悪口になり、及川はうなずきながら聞いていたのではなかったか。

だが、それはあくまで内輪の集まりで語り合ったことだった。及川は首相に向かって、また陸軍大臣に向かって、中国から撤兵すべきだと主張しようとしなかった。前に見たとおり、及川は海軍長老の小林躋造に向かってさえ、私は中国撤兵の問題を口にすることができない、私を身動きできなくさせているのはその問題だと語ることがなかったのである。

中国撤兵の問題をだれも語ろうとしなかった。では、小林躋造はどうだったのか。かれは中国撤兵の問題が海軍幹部を身動きできなくさせていることにまったく気づかないまま、永野修身をやめさせなければならないと考え、米内光政、豊田貞次郎、左近司政三に永野更迭の協力を求めたのか。近衛が退陣すると知って、及川と膝詰め談判をしたときにも、小林は中国撤兵問題が及川を金縛りにしていると気づかなかったのか。

アメリカとの戦争がはじまって一年がたった昭和十七年末のことになる。築地で宴会が開かれ、小林が出席した。永野修身も来ていた。もちろんのこと、かれは軍令部総長のポストをやめてはいなかった。体の具合も前ほどには悪くはなかった。帰途、小林は永野の車に同乗させてもらった。小林は外交戦と宣伝戦にもっと力を入れるべきだと語った。戦いの前途に暗雲がひろがっていることを永野が承知し、小林も知るようになっていたときだった。小林の話にうなずいていた永野が急に喋りだした。

「わが国が支那事変によって獲得した地位を放棄しないままで、あなたは日米間の国交調整がうまくできたと思いますか」

小林は唐突な問いかけに戸惑った。「それはわからない」と答え、つぎのように言った。

「私は日米交渉の真相を知らないし、アメリカの真意を判断する材料を持たないのだから、なんとも言えない。ただわが国が南部仏印に軍隊を進駐させたことが交渉を非常に困難ならしめたと思っている[46]」

小林は日本を戦争へ導いたのが中国撤兵の問題にあったとは知らないと語ったのである。小林はほんとうになにも知らなかったのか。日米交渉の経緯は国家機密であったから、小林はなにも知らないと答えて、それで通用しないでもなかった。だが、実際には小林は日米間の交渉のだいたいの輪郭を知り、交渉妥結の障碍がどこにあったのかを知悉していたのである。

昭和十六年七月はじめのことだった。小林は駐米大使の野村吉三郎から書簡を受け取った。二人が海軍兵学校で同期だったことは前に述べた。野村はその書簡のなかで日米間の対立の焦点が二つあると説き、ひとつが三国同盟条約の問題であり、もうひとつが中国駐兵問題なのだと述べた。そしてつぎのように記していた。

「太平洋の平和と支那事変とは不可分の関係に在る。支那問題を解決せずして太平洋の和平は無い。幸に大統領は自ら進んで日支調停をやりたい気持であるが、ソレには単なる日本の『メッセンヂャー・ボーイ』にはなれぬ。先以て日本の講和条件の大綱を知って置きたいのだが、これに関連し大統領は日本の防共駐兵と撤兵との矛盾を指摘しているが、この点は日本の自衛としてなんとか納得せしめえるかと思う。もっとも米国務省の官吏は日本が防共に藉口《しゃこう》し、北支、内蒙を満洲的にするものと疑っている(47)」

小林はその書簡を読んだあと、野村の指示どおり、永野修身にもそれを見せた。こうしたわけだから、日米関係を是正するためには、中国からの撤兵が必要であることを小林は知っていたのだし、かれがそれを知っていることを永野は承知していたのである。

そしてそれから一カ月たらずあとに、日本軍はインドシナ南部に進駐した。アメリカは待ってましたとばかり、日本にたいして経済封鎖にうってでた。経済封鎖を解除させるためには、仏領インドシナと中国から軍隊を撤収させることがいよいよ不可欠となったのである。

小林はアメリカとの戦争を回避するためには中国から撤兵しなければならなかったことを知っていたにもかかわらず、どうして永野に嘘をつき、なにも知らないと言ったのであろうか。

「山本権兵衛以前の海軍にしてしまえ」

ここでこれまでに記したいくつかの問いにも答えねばならない。

なぜ、海軍大臣の及川古志郎は首相の近衛に向かい、あるいは陸相の東条に向かって、中国撤兵を説くことができなかったのか。軍令部総長の永野修身が天皇に向かって、中国から撤兵しなければならぬと主張できなかったのはなぜだったのか。どうして元海軍大臣の米内光政は及川がそれを言わないことが正しいのだと海軍次官の沢本に語ったのか。

かれらのだれもが陸軍の陰謀を警戒し、陸軍のしかけた罠に落ちるのを恐れていたからである。

陸軍の陰謀とはなんだったのか。かれらはそれについて語ったことはないはずである。かれらはそのような陰謀が実在する証拠をつかんでいなかったからである。かりにその証拠を握ったからといって、鬼の首をとったように騒ぎたてるような性質のものでもなかったのである。

海軍側がその陰謀の証拠をつかむことができなくて当たり前だった。陸軍のその陰謀は形となっては存在していなかった。陸軍では計画と呼ぶだろうが、陸軍大臣が軍司令官と師団長を集めての会議で、そのような計画を語ったことはなかったはずだ。課長会議でその計画を討議したこともなかったにちがいない。軍務局長が軍務課長に向かって、それを研究せよと指示したこともなかったのであろう。

陸軍になんの記録も残っていない計画であり、海軍幹部がはっきり口にしたことのない陰謀なのだから、将来の歴史家がその陰謀、計画に関心を示すこともまずはないであろう。

だが、その陰謀、その計画はまちがいなく存在した。もしも海軍大臣が決断し、閣議で海軍はアメリカとの戦争を避けたいと意思表示をしたら、陸軍のその陰謀はたちどころに姿を現したはずである。

閣議で海軍大臣が、戦いはこのさい回避したいと主張したら、なにが起きたであろうか。陸軍大臣がアメリカの中国撤兵の要求を受け入れるつもりかと念を押し、海軍大臣がやむをえないと答えて、閣議は中断されることになったであろう。陸軍大臣はまっすぐ陸軍省へ戻り、次官と軍務局長を呼び、陸軍の回答と対応策をたてよと命じることになったにちがいない。陸軍大臣は参謀総長にもそれを告げ、参謀総長はただちに次長、第一部長と協議に入ったであろう。

だれもが海軍のそのような態度決定にどのように対応したらいいかの腹案をもっていたから、原案はただちにできあがり、軍務課長がつくった案は軍務局長が思い描いていた計画と同じとなり、陸軍省案と参謀本部案は同じ内容となったはずである。それはつぎのようなものであろう。

陸軍は海軍の提案に同意する。対米戦争を回避するために、陸軍はアメリカの要求のすべてを受け入れる用意がある。

そこで陸軍はこのさき二つの重大な責任を果たさねばならない。

第一、陸軍は中国、仏領インドシナからの軍隊撤収を完遂させる。

第二、帝国国防の一半を担うはずの海軍の力とその有効性が明らかとなったいま、新たな国家戦略を定めねばならない。陸軍はこのさき海軍を全面的に支援して、国防の大半を背負わねばならず、新たな国防計画をつくらねばならない。

陸軍大臣と参謀総長はこの案にうなずき、大臣は軍務局長に向かって、ただちに具体案をつくれと命じることになったはずだ。すでに陸軍内では、だれもが憤慨していたはずだ。これまでの海軍の大言壮語や大気炎はすべて嘘だったのかと怒り、連合艦隊は家鴨《あひる》の艦隊だったのかと憤激することになろう。そして、支那事変がシベリア出兵の二の舞になってしまう責任のすべては海軍にとってもらわねばならないと息まくことになろう。

さらにかれらは語気を荒らげ、海軍は山本権兵衛以前に戻ってもらおうと説くことになるはずである。それこそが陸軍中央の定めるであろう計画の第二項にほかならなかった。

海軍大臣と軍令部総長、次官、次長から、米内光政、さらには小林躋造までが恐れていた陸軍の陰謀とは、まさに海軍を山本権兵衛以前に突き落とそうとする画策だったのである。

ここで山本権兵衛について述べておこう。かれは海軍の建設者と尊敬され、海軍中興の祖とたたえられてきた。かれは大正時代に二度にわたって総理となり、昭和八年に他界したのだが、海軍軍人として活躍したのは明治時代だった。海軍大臣をつづけた八年のあいだに、かれは六隻の戦艦を中心とする均衡のとれた艦隊をつくりあげた。この艦隊の存在があってこそ、日本はロシアとの戦いに勝つことができたのである。

海軍の長老が海軍大学校を卒業する若い士官に昔話をすれば、山本権兵衛の話になり、つぎのような逸話を語ることになるのがお決まりだった。明治二十八年か、二十九年のことだった。宮中で集まりがあり、山本も出席した。かれは宮殿内の長い廊下のさきを山県有朋が歩いているのを見つけた。用事があった。「おい、山県君」と大きな声をだした。かれの前後を歩く人びとがびっくりして、思わず足を止めた。山県は陸軍大臣、陸軍の大御所であり、すでに総理大臣をやったことがあり、政界の大立て者でもあった。山本は山県より十五歳年下であり、いっかいの海軍軍務局長にすぎなかった。山県はうしろを振りかえり、苦い顔をしたが、立ちどまった。

これは海軍軍人のだれもが抱いているところの陸軍にたいする対抗意識を満足させる話だった。もちろん、山本はこのようなエピソードの主人公にとどまらなかった。明治二十六年に官房主事にすぎなかったかれは陸主海従の原則と制度を打破することに成功した。それまで軍令部は参謀本部内の一局であり、海軍の作戦計画は参謀総長の指揮下にあった。海軍統帥部を陸軍から独立させたのが山本だった。

明治の海軍提督から水兵まで、すべての海軍軍人が心からうれしく思ったのは、明治三十八年の凱旋観艦式のときだった。かれらの喜びが二重となったのは、観艦式に行幸した天皇がはじめて海軍大将の通常軍服によく似た制服を着用していたことだった。海軍が陸軍と同等、同格であることをだれの目にも明らかにするためには、天皇が観艦式、進水式、海軍大学校の卒業式へ出席するとき、あるいは海軍の軍服を着用した外国皇族に会うとき、陸軍の制服を着ることなく、海軍の制服を着ることがなににもまして必要だった。その新たな慣行をつくりあげたのが山本だった。

はじめに述べたことだが、山本が海軍の中興の祖と褒めたたえられてきたのは、ロシアのバルチック艦隊を全滅させる艦隊をつくりあげたことと、もうひとつ、海軍を陸軍と同じ地位まで引き上げたことだった。そこで山本の後継者、海軍のエリートたるべき者は、山本がつくりあげた陸海軍パリティの政策を継承することを重大な任務としてきた。

かれらは些細なことにまでこだわった。たとえば新聞に載る海軍大臣の演説のスペースを陸軍大臣のそれと同じ大きさにさせた。ラジオの戦況発表のニュースは、海軍がさきか、陸軍がさきかに注意を払った。海軍の代表が靖国神社の拝殿から本殿に向かうときには、陸軍の代表と肩を並べ、前へでる足を揃えるようにした。そしてかれらがなによりも重視し、陸軍と争うことになったのは、主要戦略物資の配分を陸軍と同量にすることであり、陸軍よりも多く取ることだった。

ところで、戦いの報道の順序、大きさをめぐって角付き合わせるようになる以前のこと、昭和十一年に海軍は「帝国国防方針」を改訂させるのに成功し、日本の想定敵国の順位を定め、アメリカを一位に記し、ソ連を二位とした。アメリカを仮想敵国とする海軍の地位が、ソ連を仮想的とする陸軍よりも高くなったのである。

ところが、翌昭和十二年に支那事変が起き、それからずっと主要物資の割り当ては陸軍のほうが多くなった。海軍の幹部は不満の気持ちを抱きつづけることになった。鋼材はもちろんのこと、アルミニウムも海軍のほうが必要なのだ、陸軍に多くやることはないと将官から若い課長までが憤慨した。

昭和十五年六月に国際情勢が激変した。フランスが敗北し、英国の降伏も時間の問題だと思われ、オランダ、フランス、英国の植民地を再編成するときが間近に迫ったとだれもが考えるようになった。海軍が果たす役割は重要になると説き、海軍は陸軍に向かって、昭和十五年度分の主要物資の陸海軍割当て量の改定を求めた。

陸軍も世界情勢の大きな変化を認めた。だが、高値をつけてせりあげた。三国同盟締結への支持を求め、それと交換に自分の側の鋼材の割当て量を減らしてもいいと仄めかした。海軍側がうなずいた。こうして支那事変の開始以来はじめて、鋼材の取り分は海軍のほうが多くなった。もっとも十五年度下半期だけのことで、わずか二万トンを陸軍から譲ってもらうという形をとっただけのことだったから[48]、海軍幹部の不満は前と変わりなかった。

そこで海軍は昭和十六年三月からの陸軍、企画院との交渉に大きな期待をかけ、どうあっても主要物資の自分の側のシェアを増やそうとした。だが、陸軍は自分のほうこそもっと欲しいと主張し、一歩もひこうとしなかった。双方はひとまず第一・四半期の暫定計画をつくって、長期戦の構えをとった。五月が終わり、六月に入ったが、両者は小さな事実を挙げ、細かな数字を争い、睨み合いをつづけた。

六月二十二日に独ソ戦争がはじまり、陸海軍の争いは新局面を迎えた。ずっと守勢にまわっていた陸軍が攻勢に転じた。「北方問題」を解決しなければならないと腕をまくり、主な戦略物資は自分たちの側の配分を多くしなければならないと主張しはじめた。

海軍の幹部が慌てた。ぼやぼやしていたら、陸軍は国境衝突を引き起こし、ソ連側がさきに手をだしたのだと主張し、対ソ戦争をはじめてしまう恐れがあった。日ソ戦争となってしまったら、陸軍の要求のすべてを認めるほかはなくなり、主要物資のあらかたは陸軍に奪われてしまうことになってしまう。そして待ってましたとばかり、アメリカに経済封鎖をされたら、それこそ大変なことになる。

海軍は主導権を奪い返そうとした。仏領インドシナの南部地域を保護占領することにした。米英両国を相手とする戦いに備え、陣地をさきにとっておこうということだった。独ソ戦争がはじまって十日あとの七月二日、御前会議を開き、国策要綱を採択し、南部仏領インドシナへの平和進駐を定めた。

こうして英米両国との戦いに備えねばならぬとの海軍の主張が通ることになって、主要原料の配分は、陸軍より海軍のほうが多くなった。陸軍が意図するシベリアにおける第二の支那事変はどうにか予防できる見込みとなり、普通鋼材、特殊鋼、電気銅の取り分は増え、海軍首脳陣はほくそえみ、うまくやったと御機嫌だった。

さて、それから一カ月たらずあとに、陸軍はインドシナ南部のサイゴンへ歩兵部隊を送り込もうとし、海軍は航空部隊を進駐させようとした。ところが、アメリカがこれに強く反対し、日本への石油の供給を停止してしまった。英国とオランダも日本への石油の輸出を断った。海軍首脳は前面に大きく日米戦争が立ちはだかったことを知った。

だが、引き下がることはできなかった。背後には陸軍のしかけた罠があった。対米戦争には反対だと言い、譲歩もやむをえないと海軍大臣が述べたら、陸軍がどのような態度をとるかは、すでに前に見たとおりである。海軍を山本権兵衛以前の海軍にしてしまおうとして、陸軍は手のこんだ策略を弄することになる。陸軍は対米戦争の回避に同意しよう。アメリカと和平の取り決めをおこなうことにも反対しないだろう。経済封鎖が解除され、国民政府とのあいだで協定が結ばれよう。そして中国からの撤兵がはじまる段になって、陸軍は新たな動きにでよう。

陸軍は主要物資の海軍への配分を減らそうとするだろう。もちろん、海軍はその要求をはねつける。陸軍は待ってましたとばかり、宮廷から議会、国民に向かって宣伝工作をはじめることになる。二十万人の若者を犠牲にしながら、むなしく武漢、南京、広東から撤兵することになったのは、すべて海軍のせいだと説きはじめ、国民のあいだに根強く存在する海軍への信頼感を破壊しようとするだろう。そして陸軍は平和はけっして長つづきしないと主張し、戦争がふたたびはじまることを覚悟しなければならないと説き、戦いの重荷を背負うのはひとり陸軍なのだと宣伝することになろう。

及川、永野とかれらの部下たちはこんな具合に考え、もしも対米戦争を回避したいと主張したら、陸軍は宮廷から政府、議会までを自分の味方に引きずり込み、陸主海従の原則を確立しようとするにちがいないと思ったのである。こうしたわけで、かれらは中国からの撤兵の責任を負わされまいとして、対米戦争には反対だと言うことができなかったのである。

そこで前に記した最後の問いのことになる。戦争がはじまったあとになっても、小林が中国撤兵の問題に触れまいとしたのはなぜだったのであろうか。前に述べたとおり、永野修身がかれに向かい、中国から撤兵することなく、戦争を回避できたと思うかと仄めかしたのは、昭和十七年の末のことだった。早くもそのときに永野は財界人と外交界の長老の集まりにでて、悲観論を語って、聞き手を驚かせていたのであり(49)、小林の耳にもその話は入っていたのであろう。

そこで小林は永野が「支那事変によって獲得した地位を放棄しないままで」と言いだしたとき、弁解したがっているなと思ったのである。そして小林自身、陸軍の陰謀を恐れ、その罠に落ちまいとして、戦争回避のために全力を投じることができなかったというしろめたさが胸のなかにあり、海軍の名誉のために、それを秘密にしておかねばいけないという気持ちが働いたのであろう。それ以上、永野に喋らせてはならなかった。小林はなにも知らないと答え、戦後に残すつもりの覚え書きのなかでも中国撤兵問題に触れようとしなかったのではなかったか。

もし撤兵後の昭和十九年を予測していれば

今日、四月六日のことに戻る。海軍大臣の米内光政は、及川古志郎、そして長谷川清が来るまでのあいだ、ずっと考えにふけっていたのではなかったか。自分はなにをしたか、なにができたかを振りかえることになったのであろう。

かれが自分のことを考えれば、末次信正のことを思いだすことになったにちがいない。過去のいさかいのひとつひとつを思いだすことになったのであろう。そして末次は軍令部総長になるはずだったのが、宮廷の反対があって、だめになり、昨年十二月二十九日に鬼籍に入ってしまったことを振りかえるのであろう。軍令部総長になることがなくて、かれは幸せだった。しかも海軍の滅亡を見ることなく、日本の敗北も見ることなしに他界してしまって、まちがいなくかれは幸せだ。米内はいくつかの苦い思い出を振り払い、こんな具合に考えるのではないか。

そしてかれが考えつづければ、どうしても開戦前のことになり、中国撤兵の問題を思いだすことになったにちがいない。

かれはだれともその問題を語ったことがなかったのであろう。だが、ただひとり、松平恒雄とそれを協議したのではなかったか。

榎本重治が昭和十六年八月に宮内大臣の松平恒雄を訪ね、永野修身更迭の問題を相談したのではないかという推測は前に記した。そのあと松平はかれがもっとも信頼している米内とその問題について意見の交換をしたであろうと推測したことも前に述べた。

松平は軍令部総長の永野が三国同盟を廃棄しなければならぬと上奏した事実を知っていたのであろう。その重大な提言を内大臣がいささかの詭弁を弄して否定してしまったという事実も知っていたのではなかったか。松平はそれを米内に語ったにちがいない。

松平と米内との会話はつぎのようなものになったのであろう。三国同盟は世界新秩序の建設を謳いはしているが、自動参戦の条項はない。アメリカがドイツと戦うことになって、日本はただちにドイツの側に立って戦うという規定はない。それを定めた秘密協定もない。それゆえにその条約がアメリカの脅威とならないことは説明できよう。そしてアメリカの要求にさらに応じることもできよう。ドイツは勝手にソ連と戦争をはじめてしまい、三国条約の実効性を破壊してしまったのだから、日本は三国条約から離脱するのが得策である。

米内と松平はこんな具合に話し合い、永野に活を入れ、三国同盟を死文化すべきだと再度説かせ、及川にも同じ主張をさせるようにすべきだと語って、うなずきあったのではないか。だが、アメリカ側の要求はもうひとつあった。中国からの撤兵だった。

三国同盟からの離脱を説くだけならば、隠忍持久策をとるのだと主張すればよかった。だが、中国からの兵力撤収を口にするとなれば、陸軍を説得するために、アメリカとの戦争を回避したい、アメリカとの戦いに自信がないとはっきり言わねばならなかった。

永野にそれは言えないし、及川もだめだ。では、山本五十六なら戦いを回避しなければならないと説くことができ、三国同盟を廃棄してしまえと主張し、中国からの撤兵を約束せよと主張できるのか。松平恒雄は溜息をついたのであろう。そして米内光政も黙ったままだったのではなかったか。

米内が松平恒雄との話し合いをこのように思いだせば、つづいて沢本頼雄の顔が浮かびあがり、かれの提案に賛成しなければいけなかったのだと考えることになったはずである。外交交渉と軍事問題についての非公開の資料、秘密の情報の提供がなければ、重臣会議を開くのは無意味だと言ってしまった。それは重大な誤りだった。かけがえのない機会を逸してしまった。米内は前に何度か悔恨とともに思いだしたことを、ふたたび思い浮かべたにちがいない。つぎのように言わねばならなかったのだ。

〈重臣会議を開くことには賛成だ。もしも岡田大将が会議開催に賛成しないなら、私からお願いしてみよう。問題は内大臣だ。木戸内府は陸軍の顔色をうかがい、前例がないと反対するかもしれない。過半数の重臣の支持を前もってとっておくことが必要となるだろう。会議が開かれれば、海軍大臣がはっきり言えないことを私が代わりに主張しよう〉

その重臣会議でなにを論じなければならなかったかは、もちろん、かれはいまはっきり承知していよう。中国撤兵の問題をとりあげなければいけなかった。それを公の場で討議しなかったことが最大の誤りだった。それを論じるのを避けたがために、対米開戦に踏みだすことになってしまったのだ。米内はこんな具合に思い、つぎのように考えるのであろう。

昭和十六年の九月から十月、宮廷、政府の幹部を不安にさせるようになったのは、陸軍を中心とする主戦派の人びとが説きはじめたつぎのような主張だった。危険を回避することに努め、頭を下げ、大幅な譲歩と引き替えに平和を買ったところで、そのような平和は二年か、三年しかつづかない。

そして陸軍幹部は撤兵が軍と国民の士気を低下させ、国を分裂させると説いていた。戦争に備えての態勢を整えることのできない日本が、二年さきには戦争を迎えることになる。はたして日本はどうなるのであろうかという憂慮が宮廷と政府の幹部を脅かしていたのである。

米内光政は三年五カ月前を振りかえって、昭和十六年十月に開かれることになった重臣会議で、まずは外務大臣の豊田貞次郎に向かい、日米交渉の最大の障碍はなんなのかと質問し、中国撤兵の問題だという答えを引きだしてから、つぎのように説くべきだったと思うのであろう。

〈当面の利害の観点に立って、戦争に踏みきるか、戦争を回避するかを決める前に、解明しなければならないことがある。中国から撤兵した場合の昭和十九年はじめの国際情勢を予測し、国内の状況、国民の士気を照察し、いまから二年のちの内外の事態を正確に把握しなければならない。そして中国から撤兵せず、アメリカとの戦争に踏みきった場合の昭和十九年はじめの内外の情勢と戦況を眺望しなければならない。そしてその双

方を秤にかけねばならない〉

米内光政が重臣会議を開くようにと主張し、その会議でこのように説いていたら、重臣たちは賛成したであろうし、陸軍系の重臣は反対できず、内大臣の木戸がうなずき、その提案に賛意を示すことになったであろう。そして首相、外相は中国撤兵の問題について歯に衣着せぬ議論がやっとできるようになると喜んだであろう。とりわけ海相は海軍が中国撤兵の責任を負わされずにすむことになると思って、胸のつかえがとれたはずである。

ところで、どうして昭和十九年はじめの時点で予測をおこなうべきだと米内光政は説いたであろうと想像するのか。重慶政府とのあいで和平協定が成立し、八十五万人の将兵を撤収させるのに最低二年はかかるとして、引き揚げの終わるのが昭和十九年はじめとなるからだった。

そこで、特別委員会は英米両国と戦うことになった場合を考察し、昭和十九年はじめの戦況を予想することになったであろう。

昭和十七年三月に戦いの前途を予測したのではなく、昭和十六年十月の予測だったのだから、ドイツの戦い方いかんによっては、昭和十九年はじめには戦争は終わっていようと説く主張があったかもしれない。それより以前、九月三日の連絡会議で軍令部総長の永野修身が喋り、アメリカを王手と追い詰めることはできなくても、「国際情勢の変化により、とるべき手段があるだろう」と語ったことは前にも述べた。ドイツが勝利するものと思い、交渉による和平を達成できると見込んで、かれはそんな臆測を喋ったのである。もしもそのとき、それはいつごろのことになるかと問うたら、永野は昭和十九年はじめにだって起こりうると言ったかもしれない。

もちろん、ドイツが勝利を収めたからといって、すべてがうまくいくとだれもが思っていたわけではなかった。ソ連はドイツに和平を申し入れるかもしれない。そしてアメリカと英国はドイツと講和することになるかもしれない。日本が孤立無援のまま、取り残されることだって起こりうる。参謀本部第二部長の岡本清福《きよとみ》はそんな予測を語り、聞いていた者たちは、ヒトラーがチャーチルとルーズベルトに向かい、極東問題の解決は君たちに任せると告げる光景を思い浮かべたはずであった。

さて、特別委員会の結論はどうなったであろうか。かりにドイツ軍が英本土を占領したとしても、あるいはまた、モスクワを攻略し、コーカサスの油田を占拠したとしても、ドイツの戦いはまだ終わっていないとする予測が大勢を占めることになったにちがいない。

そこで、日本の戦いを予測することになるわけだが、特別委員会の会議の状況はいつも開かれる陸海軍の幹部会議とはまったく異なり、カーキの軍服の陸軍委員は長広舌をふるうことなく、大声をあげることもなく、おとなしくうなずくだけで、喋るのはもっぱら海軍の委員となったであろう。昭和十九年はじめの戦いは太平洋正面でおこなわれ、戦いを計画し、準備し、戦うことになるのは海軍であり、陸軍のでる幕はないと陸海軍双方の委員たちは思っていたからである。そして海軍側の委員たちが説く戦いの見通しは威勢のいいものとはならなかったであろう。昭和十九年はじめの戦いの予測は、海軍の戦いではなく、国力の戦いとなろうから、強気の主張で飾る必要はないとかれらは判断したにちがいないからである。

海軍の委員がまとめた戦いの展望はつぎのようになったのではないか。日本はドイツとともに戦いながら、ドイツと協同作戦をおこなうことができず、相互に援助しあうこともできず、昭和十九年はじめにも、独力で戦っていることになるだろう。同じときに、アメリカの軍需生産と軍事力は最高潮に達していよう。そして太平洋の米部隊の戦力は史上未曾有のものとなる。ヨーロッパの戦局とは関係なく、昭和十九年はじめにはその巨大な部隊は戦いの主導権を握り、攻撃を開始しよう。

そしてその調書は連合艦隊司令長官の山本五十六大将が九月二十八日に軍令部総長に説いた見通しを採り入れることになったにちがいない。

戦いが二年間つづいたあとには、わが方の艦艇、飛行機は傷つき、装備と資材は消耗し、補給は大困難をきたすことになる。わが海軍は思いどおりに攻勢をとることができなくなり、ついにはアメリカ軍と拮抗できなくなる。また国民の必需品は急激に減少し、国民生活は非常に窮屈となる。内地の人はそれを我慢しても、朝鮮、満洲、台湾、中国では不平不満が高まり、収拾困難となろう。(50)

つづいて特別委員会は各省からさらに委員を加え、戦争をしていない場合の昭和十九年はじめの見通しをたてることになったのであろう。

日本が米英を相手とする戦争に踏み込んでいないといった想定のもとでの予測となれば、独ソ戦争の見通しについての論議は脇へ押しやられ、委員たちは日本がおこなうであろう外交工作を論じることになったにちがいない。日本はドイツとソ連の双方に秘密裡に呼びかけ、戦争終結の斡旋を申し入れることになるだろうといった予測である。昭和十七年のドイツ軍の夏季攻勢が終わったあと、日本は両国へ呼びかけをおこなう。それがうまくいかなければ、昭和十八年秋にはモスクワとベルリンへ特使を派遣することになるだろう。こんな想定をしたにちがいない。

このような論議をつづけ、ドイツと米英両国との戦いはどうなっているかの見通しを論じているあいだに、特別委員会内の雰囲気は変わったはずだ。重臣たちの臆病風にのせられ、中国撤兵後の見通しをたてるなどばかばかしい限りだと怒り、そんな吐き気を催すような作業をしてたまるかとふてくされていた陸軍側の委員たちも、いつか真剣な態度となったにちがいない。

委員たちはいずれも昭和十九年はじめの日本とアメリカとの関係は良好であろうと予

測したのではないか。日本はインドシナからの撤兵を完了し、中国からの撤兵をほぼ終えることになっているからだし、日本側の要求に応じ、アメリカが通商航海条約を再締結し、太平洋艦隊を縮小し、フィリピンに配置した長距離爆撃機部隊を撤収し、対日戦に備えての戦艦と空母の建造を中止したことによるものだ。特別委員会はこのように眺望したのではなかったか。

中国の情勢については、陸軍と外務省の委員たちはつぎのように予測したであろう。重慶の国民政府と南京政府は合併していよう。日本と国民政府との関係は良いほうに向かっているだろう。そして新たな局面に入っているとの予測がつづき、つぎのように述べたのではなかったか。国民政府の軍隊と中国共産党軍との戦いは再開し、内戦は華北、華中で拡大をつづけており、日本はアメリカとともに国民政府を援助するようになっていよう。

特別委員会は国内状況についてはどのように推量したか。国民の士気について、相反する意見が併記されたかもしれない。中国と仏領インドシナからの撤兵は国民精神を大きくむしばんでいるとの予測が載せられたにちがいない。国民は自信を回復している、国民は政府の力と権威を信頼するようになっているだろうとの予測も掲げられたのではなかったか。

国内経済についてはどうか。昭和十九年はじめの日本経済は順調に拡大をつづけており、設備投資はつづき、主要物資の生産は昭和十三年、十四年のピークを越え、昭和十五年六月からはじまった生活必需品の配給制度はそのほとんどが廃止され、都市と農村の所得は増えているだろうと推測したにちがいない。南方地域との貿易は拡大をつづけ、日本の指導力は強くなっていようと予測したのではなかったか。

こうしてできあがった二つの調書は、政策決定者たちに深刻な影響を与えたはずである。陰の主戦派であり、天皇へのもっとも強力な助言者である内大臣の木戸はどのように読んだであろうか。かれは譲歩に頼る平和は長つづきしないと思っていた。そんな和平は束の間で終わり、ふたたび戦争になると説く陸軍大臣の主張をもっともだと思っていたのだし、ここで譲歩してしまえば、外堀と内堀を埋められ、滅亡に追い込まれた豊臣家と同じ運命をたどると語った杉山参謀総長の言葉を忘れることができなかったのである。

そこで木戸がその調書のひとつを読めば、かれにつきまとっていた大坂夏の陣シンドロームは薄れたであろうし、もうひとつの調書を読み、昭和十九年はじめの戦局が容易ならないことを知れば、中国からの撤兵もやむをえないとかれの考えは変わることになったはずだ。世界の強国のすべてが戦争に巻き込まれ、消耗し、荒廃していくさなか、ただ一国、戦争の圏外にとどまる日本はあらゆる面でぐんと有利な立場に立つだろうと考えるようになれば、対外政策を根底から変えることは可能なのだと思うようになり、陸軍の反対、起こるかもしれないごたごたなど、とるに足らない危険だと考えるようになったはずである。かれは自分のその考えを首相と陸海両大臣に告げ、天皇にも報告したであろう。ところが、実際には木戸は考えを変えなかった。かれはその二つの研究調書を読まなかったからである。もちろん、それを読もうにも、そんな文書は存在しなかったのである。

繰り返していえば、だれもが中国駐兵は当たり前のことだと思っていた。そして撤兵の問題を真剣に究明しなければならないはずの人びとが、そんな問題は存在しないといった顔をして、今日だけ波瀾なしにすめばいいという態度をとった。だが、その問題を避けて通れるはずがなく、耳打ちと目くばせだけで、その問題を解決できはしなかったのである。

今朝、米内光政は昭和十六年を振りかえって、自分が中国撤兵の問題に触れなかったことを改めて後悔したのであろう。重臣会議の開催を求め、その問題をとりあげなければいけなかったのだ。海軍大臣が切りだせないことを、私が言わねばならなかったのだ。ところが、私は重臣会議の開催に反対してしまった。私が戦争回避のために動けば、末次信正とかれを擁立しようとする連中を刺激することになり、かれらが騒ぎだし、逆に海軍首脳をのっぴきならないところへ追い込んでしまうのではないかという懸念を口実にして、傍観の態度をとってしまった。米内は三年半前のことをこんなふうに考え、自分は鉄石心を欠いていたと悔やんだのではなかったか。

米内光政は海軍大臣室にいる。長谷川清、及川古志郎、井上成美もまだ大臣室にいる。電話が入った。米内大臣に組閣本部へ来てくれと鈴木貫太郎大将からの伝言である。やめるな、留任するようにと三人が米内に繰り返し言った。米内が大臣室から階段をおり、玄関にでるまでのあいだ、井上がついていった。米内は「おれは断るよ」と言い、井上が「いけません」と言い返した。米内が車に乗り込んだ。井上が身をかがめ、つづけるようにと言った。米内はなにも答えなかった。

そして米内光政の留任が決まった。鈴木貫太郎は午後から木戸幸一、広田弘毅、近衛文麿、平沼騏一郎を訪ねる。陸海両大臣以外の組閣人事は明日になる。

夜の陸軍省軍務局

夜になった。同じ四月六日である。相変わらず寒い。部屋のなかでも摂氏八度にしかならず、北風はやんでいない。この風で桜の花は散ってしまうなと思う人もいよう。もちろん、だれにとっても桜どころではない。この風のなかで空襲があれば、三月十日の二の舞となる。山の手が焼き尽くされ、数万の人が焼き殺されることになる。都民は夜中に起こされるのを覚悟して、枕元に風呂敷包みを並べ、汚れたズボン、生地のすりきれたシャツを着たまま、空腹をこらえて、早々に寝床に入る。

午後十時すぎになる。市谷台は眠っていない。本館地階の通信室をでた伝令が薄暗い階段をあがってくる。かれは第二課へ向かう。沖縄の第三十二軍からの戦況報告を持っているのであろう。作戦を担当する第二課は本館二階の東の端にある。同じ二階の西の端にある軍務課員室にもまだ課員がいる。弱い光がわずかに机を照らしだすなかで、書類を読んでいる者、話し合っている者がいる。ページをめくる手がとまり、話がとぎれると北風の音が聞こえてくる。気が重いのはかれらも同じである。

今夜あるかもしれない空襲を恐れているだけではない。かれらの気持ちが暗く沈んでいる理由はいくつもある。今日の正午すこし前、鈴木大将が米内大将の留任を決めたという情報が入り、かれらは憤慨した。

長谷川大将を海軍大臣に指名すると確約したはずではないか。これはペテンだと怒る者がいたし、鈴木大将は要望書を遵守すると約束したのではなかったかと憤る者もいた。要望書の第二項は「陸海軍一体化ノ実現ヲ期シ得ル如キ内閣ヲ組織スルコト」となっており、陸海軍の合同に反対をつづけてきた米内大将の留任拒否を表明したものだった。

米内が陸海軍の統一に反対してきたという事実を鈴木大将は知らないのかもしれないとだれかが語って、午後二時に軍務局長の吉積正雄が内閣書記官長になる予定の迫水久常と大蔵省の応接室で会った。海軍軍務局長の多田武雄もやってきた。米内大将の留任には反対だと吉積が語った。

そのあと組閣本部からなにも言ってこなかった。吉積は軍務局員たちにせきたてられ、陸軍側の要望第二項を受け入れたことと米内大将留任との関係をどのように考えているのかと説明を求める鈴木大将に宛てた質問書を書き、局員が組閣本部に持っていった。鈴木大将は重臣宅を訪ねているので、返事は遅れると迫水からの返事があった。

そして現在、軍務局員たちが怒りの矛先を向けるのは吉積にたいしてである。かれは局長室にはいない。大臣官邸から電話があり、吉積はでかけたばかりだ。局長がおとなしいから、海軍側にばかにされるのだ。つづいて軍務局員たちの腹立ちは、吉積を軍務局長としたおざなりな人事に向けられることになる。かれらはさらに最近の市谷台のごたごたのひとつひとつを思い浮かべることになり、直面する問題をなにひとつ解決できないまま、だれかがやめたり、やめさせられたりするだけのごまかしを繰り返してきたのだと思い、溜息をつくことになる。

軍務課長の解任が最初だった。もっともそれが起きたのは少々前のことだった。四十日ほど前の二月下旬のことになる。つぎに軍務局長がやめた。それが一週間前のことだった。参謀次長が辞任する。明後日のことになるだろう。そして陸軍大臣もやめる。

軍務課長の赤松貞雄の更迭については前に記した。赤松貞雄は岸信介がやろうとしていたことを邪魔し、潰しにかかった。それは報復だった。東条内閣を倒した岸にたいする赤松の復讐だった。岸の新党づくりを妨害し、かれの新国民組織である生産軍の計画を叩き潰してしまおうとした。それを知って、岸が激昂し、これは陸軍の方針なのかとねじ込んできた。次官の柴山兼四郎は赤松を解任することにした。

陸軍大臣の杉山元と次官の柴山兼四郎は、岸の側に立ったようであった。では、かれらは岸の新国民組織の構想を支持し、生産軍の建設に賛成し、すべての工場を国家管理とすることを望んでいたのか。

じつはそうではなかった。杉山と柴山は生産軍の構想に乗り気ではなかった。財界の中心機関である重要産業協議会の代表が生産軍をつくることには反対だと陸軍に申し入れてきた。三菱総帥の岩崎小弥太が杉山に向かって、航空機工場の国家管理を受け入れることはできないと主張した。

杉山と柴山は軍需工業の首脳たちと対決するつもりははじめからなかった。首相の小磯も大工業家や実業家たちといざこざを起こしたくなかった。だが、生産軍の計画を積極的に支持してきた軍需省の顔を立てねばならなかった。軍需省の幹部が激しく非難している中島飛行場を国家管理にすることにした。それだけでひとまずはお茶を濁し、生産軍建設の計画をお蔵入りにしてしまった。そこで柴山が軍務課長の赤松貞雄を馘《くび》にしたのは、岸信介と生産軍構想を支持する人たちをなだめるだけが目的だった。

そしてほんとうのことをいえば、柴山はどのみち赤松を更迭しなければならなかったのである。赤松は東条の直系であり、一の子分だった。東条系の者を外へだしてしまえという示唆が大臣の杉山からあり、その背後に首相、内大臣の意向があった。富永恭次、佐藤賢了を外へとばしてしまって、最後に残っていたのが赤松だった。

軍務局員たちはこうしたいきさつをすべて承知していたから、大臣と次官が自分の考えをもたず、外部の人びとの言いなりになっているのだと思い、その不満は大きかった。

つぎに軍務局長真田穣一郎の辞任だが、かれの場合は大臣に辞表を叩きつけて辞職するというかたちになった。

真田は四十八歳になる。仕事ができ、協調性があるから、上司と部下に信頼され、対米戦争がはじまってからのこの三年間、かれは陸軍省と参謀本部のもっとも重要なポストを歴任してきた。軍務課長、作戦課長、作戦部長、そして佐藤賢了のあとを継ぎ、昨年末にかれは軍務局長になったばかりだった。

二月末から陸海軍を統合しようとして、かれが先頭に立って、海軍側と折衝を重ねてきた。一カ月にわたって交渉をつづけ、何回となく会議を開いたが、一歩も前進しなかった。陸軍が本土決戦のためには陸海軍統合が絶対に必要だと説くのにたいし、海軍は統合に反対して、あれこれ理屈をこねた。陸軍側は統合のための話し合いをさらにつづけることを望み、海軍は打ち切りを意図し、双方それぞれの思惑があって、天皇に中間報告をしようということになった。十日前の三月二十六日、杉山と米内は天皇に向かって、統合について陸海軍の意見がまだ一致をみていないと報告した。

その奉答が終わったあと、真田は杉山に向かって、統合失敗の責任をとって大臣をやめるようにと勧めた。杉山元帥が大臣を辞任したら、海軍大臣の米内はどうするか。かれもやめざるをえなくなるだろう。陸海軍統合問題は新しい局面を迎えることになる。真田はこのように読んだ。ところが、杉山はじっと黙ったままで、なにも言わなかった。真田は怒って、ただちに辞任したのである。

真田の後任に選ばれたのが整備局長の吉積正雄である。整備局は四月中に廃止となるから、整備局長兼任のままの軍務局長就任である。かれは五十二歳になる。ずっと参謀本部畑を歩いた。昭和十五年の末から昭和十六年にかけては、情報局の第二部長だったことは前に述べた。対米戦がはじまってからは、陸軍省の整備局長をつづけてきて、これまで戦場にでたことはない。

三月二十八日、市谷台では、真田少将の後任が吉積中将だと知って、だれもがびっくりした。軍務局長は渉外を担当し、海軍軍務局長、内閣書記官長、総合計画局長官と交渉しなければならないから、必要とされる能力は説得力と押しの強さである。ところが、吉積は自己主張を貫けるだけの強さがない。生真面目《きまじめ》なだけだ。行き場所のない整備局長を拾いあげただけの人事ではないか。陸海軍統一問題にしたって、吉積では海軍側にいいようにあしらわれることになる。いったい、大臣と次官にやる気があるのか。

その日、参謀本部二十班の種村佐孝《すけたか》は日誌につぎのように記した。

「真田局長辞任前における活動は大いに多とする点多く、特に現危局を打開し清鮮気鋭の士を推挙するため、杉山大臣の辞職を勧告せる態度は上司補佐の真情よりでたるものにして、現下幇間的幕僚の多き時節に実に見上げたる態度なり。後任局長に対しては唖然として言うべきことなし。陸軍の政治力は頓《にわか》に後退すべし(51)」

ところで、軍務局長の交代があったのと同じ三月二十八日の夕刻、市谷台の人びとはもうひとつの重大人事がうまくいかなかったと知って、憂鬱の上にもうひとつ憂鬱が重なることになった。東久邇宮《ひがしくにのみや》が第一総軍司令官になるのを断り、朝香宮《あさかのみや》が第二総軍司令官になるのを拒否したのである。

ここで第一総軍司令官と第二総軍司令官について説明しなければならない。

本土防衛のために、大動員をおこない、四十個師団を中心とする新部隊を建設する計画を陸軍がたてていることは、前に述べた。

市谷台は新たに編成される本土防衛部隊を二つに分け、第一総軍と第二総軍をつくり、それぞれ東日本と西日本の防衛を担任させることにした。そこで二人の総軍司令官を選ばねばならなくなった。

現在、本土防衛のためにあるのは防衛総司令部であり、総司令官は昭和十六年九月からずっと東久邇宮である。第一総軍と第二総軍ができれば、防衛総司令部は廃止になる。第一総軍司令部は防衛総司令部を継承すればいいのだから、新司令官には東久邇宮を充てればよい。

そこで第二総軍司令官のほうだが、第一総軍司令官との釣り合いを考え、同じ皇族の朝香宮とすることにした。陸軍大臣の杉山はその皇族起用の人事計画を内奏した。天皇は反対しなかった。そのあと杉山は朝香宮と東久邇宮に会い、総軍司令官になってもらいたいと要請した。二人はうなずいた。

それから数日あとの三月二十八日、前に述べたように軍務局長が真田穣一郎から吉積正雄に交代した日のことだが、人事局長の額田坦と作戦部長の宮崎周一が東久邇宮と朝香宮の考えを聞こうとして、東久邇宮の邸を訪ねた。総軍司令官の右腕となる総軍参謀長の人選のための相談だった。

まず作戦部長の宮崎周一が総軍の機構を説明した。ところが、東久邇宮が本土の防衛を二本建てとすることには反対だと言いだした。防衛はひとつにしなければならぬとかれは主張し、しかも航空中心としなければならないと説きはじめた。朝香宮もまた、参謀本部の本土防衛計画を非難しだして、たちまち険悪な雰囲気になった。総軍司令官になるつもりはない、お断りすると二人は口を揃えた。参謀長をだれにしたらいいかと聞くどころではなかった。額田と宮崎はほうほうの体で辞去した。

どうして東久邇宮と朝香宮の二人は総軍司令官になろうとしなかったのか。

朝香宮鳩彦《やすひこ》王と東久邇宮稔彦《なるひこ》王は久邇宮朝彦親王の第八王子と第九王子である。異母兄弟のこの二人は年齢が同じ、職業が同じ、そしてそれぞれ家臣がいて、取り巻きがいるのだから、どうしても相手に競争意識をもち、相手と自分が受ける称賛、名誉、昇進を比べて、目角《めくじら》を立てるようになる。

二人は明治二十年の生まれ、明治四十一年にともに陸軍士官学校を卒業した。それからは二人がいがみあわないように、二人のどちらからも恨まれないようにしようとして、陸軍大臣と人事局長は細かな注意を払ってきた。こうして二人は同じ年に昇進し、同じレベルのポストに就き、昭和八年にはそれぞれが師団長になり、昭和十四年にはともに大将に進級した。

アメリカとの戦争がはじまる一週間前、東久邇宮は防衛総司令官となった。ところが、朝香宮は軍事参議官の閑職に置き去りにされたままだった。半年待ち、一年待ったが、新しい椅子は与えられなかった。大戦争のさなかにありながら、華々しい、颯爽たる地位に就けないことで、朝香宮の不満は大きかった。

ところが、陸軍大臣の東条英機は朝香宮の不平に知らぬ顔をしていた。それというのも、朝香宮は指揮官としての能力を欠いていると見られ、天皇がかれを重要ポストに就けることに反対していたからだった。昨十九年七月に陸軍大臣が東条から杉山に代わった。軍務局員たちにかつがれて、朝香宮は杉山排撃運動の先頭に立った。その試みが木戸に潰されたあと、新しいポストを与えよと朝香宮は杉山に迫った。支那派遣軍総司令官の畑俊六の後任を狙ってのことだった。

昨十九年の十月、杉山は朝香宮を支那派遣軍総司令官にすることに決め、本人にそれを告げた。しっかりした総参謀長を補佐役につければ、ぼろをだすことはあるまいと考えたのである。ところが、天皇が首を横に振った。杉山は頭をかかえた。皇族は政治にたずさわってはならないとのお言葉があったのだと朝香宮に説明し、内定を取り消した。どうして支那派遣軍総司令官のポストが政治とかかわりがあるのか。関東軍総司令官は大使を兼任しているが、南京には駐在大使がちゃんといるではないか。朝香宮は憤激した。かれは杉山にたいする怒りをくすぶらせることになった。

だが、朝香宮は杉山に仕返しをしてやろうと考えて、第二総軍司令官にはならないとはじめから決めていたわけではなかったのであろう。かれは東久邇宮にあおられ、そんな気になったのである。

じつは東久邇宮も杉山に怒りを燃やしていた。かれは怒っているさなかだった。

それはこういうことだった。前に記したとおり、東久邇宮は繆斌《ミヨウヒン》がもってきた重慶との全面和平の計画に乗り気だった。かれは田村真作、太田照彦とたえず連絡をとり、小磯国昭、緒方竹虎を激励し、繆斌とも会って、この和平工作に大きな期待をかけていた。

三月二十一日の最高戦争指導会議で、その和平計画は構成員のだれからの支持も得られなかった。その会議に出席した緒方はひどく失望した。かれは東久邇宮に会い、陸軍大臣と参謀総長がその計画に非協力的だと語り、かれらを説得してもらいたいと依頼した。緒方は最高会議の中身を明かさなかったから、東久邇宮は杉山と梅津がどのように反対したのか詳しいことはなにも知らなかった。それはともかく、三月二十四日に東久邇宮は梅津と話し合い、翌二十五日には杉山と会い、繆斌を使っての重慶との和平工作への支持を求めた。杉山と梅津はすでに片づいてしまった問題だと思っていたから、気楽にその場かぎりの嘘をつき、賛成だと答え、協力すると約束した。

三月二十七日、東久邇宮は太田照彦と田村真作に会った。二人は三月二十一日の最高会議の議事録を盗み読み、繆斌を通じての和平策にたいし、陸軍大臣と外務大臣の側からの激しい中傷と攻撃があったことを知ったばかりだった。二人は東久邇宮に向かって、会議では杉山陸相が繆斌は重慶の回し者だと非難し、あんな者を相手にしてはならないと説いていたのだと告げ、梅津参謀総長もはっきり反対にまわったのだと語った。

東久邇宮は自分が杉山と梅津に騙されていたと知った。かれは怒った。意趣返しをしてやろうとした。朝香宮を仲間に誘い込もうとして、かれに向かって、杉山の説いた本土作戦計画を激しく批判した。朝香宮はこれまた杉山にふくむところがあったから、東久邇宮が説くところにただちに応じてしまった。

こうして翌三月二十八日となったわけだった。東久邇宮と朝香宮は宮崎周一と額田坦に向かって、第一総軍、第二総軍の計画を非難し、総軍司令官にはならないと言いだし、宮崎と額田が慌てて市谷台に戻ることになったのである。

翌三月二十九日、杉山みずから出向いた。だが、朝香宮と東久邇宮を説得することはできなかった。二人の皇族の起用を断念し、二人の元帥を充てることにした。ひとりは杉山元自身であり、もうひとりは教育総監の畑俊六である。

市谷台ではこれでよかったと思う者もいた。気力が衰え、決断力を欠く杉山をやめさせねばならないと主張していた者たちにとっては、願ってもない東久邇宮の反乱だったからである。だが、ほんとうはだれも気が重かった。内命がでて、それを断るなどということは前例がなかった。陸軍の綱紀上の問題だった。なによりも二人の皇族が自分たちの義務を果たそうとしないことが重大だった。市谷台の部課員たちはこんな具合に思い、つぎのように考えた者もいたにちがいない。

慶応四年一月、伏見宮系の仁和寺嘉彰《にんなじよしあき》親王、のちの小松宮彰仁《あきひと》が征東大将軍となった。こうしてひとりの皇族が最高司令官となり、王政復古の幕があき、光輝にみちた明治日本のはじまりとなった。それから七十余年ののち、未曾有の事態にたちいたり、二人の皇族を本土防衛の司令官に立てねばならなくなった。垂統五百余年、明治に入ってからは数多くの宮家を枝分かれさせ、十二家に及ぶ宮家をつくり、皇室最大の藩屏《はんぺい》となっているのが伏見宮家である。ところが、その伏見宮系の二人の皇族はみずからのノブレス・オブリージュを果たそうとしない。

もはやなんの見込みもないのかもしれないと軍務局長たちは思っているのであろう。大臣は是が非でも生産軍を建設するという勇気をもたず、赤松貞雄を馘にしただけで、その大計画に背を向けてしまった。海軍は相も変わらず自分だけのことを考え、陸海軍統合に反対し、大臣の杉山はあくまでやり抜こうという気がなく、真田穣一郎が辞任して、すべてはおしまいとなってしまった。そして二人の皇族は身勝手な行動をとり、勝手なことを喋っている。その不始末の責任をとって、参謀次長の秦彦三郎が一両日中にやめることになる。そしてまたも内閣の総辞職だ。

敵の空襲を阻止できず、沖縄に上陸した敵軍を殲滅できず、本土防衛のための準備も進まないまま、だれかがやめるだけだ。そして丸一日がたつが、軍務局員たちの胸のなかには、昨夜の午後十時すぎに入った外電の衝撃がある。それについてはこのさき述べねばならないが、かれらの胸のなかには絶望感と無力感が厚く重なっている。

冷たい強風がいくらか収まったことが、ただひとつ、かれらをほっとさせる。

夜の陸相官邸

同じ午後十時すぎ、軍務局長の吉積正雄はまたべつの困難にぶつかっている。憲兵司令官の大城戸《おおきど》三治《さんじ》と総務課長の大越《おおごし》兼二の二人が三宅坂の陸軍大臣官邸を訪ねてきた。大臣の杉山はかれらと会おうとしなかった。吉積が呼びだされて、かれらの話を聞かされることになった。

吉積は驚き、当惑している。憲兵司令官は鈴木内閣がバドリオ内閣になると語り、鈴木内閣に阿南大将を入閣させてはならぬと言うのである。クーデターにうってでて、ムッソリーニを解任し、新内閣をつくり、ドイツとの同盟を破棄し、米英軍と休戦条約を結んだのがイタリア陸軍長老のバドリオである。大城戸が言わんとすることは、陸軍大臣の後任者をださず、鈴木をして大命拝辞に追い込んでしまえというにほかならない。

吉積はどのように答えていいかわからなかった。鈴木大将は今朝早く陸軍側の三箇条の要請を受け入れた。海軍大臣の問題がまだ残っているが、これは明日には解決するはずだ。いまになって鈴木内閣を成立させるなとは乱暴すぎる。だが、大城戸と大越は引き下がろうとしない。自分の手にあまるから、吉積は永井八津次を呼ぶことにした。

永井八津次は赤松貞雄の後任の軍務課長である。前にも触れたとおり、松岡洋右のお気に入りであり、かれに直接指名されて、昭和十六年春の訪欧団の随員に加えられたことがある。口八丁手八丁の活動家だとはこれも前に述べたことだが、議論の的になる問題にすすんで首をつっ込みたがるなかなかの政治策士である。昭和十四年前半の平沼内閣のときのことになるが、三国同盟の締結に反対する海軍に圧力をかけようとして、右翼の連中に軍資金を与え、海軍省に抗議に行かせたり、各地で反英集会を開かせたのが、軍務課員だった永井のやった仕事だった。

だが、永井もかつてのような威勢はない。大越の話に膝をのりだし、もっと詳しく話してくれとは言わなかった。つまらぬことを言いださないでくれといった顔をしてみせ、鈴木大将がバドリオだという証拠があるのかと大越に尋ねた。永井は大越をよく知っている。士官学校では永井は大越の一期上だったが、陸軍大学校では同クラスだった。大越が答えた。

「吉田茂から近衛公にだした手紙がなによりの証拠です」

「その手紙をみせてもらいたい」

「いまはもってきていない」

「今晩中に態度を決定するのにそれでは話にならぬ。かりにその手紙があるとしても、それは吉田からの手紙であって、鈴木男爵の手紙ではないではないか[52]」

ところが、大越は平然としており、司令官の大城戸も慌てる様子がない。逆に永井が戸惑った。

昨日、四月五日の夕刻のことだった。竹橋の司令部にいた総務課長の大越兼二は部下から重臣たちの動静についての報告を受け取ったのではなかったか。つぎのような内容であったにちがいない。

本日午後二時半、牛込の寺田甚吉邸に岡田啓介大将と内田信也前農商大臣が訪ねた。寺田甚吉は南海鉄道の社長であり、近衛系の人びとの会合に東京の邸を提供している。三時すぎ、内田を残したまま、岡田は寺田邸をでた。かれは宮内省へ赴き、木戸内大臣の執務室に入った。

小田原を正午すぎにたった近衛公爵は午後四時に新橋駅に到着した。出迎えたのは、細川護立《もりたつ》侯爵と長男の細川護貞、そして内務省国土局総務課長の高村坂彦である。細川の車で、近衛は牛込の寺田邸に入った。

午後四時半、寺田邸から内田信也の車がでた。運転手ひとりだった。車は麴町永田町の吉田茂邸へ行った。運転手は吉田の家に入り、すぐにでてきた。運転手は張込み警戒をしていた憲兵の質問に答え、近衛公の参内のための黒靴を取りにきたのだと語った。二月十四日の参内のあと近衛公は吉田邸に立ち寄り、靴をはきかえたのだという。

午後五時、近衛公は内田の車で寺田邸をでた。かれは宮城内の表拝謁の間で開かれる重臣会議に出席した。

大越はこのような情報を得て、今日、司令官の大城戸に向かい、つぎのように報告したのであろう。

昨日、近衛と岡田は、夕刻に開かれる重臣会議に備え、鈴木貫太郎を首相にするための最終的な打ち合わせをしようとした。ところが、近衛の乗った列車が遅れた。岡田は近衛への伝言を内田に頼んだのであろう。岡田はさきにでて、内大臣の木戸を訪ね、後継首相に鈴木を推すつもりだと告げ、協力を求めたのであろう。そして近衛のほうだが、かれは吉田茂となんらかの連絡をとった模様だ。

大越と大城戸の話はつづき、つぎのような結論になったのであろう。近衛と吉田の陰謀はいよいよ第二ラウンドに入ったのではないか。鈴木貫太郎はいまのところその陰謀についてはなにも知らないのかもしれない。だが、かれは岡田啓介の説得によって、近衛、吉田の側にとり込まれてしまうのではないか。どうにかしなければならないと二人の意見は一致したのである。

いったい、大城戸と大越は近衛と吉田の陰謀なるもののどのような証拠をつかんでいたのか。有無を言わせぬ証拠を握っているとかれらは思っている。吉田茂自筆の書きものである。大越が永井八津次の問いに答え、吉田から近衛宛ての手紙だと言ったが、大越は事実を語っていない。それは手紙ではなく、文書だった。吉田茂の大磯の別荘で働いている女中の手を借り、それを手に入れ、写真に撮ったものであった。

憲兵隊と軍事資料部の二つの情報機関が大磯にそれぞれの密偵チームをおき、吉田茂、原田熊雄、池田成彬、樺山愛輔の別荘を監視し、かれらの日常生活に目を光らせてきていることは、前に述べた。吉田文書を手に入れたのは、軍事資料部のほうだった。

軍事資料部は調査部の秘密工作部隊である。調査部は陸軍省の人事、軍務、兵務、整備、経理、医務、法務の七局の外にある覆面機関であり、昭和十三年九月に新設された。そのとき陸軍はドイツと軍事同盟を結ぼうとしていた。ところが、ドイツとの同盟締結に反対する勢力が大きかった。そのとき大蔵大臣だった池田成彬が三国同盟の締結に反対し、日本の財政経済は英米を敵にまわしてはやっていけないと説き、宮廷、海軍、財界を結んで、三国同盟に反対する連合戦線をつくっていた。陸軍はその連合戦線を切り崩さねばならなかった。なによりもさきに親英米派の中心人物、他に影響力をもつ池田成彬、宮内大臣の松平恒雄、昭和十三年十一月に英国から帰国したばかりの吉田茂らの動きをしっかり把握しようとした。微妙な仕事だったから、憲兵を使うのを避け、調査部といった当たり障りなく聞こえる新機関をつくることにした。そしてドイツとの同盟推進工作を統轄する軍務局長が調査部長を兼任し、少佐の大森三彦《かずひこ》が主務者となり、直接の指揮をとることになった。

こうしたわけで、調査部は防諜を表向きの任務に謳っていたが、ほんとうの仕事は国内の政治、思想の監察だった。調査部長が専任制となったのは昭和十六年六月からである。三国直福《なおとみ》が新たに部長となった。陸軍大臣をはじめ、陸軍内のだれもが調査部を三国機関と呼ぶようになったのは、かれの名前をとってのことだった。昭和十八年、十九年になって、調査部がリストに載せるようになったのは、昭和十三年、十四年に監視した者といつか同じとなっている。かつて三国同盟に反対した人びとが今度は和平を求めて動くのではないかと警戒してのことである。東京以外にも、大磯や軽井沢、箱根に軍事資料部の密偵チームをおき、要監視人のところへ届く手紙を開封し、電話の盗聴をおこない、かれらの家に内部通報者を入れ、その動きを探ってきている。

大磯の吉田邸で入手し、写真に撮った吉田茂の文書は兵務局防衛課長の手に渡った。兵務局防衛課は防衛業務の総元締めである。つづいて防衛課長はその文書を添付書類とともに憲兵司令部総務課長のところへ持ってきた。

総務課長の大越兼二は四十一歳になる。かれは以前に憲兵部門に勤務した経験はない。シベリアのチタとベルリンに駐在したことがあり、ソ連を専門とする情報将校である。参謀本部に勤務したし、中国戦線にでたこともあったが、関東軍参謀の経歴が長い。三度目の満洲勤務から東京へ戻ってきたのはこの三月半ばであり、東京の生活はまだ二十日にしかならない。

東京に帰ってからの大越の毎日は憂鬱なばかりである。悲しい声を張りあげる毎夜のサイレンに悩まされることにはじまり、夜の暗さに驚き、強制疎開のための家屋の打ち壊しの乱雑さ、防空頭巾を背に負った人びとの憔悴した表情、わずかな配給食糧、そして読まねばならない調書とファイルの中身、見ること、聞くことのすべてがかれを重苦しい気分にさせてきた。

吉田茂逮捕の請求

だが、吉田文書がかれに与えたショックはこれらのすべてを圧した。とても信じられない、気違い沙汰だ、でたらめだとかれは思った。かれは兵務局防衛課長の上田昌雄から説明を受けていたのだが、その文書の最初の一節にまずどきりとさせられた。「敗戦ハ遺憾ナガラ最早必至ナリト存候」という書きだしだった。つづいての内容は途方もないものであり、妙に現実離れのした感じがつきまとい、どう対処したらよいのか戸惑いを覚えた。

大越がはじめから気にかかり、読みおえて気がかりだったのは、その文書の冒頭に上奏文と記してあることであり、その中身も上奏の体裁をとっていることであった。

御機嫌伺いの形をとって、六人の重臣が上奏をおこなったということは、大越は上田昌雄から話を聞き、参考資料を読んでいたから、そのあらましを承知していたのであろう。二月十九日に牧野伸顕が上奏していた。かれは吉田茂の義父である。その上奏文の写しは牧野伸顕が上奏したものだったのか。そうではなかった。「コノ間ニ二度マデ組閣ノ下命ヲ拝シタルガ」と述べていることからわかるとおり、それが二月十四日の近衛文麿の上奏文の写しであることは明白だった。

いったい、どうして吉田が近衛の上奏内容の写しを持っているのか。二月のその時点の近衛と吉田の行動記録が付けられていたから、これも簡単にわかった。近衛は上奏の前日の二月十三日に吉田茂の邸に入った。その夜、近衛はそこに泊まり、翌日、そこから宮城に向かい、上奏をし、ふたたび吉田邸へ戻った。近衛は吉田の協力を得て、その上奏文をつくったことはまちがいなかった。それだからこそ、吉田の大磯の別荘にその写しがあったのだ。大越はこのように考えたのである。

大越がつづいて考えたのは、いっそう重大なことであった。その上奏文のなかで「此ノ一味ノ一掃ガ肝要ニ御座候」と述べた「此ノ一味」とはだれを指しているのかということだった。「此ノ一味」「軍部内一味」といった言葉はその上奏文のなかに九回もでてきた。

「軍部内一味」とは東条前首相とかれの部下たちを指しているのか。東条大将はすでに予備役となり、かれの部下たちは市谷台に残ってはいない。

では、杉山大臣のことか。それとも梅津参謀総長のことなのか。大越は防衛課長の上田昌雄から、「軍部内ノ一味」が梅津大将とかれの部下たちを指しているとの説明を受けていたのであろう。大越は憲兵司令部内のファイルをかきまわしてみたにちがいない。

近衛と吉田、そしてこの二人のあいだを往き来している小畑敏四郎、岩淵辰雄、殖田俊吉といった人びとの記録を点検してみたのである。

かれらの談話の要点や会話のやりとりから明らかなのは、かれらのうちのある者が梅津大将を疑惑の眼で眺め、べつの者がかれに敵意を示し、かれを危険な人物と見ていることだった。そして梅津の一味として、池田純久《すみひさ》、秋永月三《つきぞう》が挙げられていることも知ったのであろう。

大越は「軍部内一味」を「梅津一味」と読み替え、上奏文を読んでみたにちがいない。

「戦争終結ニ対スル最大ノ障害ハ、満洲事変以来今日ノ事態ニマデ時局ヲ推進シ来リシ、軍部内ノ梅津一味ノ存在ナリト存候」

「モシ梅津ノ一味ヲ一掃セズシテ、早急ニ戦争終結ノ手ヲ打ツ時ハ、右翼左翼ノ民間有志、梅津一味ト響応シテ国内ニ大混乱ヲ惹起シ、所期ノ目的ヲ達成シ難キ恐レ有之候。従テ戦争ヲ終結セントスレバ、先ズソノ前提トシテ、梅津一味ノ一掃ガ肝要ニ御座候」

「尚コレハ少々希望的観測カハ知レズ候エドモ、モシ梅津一味ガ一掃セラルル時ハ、軍部ノ相貌ハ一変シ、米英及ビ重慶ノ空気或ハ緩和スルニ非ザルカ」

「ソレハトモ角トシテ、梅津一味ヲ一掃シ、軍部ノ建テ直シヲ実行スルコトハ、共産革命ヨリ日本ヲ救ウ前提先決条件ナレバ、非常ノ御勇断ヲコソ望マシク奉存候」

大越は腕を組み、天井を仰ぎ、大きく息をついたのであろう。かれは前に関東軍の参謀だったから、総司令官だった梅津に前後あわせて二年半ほど仕えたことがある。それゆえにかれは梅津大将が部下のうちのだれを信頼しているか、軍部外の人びとのだれと親しくしているかを知っていたし、梅津の性格やかれがやってきたことも知っていると思ったのであろう。

大越はつぎのように考えたのではないか。梅津大将は陰険な謀略家ではない。かれは声高にイデオロギーを唱えるといったタイプではないし、顔は笑い、腹に一物を秘めるといった性格でもない。口数が少なく、冷静な人物だ。静かさの外面の下に狂信者の心を隠しもった男がいるものだが、梅津大将にはそうしたところはまったくない。それだけではない。梅津大将は近づいてくる政治家や高級官吏に愛想をふりまくことをしなかったし、機密費や利権目当てにすり寄ってくる連中を相手にしたことはなく、子分づくりに憂き身をやつしたことはない。かれは強い党派心をもっていないのだ。

梅津大将が信頼をおいている部下はたしかにいる。関東軍参謀副長の池田純久中将はそのひとりであろう。だが、蘆溝橋事件が起きたとき、梅津次官と支那駐屯軍の池田参謀とのあいだになんらかの密議があったとは思えない。二人のあいだに指令と了解があったのだと説けば、話はおかしくなる。そのとき池田中佐は戦争の拡大に最後まで反対し、そのために更迭されたはずだからだ。

梅津大将がいちばん高くかっているのは次官の柴山兼四郎中将であろう。蘆溝橋事件が起きたとき、柴山大佐は軍務局の軍務課長だった。平和解決を望み、戦いの拡大にだれよりも強く反対したのがかれだった。そして柴山中将は共産主義の同調者であるはずがない。

　大越兼二は自分ひとりで考えるのをやめ、司令官の大城戸三治の部屋のドアを叩いたのであろう。かれは大城戸の前に近衛の上奏文の写しを置き、情報ノートをひろげ、すべてを説明したのであろう。そしてつぎのように尋ねたのであろう。

〈この文書のもっとも重要な箇所は、軍部内に小グループがあり、かれらが満洲事変、支那事変、大東亜戦争を導いてきたのだと断定し、そのグループのなかに共産主義者がいて、日本の共産化を目指してきたのだと説いたくだりです。そしてその小グループを梅津大将とその部下たちとしています。このような主張になにか根拠はあるのでしょうか〉

　大城戸は大越に待つように言い、その文書に目を通したのであろう。一度読み、繰り返し読んだあと、こんなことがあるはずはないと大城戸は言い、つぎのように語ったのではなかったか。

〈梅津大将は満洲事変となんの関係もない。大東亜戦争がはじまったときには、君も知ってのとおり、大将は満洲国にいた。蘆溝橋事件が起きたときには、大将は陸軍次官だった。たしかに大将はそのとき陸軍で第二の強力かつ有力な人物だった。では、大将が

戦争を拡大に持ち込んだ責任者なのか。そして梅津大将の背後に共産主義者集団の陰謀があったのか〉

悪意のあるでっちあげだ、しかも下手なでっちあげだと大城戸はつづけ、そこで言葉を切り、素早く考えをまとめ、大越がなにかを言おうとするのを遮り、語りはじめることになったのではなかったか。

〈私は兵庫県の生まれだ。もしも私が大分県の生まれだったら、梅津一味の大陰謀といった話はいかにもそれらしいものになる。私自身の話をしよう〉

大城戸はこんな具合に語りはじめ、話をつづけたのであろう。

〈君と同様、私も以前に憲兵畑を歩いたことはない。私の専門は中国だ。参謀本部の勤務は長いし、中国の前線で戦ったこともある。昭和十四年末に蔣軍が冬季攻勢にでてきたときには、旅団長として河南省の信陽を防衛して、激しい戦いをやったことがある。十二分に築城してあったから、わずかな将兵を失っただけで、敵の大軍に大きな損害を与えて撃退し、大いに称賛され、面目をほどこしたものだ。昭和十六年には私は功績調査部長だったから、この大戦がどのようにしてはじまったのかは知らない。支那事変がはじまったときはどうであったか。

昭和十二年七月七日、蘆溝橋で小ぜりあいが起きた。どうして局地的解決ができなかったのか。なぜ戦いが拡大してしまったのか。その理由を五つ、六つ挙げることができよう。九人、十人の名前を責任者として挙げることもできる。

そのとき次官だった梅津大将の名をそのなかに加えることもできよう。だが、事態の進展にもっとも大きな影響を与えたのは、ほかならぬこの私だった。

そのとき私は参謀本部から派遣されて、南京に駐在していた。私は国民政府が本格的な戦争準備をしているとの内部情報を入手した。国民政府統帥部が空軍に出動を命じ、中央軍四個師団を河北省に接する河南省の省境へ前進させるように指令したという内容だった。それが正しいかどうかは検証できなかったが、それまでその情報源から得た情報は正確だった。一刻も早く東京に告げねばならないと私は思った。七月十日、三宅坂にそれを打電した(53)。

のちに知ったことだが、その電報は三宅坂と永田町で大きく炸裂する爆弾となってしまった。強硬派の双璧、軍事課長の田中新一大佐と参謀本部作戦課長の武藤章大佐はそれ見たことかと机を叩いた。日本側の動員と派兵が国民政府を硬化させるのではないかと警戒し、慎重に行動しなければならぬと説いた者たちは黙り込んでしまった。蔣は本気で戦うつもりでいるのか。いや、こちらを恫喝しようと考えているのかもしれない。それならこちらも動員を宣言し、蔣を威嚇する必要がある。だれもがこんなふうに考えるようになった。陸軍は三個師団の動員を内定してしまった。

翌七月十一日、日曜日だったが、緊急閣議が召集された。閣議では私の電報が披露され、居留民の保護と現地軍の自衛のため、必要が起きれば、動員を実施すると決めてしまった。

疑心暗鬼と疑心暗鬼、恫喝と恫喝がぶつかりあい、誤算と誤算が衝突して、戦いは拡大した。政府はそのあとも戦争を回避するための努力をつづけたが、どうにもならなかった。われわれは七月十一日に滑りやすい下り坂に足を踏みだしてしまった。戦争拡大への坂道をずるずると降りていくことになってしまったのだ。まちがいなく私に大きな責任があった。私の七月十日の電報が事件を戦争へと回転させる不吉な蝶番《ちょうつがい》となったのだ。

あのとき私は偽の情報をつかまされたのである。そしてあとになって思うのだが、私にそのような情報をもたらした協力者や内通者は中国共産党の工作員だった可能性がある。日本と国民政府との戦いを必要とし、火をつけよう、どうにかして戦わせようと策略をめぐらしていたのは延安の中共党だったからである。

そこでこれらの事実と推測を巧みに繋ぎあわせれば、私を国際共産主義のために働く秘密工作員とでっちあげるのは容易であろう。私は梅津大将の直属の部下だったことは一度もないが、もしも私が梅津大将と同郷の大分県出身なら、どんな話もでっちあげが可能となる。私を梅津一味に数えあげ、蘆溝橋の小さな撃ち合いを今日この大戦争にまでしてしまったのは、梅津一味の大陰謀だったという話を完璧なものにすることができ

る〉

大城戸三治は大越にこのような話をしたのではなかったか。実際には、こんな具合に考えただけで、口にだすことはなかったのかもしれない。それはともかく、大城戸はあらためて上奏文の写しを手にとり、大越に顔を向け、梅津大将に共産主義者のレッテルを貼り、粛清、追放をおこなおうとする悪巧みをこのまま放置しておくことはできないと言ったにちがいない。

大越が大きくうなずき、つづいて二人の議論はつぎのようなものになったのであろう。近衛公が実際におこなった上奏はこの上奏文の内容と完全に同じだったのかどうか。梅津大将を追放せよといった主張に宮廷はどのような見解をもっているのか。また宮廷は一日も早く戦争を終わりにしなければならないと説く上奏文の主張にどのような反応を示しているのか。まず、こうしたことを調べねばならない。

内大臣府と宮内省に探りを入れたのであろう。近衛の上奏の内容がその上奏文の写しと同じであったのかどうかはわからなかったのであろう。それでも役に立つ情報を入手したのではなかったか。梅津総長へのお上の信任は変わりない。木戸内府は近衛公の提議にはなんの関心も示していない。

それだけ知れば充分である。大城戸は大臣室に出向いたのであろう。吉田茂を逮捕し、取り調べたいと述べ、裁可を求めたのである。憲兵司令官に直接の指揮権をもっているのは陸軍大臣である。杉山は大城戸の説明を聞き、かれが持参した上奏文に目を通し、渋面をつくり、目をつぶったのではないか。大城戸と大越がこもごも説く話に驚いたのだが、驚いてみせてはいけないと思ったのであろう。

杉山元は子分をつくらず、自分の派閥をもたず、超然と構えてきた。ところが、かれは議会に出席しては腰が低く、宮廷高官、重臣、皇族たちにきわめて慇懃である。このようなかれの処世が政界と宮廷首脳の信頼感をかちえ、かれらの間接的な支持があったからこそ、昭和十一年八月に教育総監になってからこの八年余のあいだ、かれは陸軍大臣、参謀総長、教育総監、そしてまた陸軍大臣となり、ずっと陸軍中央機関のトップの座を歴任することができたのである。

そして杉山がもっとも親しくしてきたのが元内大臣の牧野伸顕である。かれは渋谷松濤の牧野の邸を定期的に訪ねるようにしている。現在も、そのときどきの軍事情勢を告げてきている。こうしたわけだから、かれは牧野の女婿である吉田茂の逮捕を求められ、顔をしかめることになったのである。

杉山は明らかに不愉快な顔をしたまま、口を開かなかったのであろう。大城戸はさらに説き、参謀総長にとてつもない中傷を浴びせ、そのポストから逐おうとする理不尽な陰謀があるにもかかわらず、これをこのまま放置しておくのは重大な怠慢になると弁じたてたのであろう。

杉山は黙っているわけにもいかず、「まあ、待て待て」と繰り返し、もうすこし時間をくれと答えたにちがいない。そしてこの問題を次官と軍務局長に洩らしてはならぬと言い、厳秘を保つようにと命じたのであろう。

杉山は考える

四月六日の夜、午後十時すぎのことに戻る。

三宅坂の陸軍大臣官邸では、大城戸と大越は吉積と永井を相手にして、押し問答を繰り返している。吉積と永井は納得のいく説明を聞くことができず、苛だちを隠さない。ところが、大城戸と大越はどっかと坐り込み、引きあげようとせず、大臣に申し上げるのだと梃子でも動かない構えだ。

大城戸は鈴木内閣をつくらせてはならないと言ってはいるものの、ほんとうの狙いは吉田逮捕の許可を得ることにある。杉山はそれに気づいているからこそ、でてこようとしないのである。そうはさせないと大城戸の側は思っている。大臣に直接進言しなければならないとがんばりつづければ、大臣は不承不承でてこざるをえないだろうとみている。

やむなく軍務課長の永井が元帥副官の小林四男治を呼び、小林が杉山の寝室に行った。やっと杉山元が小会議室に入ってきた。照明の届く所へ来て、大きな机の上座に坐れば、前に会ったときと同じように不機嫌な顔である。だが、人一倍大きな顔をぐっと大城戸に向け、いつまでつまらないことを喋っているのだと怒鳴りつけるわけにはいかない。寒さを我慢し、怒りをこらえ、鈴木内閣がバドリオ内閣になる恐れがあるといった話を聞いているふりをしなければならない。もちろん、かれには話し手の真意ははっきりわかっているから、証拠をだせなどとは言えない。聞き終えて、杉山は言った。

「自分はこれについて意見を述べたくない。阿南新大臣によく話をしてくれ(54)」

吉積と永井は一瞬怪訝《けげん》に思ったに相違ない。それでも、さんざんごねはしたものの、大臣に軽くいなされて終わりではないかと思い、大城戸と大越の表情をうかがったのであろう。夜遅くまで粘った甲斐があった、成功したと大城戸と大越の側は考えている。

杉山元は寝室へ戻った。かれの胸中から怒りはいつか消えてしまっているのであろう。それはこういう理由からだ。私を逐おうとする皇族たちの企みがあったとき、それを潰してしまい、そのあと私にその事実を告げたのが梅津だった。今度は私が梅津を助ける番だ。梅津にあらぬ汚名を着せ、粛清しようとする陰謀があることを知りながら、なにも手を打たないわけにはいかない。新大臣に話してくれと語ったことで、どうやら私は責任を果たした。かれはほっとしているのである。

杉山はこれまで近衛上奏文の内容を梅津にはもちろんのこと、だれにも喋ってはいないのであろう。だが、かれはそれについて考えたことは何度もあるにちがいない。眠れないまま、かれはふたたび考えることになるのではないか。

どうして近衛と吉田は梅津をスケープゴートに仕立てたのか。蘆溝橋事件が起きたとき、私は陸軍大臣であり、梅津は私の下で次官だった。アメリカとの戦いがはじまった昭和十六年には、私は参謀総長であり、梅津は関東軍司令官だった。かれはアメリカとの戦争には反対だと伝えてきた。

戦争をひきおこした者という不愉快な言い方を使うなら、戦争をひきおこしたのはまちがいなく私である。ほかのだれでもない。ましてや梅津などであるはずがない。だが、そうした事実は近衛公や吉田大使は百も承知のはずだ。では、どうしてかれらは梅津を槍玉にあげようとしているのか。

杉山は大城戸や大越から、あるいは防衛課長の上田昌雄から、なんらかの説明を受ける必要はなかった。かれのほうがずっとよく知っている。昭和八年からこの十二年のあいだ、華北へ転出した九カ月を除き、かれはずっと東京にいて、陸軍の主要ポストに坐ってきた。そこでかれはたいていの出来事の裏側の事実を承知し、流布されている噂の背後の真実を知っている。ときには騙され、かれを解任しようとする陰謀に気がつかないということもありはしたが、そのような場合でも、ずっと知らないということはなかった。

昨年十一月には、かれは秘書官に松谷誠を起用し、かれを自由に動きまわらせているから、憲兵隊や調査部が手に入れることのできない情報を入手できるようにもなっている。

近衛と吉田が梅津をやっつけようとしているのは、かれらが真崎甚三郎や小畑敏四郎と組んでいるからだ。杉山はこのように考えるのであろう。そしてかれはつぎのように考えつづけるのであろう。

昭和八年から九年、そして十年にかけて、真崎甚三郎や小畑敏四郎は自分たちの徒党をつくった。陸軍を掌握しようとするかれらの試みがつまずいてからは、真崎らは若い将校たちを懐柔し、おだて、不穏な空気の醸成を図った。自分たちの側の利益になると読んでやったことだが、昭和十一年二月の反乱という大暴走が起きて、かれらの計画は瓦解した。

真崎甚三郎は逮捕された。起訴はされたものの、政治的配慮から無罪になった。小畑敏四郎のほうは、二月の反乱から五カ月あとの大規模な粛軍人事で、予備役に編入されてしまった。

これらの後始末の指揮をとったのが陸軍大臣の寺内寿一《ひさいち》大将だった。実際には次官の梅津がやったことだった。だからこそ、梅津は今なお、真崎と小畑に憎まれ、悪意の眼差しで見られることになっているのだ。

そして杉山はつぎのように考えるのであろう。戦況が思わしくなくなって、政財界の人びとのあいだに不安の気持ちがひろがっている。そしてかれらはなにが間違っていたのか、このような戦いに巻き込まれた原因はどこにあったのか、引き返し、他の道を選ぶことができた機会はいつだったのかと考えるようになっている。近衛と吉田はかれらの疑問に答えることによって、かれらの支持を獲得し、自分たちに有利な空気を醸成しようとしているのだ。

近衛と吉田がこのような話をするのに利用しているのが真崎と小畑だ。真崎と小畑が語り、かれらに代わって、殖田俊吉と岩淵辰雄が宣伝している。

殖田と岩淵はつぎのように語っている。真崎大将と小畑中将が陸軍の幹部だったときに、かれらは反共反ソの原則を守り、中国と戦争することなど、けっして考えず、米英と和解し、国力を強化しようとする計画をもっていた。ところが、真崎と小畑は親ソ容共派の仕組んだ罠にはめられ、濡れ衣を着せられて追放されてしまった。こうして親ソ容共派が陸軍を握って、つぎつぎと戦争を拡大し、その結果、日本は現在このような悲運に落ち込むことになってしまったのだ。

そして近衛、吉田らは梅津一味なるものをでっちあげ、梅津グループを親ソ容共派にしたてあげているのだと杉山は思うのであろう。

さらに近衛と吉田の一味は、秋永月三と池田純久を名指しして、梅津の部下だと語っている。梅津、秋永、池田の三人はいずれも大分県出身だ。そこで梅津を首領とする大分閥があるといった話になる。梅津一派は容共的だ。梅津一味には共産主義者が潜んでいるといった話も、秋永と池田の二人を利用すれば、容易につくることができる。

秋永と池田はいわゆる派遣学生として、東京帝大の経済学部で学んだことがある。昭和のはじめのことで、マルクス経済学が盛んなときだった。そして二人は企画院に出向し、革新色の強い政策を打ち出した。この毛色の変わった二人を指して、仮面をかぶった共産主義者だと描きだせば、十人のうちの八人までがそれを信じると読んでのことだ。

そして近衛と吉田のグループは、陸軍が徹底抗戦を説き、本土決戦を唱えているが、背後で歯車を動かしているのは陸軍内の共産主義者、梅津一派なのだと主張する。天皇をはじめ、内大臣、重臣、財界首脳に共産革命の脅威を説くことによって、かれらを怯えさせ、戦争終結にもっていこうとしているのだ。

それだけではないと杉山は考えるのではないか。近衛、吉田の構想の深部にはいまひとつの計画がある。降伏のあと、戦勝国が追及してくるであろう戦争責任の問題に備え、いまから戦争責任者をつくっておかねばならないというのがかれらの計画の核心なのだ。

杉山はつぎのように考えるのであろう。戦争責任者といえば、私がそうだし、近衛公も逃げられはしない。かれは大東亜戦争の開戦に責任はない。だが、かれには支那事変を拡大してしまった責任の一端がある。ところが、近衛公は梅津を支那事変の戦争責任者に仕立てあげようとしている。そこでその戦争は次官だった梅津とそのとき天津軍の参謀だった池田純久が仕組んだものだといった話をつくりあげようとしているのだ。そして支那事変をひきおこしたのは共産主義者の集団なのだと主張し、かれらに戦争の全責任を負わせるつもりなのであろう。

そして杉山は何回も考えたことを繰り返し考えることになるのであろう。

近衛と吉田の計画は陸軍に戦争の全責任を負わせようとする恐るべき奸計なのか。それとも、それは至尊に責任が及ばないようにしようとする救国の大計なのか。杉山は首を横に振ったのであろう。何度考えても同じことだ。奸計、救国の大計、そのどちらであれ、それを支持する者はいない。近衛と吉田は参謀総長とその部下たちに容共的だといった烙印を押して、追放し、代わりに真崎や小畑を起用して、かれらに陸軍を支配させ戦争終結にもっていこうとするつもりだが、内大臣、重臣たちのだれからの支持も得ることができない。だれもがその構想はソ連を刺激し、こちら側の努力を無にしてしまう危険があると見るからだ。

近衛や吉田がなんと言おうとも、現在、だれもが望んでいるのはソ連の助けである。いよいよというときには、ソ連に戦争終結の仲介を求めねばならないと考えている。そこでソ連に友好のジェスチュアを示さねばならないと思っている。そこで近衛、吉田の計画を支持する者がいるはずはない。杉山はこんな具合に考えるのであろう。

ところで、ソ連はほんとうに日本を助けてくれるのであろうか。杉山元に限らず、だれもがひとつの情報を聞いて楽観的な気分になり、べつのニュースを聞いて不安に落ち込むことの繰り返しである。人びとが駐ソ大使の佐藤尚武《ひさたけ》からの二月下旬の電報内容を聞き伝え、喜んだことは前に述べた。佐藤がモロトフ外務人民委員に会ったのは二月二十二日であり、ヤルタ会談が終わって十日以上あとのことだった。モロトフはヤルタ会談で日本の問題は討議されなかったのだと語り、日ソ中立条約の存続問題は追って交渉したいと述べたのだった。

ところが、そのあとモロトフからなんの連絡もなかった。モスクワ大使館と外務省では、だれもがじりじりしながら待ちつづけた。二週間がたち、三週間がたった。ついに一カ月がたち、佐藤は待ちつづけることができなくなった。三月二十二日にかれはソ連外務省にモロトフとの会見を申し入れた。三月二十四日に佐藤が会えた相手はモロトフではなかった。委員代理のロゾフスキーだった。佐藤は日本が中立条約の維持を望んでいると告げ、速やかにソ連の決定を知りたいと言った。ロゾフスキーはモロトフ委員にそれを伝えると語っただけだった。

東京で外務大臣の重光葵《まもる》がソ連にたいしておこなっていた呼びかけも、これまたなんの手応えも得られなかった。前にも述べたとおり、ヤルタ会談が終了した直後、二月十四日のヨーロッパ向けの放送で、ソ連に和平の斡旋を求めるアドバルーンをあげた。翌二月十五日、ハルピン駐在領事の宮川船夫が東京でソ連大使のマリクと会談した。宮川はソ連指導者が平和提唱をおこなう時機がきていると語り、日本側がそれを望んでいると仄めかし、それがソ連の利益になると説いた。

そのあと外相の重光はもう一押ししようとした。田中丸祐厚を使いにたてることにした。田中丸は六十六歳になる。東京帝大法学部をでて、三菱商事に勤め、木材部長、食品部長をやったことがある。ソ連との貿易が専門で、「わたしの見たソヴェート・ロシヤ」という著書がある。三菱を退職したあと、昭和十六年一月に露領水産組合長となり、マリクとは何度も会ったことがある。

三月四日に田中丸はマリクと会見し、宮川が説いたのと同じ提案を語った。ソ連だけが戦争の停止と平和を呼びかけることのできる国だと強調した。そして三月二十一日、田中丸はもう一度マリクに会った。前に語った主張を繰り返し、重光外相になにか提案をしなかったのかと尋ねた。和平仲介をしてもらいたいという願いをいささかあからさまに訴えたのである。(55)

だが、ラジオ・トウキョウの呼びかけにも、宮川船夫、田中丸祐厚の口説きにも、ソ連はなんの反応も示さなかった。外務大臣の重光やかれの部下たちは溜息をついた。モロトフはじらし戦法を使い、こちらを玄関の外に待たせておく気だなと思った。駐ソ大使の佐藤、ハルピン駐在領事の宮川もそう思った。日本側を四月半ばまで待たせるつもりにちがいない。いよいよ待ったなしというときになって、モロトフは中立条約延長の問題をもちだすことなく、戦争終結の仲介をしようと言いだし、こちらが目をまわすほどの代償を要求してくるのであろう。そしてもうひとつの予測があった。スウェーデン駐在公使の岡本季正やポルトガル駐在公使の森島守人が述べたように、ソ連は宣戦を布告してくるのかもしれない。

じつは杉山も木戸に向かって同じような予測を語ったばかりだった。昨日の午後一時のことだった。軍令部総長の及川古志郎が木戸に会い、一千二百機と二十隻の話を語る前のことだった。木戸がこのさきの見通しを尋ねたのに答え、ソ連はドイツを倒したあと、日本にたいして平和提唱をおこなうのではないかと杉山は語り、それをソ連単独でやるか、米英とともにやることになろうと説いたのだった。

具体的にいえば、ソ連は日本に向かって、戦争終結の仲介を申し入れてくるか、それとも宣戦を布告するかということだった。辞任を前にして、杉山はいささか口が軽かった。それぞれの対策をたてておかねばならないとかれは木戸に語ったのである。

はたしてソ連はそのどちらを選ぶのであろうか。昨日の昼すぎ、木戸にそれを語ったときには、杉山にはまったく見当がついていなかったのであろう。ところが、昨夜遅くには、ソ連の意図がどちらなのかはっきりわかったように杉山は思ったのではなかったか。ソ連は米英の側に立ち、日本に宣戦を布告するにちがいないと思ったのである。だが、今日になれば、ふたたびわからないと杉山は首をかしげるようになっているのではないか。

昨夜午後十時すぎのことだった。杉山は鈴木枢密院議長に大命降下があったと元帥副官の小林四男治の報告を受けた。そのすぐあと、小林がべつの情報をもってきた。ソ連政府が日ソ中立条約の廃棄を発表したというのである。報告する副官が呆然とした状態であり、杉山もびっくり仰天した。

もちろん、外務省でも、首相官邸でも、だれもが驚き、今日一日、その驚きはずっと尾をひいてきている。陸軍軍務局員の気を滅入らせているのは、直面する問題をなにひとつ解決できないまま、だれかが辞任するだけのごまかしをつづけていることだと前に述べた。だが、かれらの胸中にいちばん重くのしかかっているのがクレムリンのその発表である。

杉山のことに戻れば、かれがその情報を聞いた直後、つぎのように考えたのではなかったか。今月末にサンフランシスコで開かれる連合国会議で、ソ連は米英両国とともに日本に降伏を呼びかけてくるつもりにちがいない。日本がそれを拒否すれば、ソ連は日本に宣戦を布告するのではないか。

そうにちがいないと杉山は考えたのであろう。だが、まてよと思ったのではないか。ソ連は満洲との国境にただちに満洲に侵攻できる歩兵部隊と砲兵部隊を置いていないではないか。ソ連はアメリカとなにか取り引きをしたのかもしれない。スターリンは、アメリカの側に立って日本と戦うと約束し、その見返りとして東ヨーロッパの支配をアメリカに認めさせたのではないか。

そうであれば、宣戦を布告しても、実際には攻撃をはじめてこないこともありうる。関東軍が攻撃しなければ、戦場のない戦争となる。そして参戦をしたあとに、ソ連は日本に平和を呼びかけてくる可能性もある。

杉山はこのように考えつづけて、ソ連の意図がふたたびつかめなくなっているのであろう。はっきりしていることはただひとつある。ソ連を刺激してはならないことだ。ソ連の友誼をかう努力をこのさきもつづけねばならない。

杉山はこんなふうに思い、つぎのように考えるのであろう。次期首相も、内大臣も、近衛と吉田の構想を支持することはないはずだ。そこでかれらを威し、つまらぬことを言わせないようにしなければならない。近衛公はともかくとして、吉田とその仲間の殖田や岩淵を捕らえてもかまわない。小畑敏四郎も威しといたほうがいいだろう。もちろん、私はなにもしない。吉田を逮捕するかどうかは、阿南が決めればよいことだ。

そして杉山は窓を鳴らしていた風がいつかやんだことに気づいたのであろう。かれは安心して眠りに入ることができる。

第17章　組閣人事㈡（四月七日）

朝の空襲

四月七日の朝である。晴れわたっているが、冷え込みは今日も厳しい。午前七時十五分に警戒警報のサイレンが鳴った。ラジオは南方海上に数目標があると言い、本土到来は一時間あとになると告げた。

午前八時前に、鈴木貫太郎の邸に鈴木一、そして迫水久常がきた。空襲警報がでて、足どめされる前に、かれらは急いできたのである。鈴木邸は今日も組閣本部である。庭の芝に霜がおり、真っ白である。室内でも水銀柱は摂氏四度しかあがらない。

午前九時二十七分、サイレンが断続的に鳴りはじめた。鳴り終わって数分たたないうちに、高射砲弾の炸裂音とB29の爆音が聞こえだした。ラジオはP51戦闘機の来襲をも告げている。東京にたいする白昼の大規模な空襲は二月二十五日の空襲以来のことであり、硫黄島からのP51の来襲は今日がはじめてである。

「退避、退避」と庭から声がして、鈴木一は父を促し、迫水久常らとともに隣家の防空壕へ向かう。千葉三郎の邸内には洞穴がある。昔は江戸城につながっていたと言い伝えのある長い洞穴である。その入口の部分に手を加え、頑丈な防空壕がつくられている。

北鎌倉駅に近い鎌倉市山ノ内に住む高見順は頭上高く飛ぶB29の編隊を見上げている。これだけの数の敵機を見るのははじめてである。翼をキラキラと光らせ、堂々と編隊を組み、自国の空を飛んでいるかのようである。母が空を仰ぎ、日本の飛行機と思いちがいをして、「友軍機ですね」と言った。いつからかだれもが日本の飛行機を友軍機と呼ぶようになっている。妻の秋子が「敵ながらキレイね」と言った。小さな飛行機が上空から斜めに突っ込む。これこそが友軍機である。敵編隊の真っ只中に殴り込みをかけているのだ。順の胸は熱くなった(1)。

高見夫婦は気づいているかどうか、今日の敵編隊は低く飛んでいる。四千メートルほどの高さである。四つの海軍航空隊の百機に近い防空戦闘機はいずれも相模湾上空七千メートルのところで待ち構えていた。

海軍機の一隊は前面に敵四発機の密集編隊を見つけた。ずっと低空を進んでくる。戦闘機の搭乗員たちはぞくぞくすると同時に、しめたと思った。この高度差があれば、こちらが有利である。彩雲は攻撃態勢をとった。彩雲はもともとは艦上偵察機だが、その高速性をかわれて防空戦闘機として使われている。彩雲の搭乗員はそのとき敵編隊のうしろを上空から陸軍機が追ってきているのを見た。機首のとがった三式戦闘機、飛燕である。それが敵の戦闘機だと気づいたのは、曳光弾が自分に向かって飛んできてからだ。飛燕と同じように機首がとがっているP51だった。たちまち数機が撃墜された。このとき右翼タンクを撃ち抜かれた彩雲の一機は厚木飛行場に緊急着陸した。胴体は穴だらけだった。操縦席の守田博とうしろの座席の通信士の佐藤一郎はともに傷を負い、血だら

けだった。佐藤はまもなく絶命した。(2)

衆議院書記官長の大木操《みさお》は議事堂の屋上に向かう階段をあがっている。この空襲によって組閣工作は遅れるだろうと思う。そしてかれの頭をかすめるのは、状況が変わっていたら、迫水久常なんかではなく、私が組閣参謀長になっていたのだということであろう。

一昨日の四月五日、浜田尚友、依光好秋といった代議士があいついで書記官長室を訪ねてきた。二人はいずれも陸軍軍務局と緊密な関係にある。かれらは畑俊六元帥が総理になると洩らし、大木書記官長に内閣書記官長をやってもらうことになると打ち明けた。(3)

大木はそのあとずっと落ち着かなかった。この重大な試練にいよいよ身を投じることになるのだと考え、しだいに興奮が高まるのを感じたのである。午後十時すぎに電話がかかってきた。かれの主要な情報源のひとつである陸軍軍務局の田島俊康からだった。鈴木貫太郎大将に大命が降下したと耳にしたとき、大木は受話器から口を離し、大きく息をついたのであろう。

風は身を切る冷たさだが、議事堂屋上の眺望はすばらしい。建物の高さが二十メートル以上あり、海抜二十メートルの淀橋台の高さが加わる。守衛長から、危険だからやめてくれと何回も言われながら、屋上にあがるのは、御岳や木曾駒ヶ岳へ登った昔を思いだすからである。かれは大正はじめに一高登山部をつくったひとりだった。今日は鹿児島二区選出の原口純允が一緒に階段をあがった。

敵の編隊は麻布台のさきの空を飛んでいる。西へ向かっている。一編隊は十機内外だ。六編隊までを数えた。

大空の高みを横切って何本も飛行機雲が見える。いずれも味方機にちがいない。真西の方向に黒煙が林立し、爆発音が聞こえてくる。敵機が爆弾を投下しているのだ。そのとき一機のB29が錐揉《きりも》み状態となって落ちはじめた。大木と原口はやったぞと叫んだ。その左の方向に小さく落下傘が見える。味方機から脱出した搭乗員にちがいない。右の方向でも味方機が不時着の姿勢で降りていく。

徳川夢声は荻窪天沼南町の自宅にいる。敵編隊の進路からはずれているので、かれと家族の者たちは防空壕をでて、真っ青な空を見上げている。小さな味方機が敵機を追っていったが、たちまち火花を発し、スピン状態となった。無念残念と思っているうちに、敵大型機も同じように錐揉みをはじめ、表と裏をくるりくるりと見せながら落ちていった。

刺し違えだと夢声は大きな声で叫んだ。味方機から落下傘が飛びでた。畑を横切り、道路まででた。吉祥寺か、三鷹の方角に黒々と煙があがっている。墜落したB29の煙にちがいないとかれは思った。

市川幸子は府中町役場にいる。二十三歳の彼女は町役場の総務課に勤めている。町役場には五十人近くが働いているが、現在は半分が女性である。幸子と同僚は防空壕をて、欅《けやき》の木の下に立ち、足元に土地台帳と字《あざ》絵図の重要書類を入れたリュックサックを置いて、敵機の編隊を見上げている。

編隊のはるか上を飛行機雲が動いていく。味方機なのだと思う。そのときオレンジ色の閃光が輝き、白い煙に変わった。高射砲弾が炸裂した煙の数倍の大きさである。皆があっと声をあげた。編隊のなかの一機が動きをとめたように思ったとき、引き裂かれ、四つ、五つにちぎれ、火の玉になって落ちていく。だれもが思わず首をちぢめた。そしてもう一機が黒い煙を曳いている。

敵の編隊が去り、空襲が終わったあと、町役場の人びとはしばらく自分たちが見た光景について話し合った。高射砲弾があたったのだと言う人がいれば、友軍機がやったのだと語る人がいた。幸子は黙っていたが、あれは空中爆雷にちがいないと思った。じつは彼女はその言葉を覚えたばかりだった。

先週の日曜日に横須賀の海軍航空技術廠に勤務する叔父が幸子の父を訪ねてきた。たまたま帝国石油に勤め、柏崎にいる兄が東京へ来て、家に泊まったときだった。B29をやっつけることはできないのかという話になり、なかなか思うようにいかない、今日、明日の空襲に間に合わない計画ばかりだと叔父は声を落とし、ひとつ方法があるのだ、ドイツでもやっている新戦法だと話しはじめた。

こちらの戦闘機が敵の編隊より一千メートルほど高いところを飛び、二百五十キロの爆弾を落とす。時間信管をつけてあり、編隊のまんなかで爆発する。たちどころに三機、四機の四発の巨人機を吹き飛ばしてしまう。海の底の潜水艦を狙って、爆雷を投下するのと同じ方法だ。空中爆雷だ。叔父はこんな説明をした。

かれは他の人に喋ってはいけないと念を押し、話をつづけた。敵機までの距離を測るのが難しいから、爆弾の尖端に耳をつけようとしている。爆音がいちばん大きくなったときに爆発させるようにするのだ。もうひとつ、べつの工夫がある。戦闘機に電波測距儀を積み込み、敵機の上を飛び、定められた距離に入ったとき、爆弾が自動的に投下できるようにするのだと語った。父も、兄も、弟も、早くその爆弾ができればいいと口を揃えた。叔父は敵機があまり高いところを飛ぶようでは困るのだと最後に言ったのだった。

さきほどの敵編隊は低く飛んでいた。その上を飛んでいた味方機が空中爆雷を落としたのだ。それが見事命中したのだ。父と弟は見たであろうか。帰ったら聞いてみよう。彼女は目の前が急に明るくなったように思ったのである。

空襲警報は午前十時四十分に解除になった。敵が狙ったのは中島飛行機の武蔵製作所だった。中島飛行機は四月一日から第一軍需工廠と名前を変え、国営となって、武蔵製作所は第十一製造廠となっている。だが、新名称で呼ぶ人はまだいない。武蔵製作所の空襲は昨十九年十一月二十四日の第一回から数えて、七回目になる。

じつをいえば、今日、敵は三菱重工業名古屋発動機製作所をも狙っている。名古屋は東京より十数分早く、午前九時十二分に空襲警報が発令された。だが、正午になっても空襲警報は解除になっていない。日本の航空機生産の二本の支柱である名発と武蔵が昨年十一月末から狙われつづけてきていることは前に述べた。昨年末から両工場が疎開をはじめていることも前に記したが、一部の部門、わずかな機械を移しただけだ。この二つの発動機製造工場が同時刻に狙われたのは今日がはじめてである。

武蔵は機械工場と資材倉庫が被害を受けたが、たいしたことはなかった。大部分の敵機はまたも武蔵を狙いそこない、大泉、石神井、板橋、目白に散発的に爆弾を投下した。撃墜した敵の一機は調布町の国領《こくりょう》に落ち、数軒の家が焼けた。成城町に住む柳田国男は味方の搭乗員が落下傘で近くの家の庭に降りたのだと聞いた。古波津少尉とその名前を知り、沖縄の人であろうかと思った(4)。

東京の死傷者総数はおよそ六十人、そのうち死者は三十五人だった(5)。

赤坂三河屋で

午後十二時五十九分、東京より二時間遅れて、名古屋地域の空襲警報は解除になった。

東京赤坂の高木惣吉、矢部貞治、天川勇、そして古井喜実が集まっている。三河屋は古井の馴染みの店である。

三河屋について説明しておこう。

牛鍋屋である。現在まで営業をつづけてこられたのは、ここの女主人が牛肉や酒を手に入れる方法を知っているからだが、警察の手入れを受けない方法を講じているからといったほうが正しい。

三河屋の女将は豊満な美人だが、そんなことよりも目から鼻へ抜ける商売人である。スタートはそのときに尖端的な商売のタクシー屋だった。つぎは天麩羅屋、ダンスホールとつぎつぎと商売を替えて、赤坂の一等地に牛鍋屋を開いて、この商売に専念するようになった。彼女は店の常連客の内務省の若い役人たちのめんどうをよくみた。かれらが地方へ行き、数年のちには東京へ戻ってきて、権勢あらわる身分となり、彼女の店の上得意となった。彼女がこれまた尖端の商売である闇料理屋をやるようになって、営業になんの支障もきたさないのはこうしたわけからなのである。

戦争がいよいよ激しくなり、食料が手に入らないようになって、警察の取り締まりが強まれば強まるほど、彼女の店はもうかる仕組みとなっている。そして内務省の警保局長や保安課長が彼女の店で闇の酒を飲み、闇の牛肉をつつき、さきのことを話し合って、喉が不安でかすれ、戦争が終わったあとのことを想像して胸苦しくなるときに、明瞭な戦後の目標を描くことのできるのが帳場に坐っている彼女なのである。

戦争が終わったら、庭には大きな池があり、池には橋が架かっている広い邸を買い取り、高級料理店を開き、東京一と呼ばれる店にしたいと考えている。四十八歳になる女将の名は畔上《あぜがみ》てるいという。

三河屋の座敷に坐って、高木惣吉、古井喜実、矢部貞治、天川勇、だれも意気があがらない。

かれらが目指してきたのは、海軍と内務省との同盟である。いわずとしれて敵は陸軍である。陸軍が唱える陸海軍合併論に海軍は反対してきた。内務省はどうかといえば、陸軍が内務省の実権を奪おうとするのではないかと恐れてきた。こうして内務省と海軍は互いに同盟を結ぶ共通の利益をもっているのである。

陸海軍統合の問題については前に触れた。一カ月にわたる陸海軍のあいだの交渉が不調に終わり、軍務局長の真田穣一郎が辞表をだした。昨四月六日、鈴木貫太郎が陸軍側の要望を受け入れたなかに、「陸海軍一体化ノ実現ヲ期シ得ル如キ内閣ヲ組織スルコト」の条項があることも前に触れた。

陸海軍合同の問題についてはこのさきさらに述べる機会があろうから、ここでは内務省がなぜ陸軍の動きを警戒しているかについて記しておこう。

内務省の幹部たちは地方の陸軍機関が知事の権限を横取りしてしまうのではないかと心配し、憲兵隊が警察に命令する事態になるのではないかと懸念してきている。

内務省の首脳が地方の行政機構を軍の干渉から守る防波堤としてつくったのが地方協議会である。北海道から九州までを九つに分け、それぞれの地域に地方協議会をおき、協議会所在地の知事を会長にしたのが昭和十八年七月のことだった。会長となった知事にそれぞれの地域を統轄させ、傘下の各県の知事たちに指揮命令する権限をもたせるようにしたのである。

ここでほんとうのことをいえば、そのとき内務省の上級幹部は陸軍の介入を恐れて、その機関をつくったわけではなかったのであろう。人手が不足することから、もちろん原料、資材の足りないこともあって、すべての分野で合併が指示され、統合するようにと命じられ、銀行が合同し、バス会社が統合し、地酒屋や小さな木造船の工場がひとつになり、小新聞が寄り集まって一県一紙の体制となり、港湾業者が集まって一港一社となっていたときだった。地方行政組織においても、道州制の準備がすすめられて当たり前のことだったのである。

地方協議会が陸軍の干渉を食いとめる防波堤になると内務省の幹部が思い、広域地方行政区をつくっておいてよかったと考えるようになったのは、今年に入ってからである。

陸軍が本土に防衛軍をつくるようになってのことである。

台湾軍を第十方面軍と呼称替えをしたことは前に述べたが、一月の下旬、内地でも、東部軍、中部軍、西部軍を廃止し、第十一方面軍から第十六方面軍までの五つの方面軍をつくることになった。北海道では北方軍を第五方面軍とした。そしてそれぞれの方面軍の作戦地域と一致する軍管区をつくって、方面軍司令官は軍管区司令官を兼任し、参謀と部員も双方を兼ねるようになった。

そこで政府の側だが、一月三十一日に地方協議会令を改定した。全国を九つに分けていたのを六地域とし、軍管区の領域と同じにした。

たとい知事が軍管区司令官から見下されても、大知事である地方協議会長は軍管区司令官とまったくの同格である。大知事は知事を助け、軍の介入をはねつけることができる。しかも大知事には内務省出身の大物を据えてある。かれは陸軍が勝手なことをするのを許しはしないだろう。こんな具合に考えたのである。

地方協議会の統轄区域を軍管区の領域と同じにしたすぐあとのこと、内務大臣の大達茂雄と内閣書記官長の広瀬久常が正面きって喧嘩し、とどのつまり広瀬が翰長《かんちょう》を辞任するという事件が起きた。前にも述べたことだが、広瀬は内閣が大知事の任免権を握るようにしたいと望み、大達がそれに反対してのことだった。

大知事を内閣が任命するようになれば、このさき起きる陸軍の地方行政への差し出口を絶対に阻止できる、軍政になることはけっしてないと広瀬は仄めかしたのであろう。だが、大達はうんとは言わなかった。内務省の縄張りが他に侵されるのは、相手が首相であっても、陸軍であっても同じことだ。大達は首を横に振りつづけた。

いうまでもないが、縄張り争いは陸軍と海軍の専売特許ではない。どこの省の幹部も他の省との管轄争いに血眼となる。内輪争いをしていた者はその喧嘩を中断し、眠っていた者は目ざめて、この争いに加わることになる。だれもが縄張り争いのためにはとことんがんばりつづける。

じつはいまから三年六カ月前の昭和十六年十月、古井喜実が内務省の解体を防いだという自慢話がある。首相の近衛と陸軍大臣の東条は、対米戦争に踏みだすか、回避するかで対立し、ついに決裂を迎え、このさきどうしたらいいか、後継首相をだれにするかと考え、決定的に重大な夜となった。その同じ夜、古井とかれの上司たちは内務省の解体を守ろうとして夜を明かしたというのである。

小さな挿話にすぎず、歴史の脚註になることも、まずはあるまい。だが、国を守ろうとせず、海軍を守ろうとした海軍の首脳について述べたばかりなのだから、同じときに内務省の幹部が内務省を守り抜いたという話は、ここで語っておいてもいいのかもしれない。

内務省 対 革新勢力

これも長い話になる。

昭和十六年の九月、内務省を解体しようとする計画があった。内閣総理大臣の権限を強化しようとしてのことだった。

内閣が弱体なのは、もちろん、現在も変わりないが、その原因は総理大臣が他の大臣にたいして指揮命令権をもたないからである。それでも政党内閣の時代には、政党の党首が総理大臣となり、党員が閣僚となっていたから、総理はまだ閣内を統御できた。ところが、五・一五事件のあと、いわゆる中間内閣、つづいては挙国一致内閣となり、内閣が各分野の代表を集めて構成されるようになって、閣内の統制は困難となった。

五・一五事件後の最初の中間内閣は斎藤実内閣だったが、内閣の幹部たちは閣僚たちの協力を得ることの難しさに嘆息し、「閣議を多数決で決する方法はないものか」と言ったものだった。

こうして内閣は各省の主張を寄せ集めただけの機関となってしまい、たとえば予算の編成をとっても、必要とされる新しい政策を開始するために、新しく予算を割り当てることができない状態となった。大蔵省主計局はたしかに大きな力をもっていたが、各省が要求する予算要求額を削減するだけが仕事となった。

首相は閣内のごたごたを抑えることができず、政府の権威は存在せず、内閣の寿命は半年から一年たらずとなってしまい、政府は長期的戦略をたてることができず、内外の危機にまっとうな対応ができないようになってしまった。

政治家や大学教授、新聞の論説委員たちはこぞって内閣制度のこの欠陥をとりあげ、「強力政治の具現を図れ」「政治体制の刷新強化を望む」と説き、行政機構を改革しなければならないと主張するようになった。

支那事変がはじまってから、このような論議はいよいよ活発となった。戦いがずるずるとつづくことになってしまったのは、首相の地位権限が弱すぎるからだ、首相が指導権をもたないからだと人びとは説いた。陸軍は内閣の力の弱さにつけ込むようなことをずっとしてきていたが、それでも陸軍の幹部は行政府が弱体なままでいいとはけっして思っていなかった。戦いを早期に解決できなかったのは、軍が機動力を欠き、火砲も、航空機も不足しているからだと考えた。製鋼所と発電所を増設し、自動車工場と航空機工場をつくるためには、行政府の指導力を強化しなければならないと説いていた。

さまざまな政治グループや研究団体が内閣強化のための試案や計画をつくった。弱体な内閣を強化するにはどうしたらよいのか。総理大臣と国務大臣を同等としている憲法第五十五条を改正して、総理大臣の他の閣僚にたいする指揮命令の権限を認めるようにしなければならなかった。だが、「不磨の大典」の改正はめんどうをきわめた。憲法に触れることなしに、首相の地位を強化するには、各省大臣が所管する行政事務のいくつかを首相のもとに移せばよかった。たとえば大蔵省の予算編成権を首相の手に移し、各省が握っている人事権を内閣総理大臣の手に収めるようにすることだった。

だが、それもけっして容易ではなかった。いかなる省も自分の部局の削減を許さなかった。総理が下手に手をつけようとすれば、内閣の命取りとなった。ましてやいくつかの省を相手にそんなことをしようとしたら、内閣がいくつあっても足りはしなかった。形式的首班にすぎない首相が自分の地位を強化するのは至難の業だったのである。もちろん、それが絶対にできないというわけではない。このさき述べるが、内大臣の協力があれば、それは可能なのである。

昭和十六年八月二十九日、首相だった近衛は駐米大使から電報を受け取った。アメリカ大統領が首脳会談の開催に賛成し、会談地をアラスカにしたいと述べたという内容だった。これについては前に語ったし、近衛がただちに日米頂上会議の準備をはじめたことも前に記した。ところで、前には触れなかったことをここに記さねばならない。

九月一日か、二日のことであったにちがいない。近衛は企画院総裁の鈴木貞一と企画院第一部長の秋永月三を呼んだ。もちろん、そのときには近衛は秋永を仮面をかぶった共産主義者と見てはいなかったのである。内閣書記官長の富田健治も陪席した。日米首脳会談から帰国したら、国内大改革をおこなうと近衛は語り、行政機構の改革からはじめると言い、そのための用意をするようにと命じた。[6]
それを聞いた者たちは、だれもが驚いた。なぜ驚いたのか。近衛は新体制運動を見限ってしまっていたとかれらは思っていたからだ。近衛がコースを変えたのは、首相となってわずか四カ月あと、昭和十五年十二月のことだった。近衛は内務大臣を安井英二から平沼騏一郎に代えた。平沼のもとで陣容を一新した内務省は、革新勢力の一大拠点である企画院と大政翼賛会中央本部に攻撃をかけた。革新勢力の全努力は終わりとなり、かれらの希望は奪われ、かれらは四散してしまった。ところが、近衛はふたたび軌道修正をおこない、政権の基盤を革新勢力に移そうというのである。鈴木貞一、秋永月三から、その話を聞いたかれらの部下たちがびっくりし、首をひねったのは当たり前だった。
ところで、企画院総裁は近衛からもうひとつの作業を命じられ、アメリカとの関係が正常化した場合の経済各分野の見通しをつくるようにと指示されたことから、[7]企画院の幹部たちは総理がなにを考えているのか、その全体的なシナリオを理解することができたのである。[8]
かれらはつぎのように考えたのではなかったか。総理は日米関係を是が非でも正常化する決意をして、アメリカへ向かうのであろう。総理はアメリカ側の要求を受け入れるつもりにちがいない。中国からの撤兵を認める覚悟なのかもしれない。だが、そのような譲歩をしてしまえば、日米関係が正常化し、経済封鎖が解除されることになっても、国内は混乱がつづくことになる。二・二六事件のようなクーデターが起きないまでも、政府は陸軍にたてつかれ、衆議院、貴族院の議員たちに反対され、右翼勢力の狂暴な非難を浴びることになろう。味方につけたはずの親英米派はなんの頼りともならないだろう。内閣は右顧左眄をつづけ、まともな対応ができないまま、些細な問題で総辞職し、内閣は生まれてはすぐに倒れるといったことを繰り返すようになるにちがいない。だからこそ、近衛首相は総理大臣の権限を強化する計画をたて、行政府を強力なものにしようと考えているのだ。そして国民の大多数に支持される政策を実行しようという肚なのであろう。

秋永月三、そしてかれから説明を受けた企画院第一部第一課の美濃部洋次、迫水久常、菅《かん》太郎、林敬三、竹本孫一はこんな具合に考えたのではなかったか。かれらのなかには、中国撤兵など論外だ、南方に進出しなければならない、アメリカと戦うのもやむをえないと主張していた者もいたはずだ。

かれらのあらかたがそう考えていたのかもしれない。だが、そのような考えの持ち主も対米戦に絶対の自信をもつわけではなかったのだから、総理のその新しい計画を知れば、その構想実現のために働くことに満足感をもち、総理の統制力を強化してこそ、保守系政治家と財界人の反対を抑え、内務省警保局と陸軍省兵務局に睨みをきかすことができ、今度こそ新体制運動を推進できると考え、その作業に積極的に取り組むことになったのであろう。

かれらのなかの頑強な主戦論者も総理の権限を強化することには当然ながら賛成だったはずだ。戦争に備えるためには、いっさいの指揮系統が総理大臣に集中する仕組みをつくることがなににもまして大切だと思っていたからである。

行政機構改革案を作成する作業主任には菅太郎がなった(9)。

ここで菅太郎について述べておこう。現在、昭和二十年四月、かれは浪人の身である。四十歳になる。昭和十七年一月に翼賛壮年団が創設されたとき、かれは翼壮中央本部の理事兼総務となった。このさき述べる機会があるかもしれないが、かれを中心とする翼壮中央本部は内務省の指導方針に逆らい、抗争をつづけ、揚句のはてに首相東条が「断乎弾圧」を言明し、かれとかれの仲間は罷免され、地方翼壮の有力幹部たちがそれに抗議して、辞任する事態となった。それが昭和十八年十月に起きたことだった。大弾圧を恐れたかれは満洲へ渡り、東条内閣が倒れるまで、そこにとどまった。

菅は理想家肌の熱血漢である。理想を追い、やりたいことを大胆にやり、衝突を恐れなかった。波乱にぶつかるごとに、自分の家系には運命的ななにかがあり、自分はそれを受け継いでいるのだと思った。松山藩士だった祖父は、廃藩置県のあと、士族救済の事業に失敗し、引責自刃した。松山連隊の中尉だったかれの父の正は日露戦争に出征し、旅順の戦いで戦死した。そのとき生後二カ月だったのが太郎である。

父の志を継ごうとして、かれは広島の陸軍幼年学校に入学したが、病気のために退学した。かれが東京帝大法学部をでたのは昭和三年だった。創設したばかりの日本共産党が弾圧されたのがその年だった。ドイツでは国会選挙があり、十二人のナチ党員がはじめて当選したのが同じその年であり、内務省に入省した菅が研修生としてドイツに派遣されたのも、ソ連では第一次五カ年計画がはじまったのも、同じその年の出来事だった。

大恐慌がはじまり、西欧諸国が大きな影響を受けたのは、かれがベルリンにいるあいだの昭和五年だった。ドイツ人は共産党に走るか、ナチ党に加わった。街には赤旗がひるがえり、鉤十字の旗が風になびき、街路ではナチ党員と共産党員とのあいだの血なまぐさい衝突がつづいた。その年の国会選挙でナチ党は勢力をひろげ、百七の議席を得た。共産党も負けずに議席を伸ばした。

菅は昭和六年に帰国し、福井県警察の警視となった。ナチ党はその年の国会選挙で二百三十人を当選させ、第一党に躍進した。昭和八年四月にかれが福井から東京へ戻ったときには、ナチ党指導者のヒトラーはドイツ国総理となり、ヒンデンブルグ大統領の前で宣誓し、「全力をドイツ国民の福祉に捧げ、……何人にたいしても公平かつ公正に職務を果たすことをここに誓う」と述べたのだった。

大恐慌のなかで、日本でも青年たちは資本主義制度やヴェルサイユ体制を時代遅れのものとみなすようになり、議会制民主主義を不毛なものと考えるようになっていた。かれらのなかには、ソ連を理想の国、地上の楽園と見る者がいたし、スターリンこそアジアとヨーロッパに聳え立つ巨人と信じる者たちがいた。だが、昭和八年には、青年たちの共産主義運動はすでに絶頂を越えようとしていた。

増えていたのは、ヒトラーのドイツこそ憧憬に値する国だと思う人たちだった。萱もそのようなひとりだった。わずか五年のあいだに政権を獲得するまでに発展したナチ党に心ひかれ、一元化を旗印に掲げたナチスの指導原理に関心をもった。かれは改革を説き、政府中央機関内の活動分子と交流を深めた。そして各省を結ぶ横断的な集まりの一員となった。

昭和十二年はじめにかれは満洲国国務院に転任した。めんどうを起こす恐れのあるあの男を追っ払ってしまえという内務省幹部の意向があった。かれは勇んで満洲へ赴任したのだが、実際には体《てい》のいい追放だった。

昭和十五年七月に第二次近衛内閣が発足したときに、萱はまだ満洲にいた。総務庁の地方処長だった。かれは近衛内閣の内務大臣に安井英二が任命されたことを喜んだ。かれは安井を尊敬し、かれ自身、小さな安井グループのひとりと思っていたのである。

萱が帰国したのは昭和十六年四月だった。前に述べたとおり、政策の大転換があって、安井英二はすでに詰め腹を切らされていた。萱は古巣の内務省に戻る考えはなかった。内閣書記官長の富田健治に自分の仕事を手伝ってくれないかと言われ、企画院調査官となり、総理大臣官邸出仕となった。

首相の政治幕僚のひとりとなったのだが、かれは近衛には少なからず失望していた。新体制運動の上げ潮が終わってしまい、革新派の人びとが引き潮に押し流されて、ばらばらになってしまったのは、すべて近衛の優柔不断な態度が原因だとかれは思っていた。そこで九月はじめに、首相が行政機構の改革をおこなう決意だと聞かされ、菅もまた喜ぶと同時にびっくりしたのである。

行政機構の再編成案をつくる作業は総理官邸の一室でおこなわれた。内閣総理大臣の地位権限を強化することを目的としていたから、大蔵省の予算編成権をとりあげ、内閣予算局を設立することにし、各省次官、参与官、局長、府県知事の人事行政を統轄する内閣人事局をつくることにした。そして企画院を内閣企画局とし、情報局、法制局を加え、これら五局を内閣総理大臣の主管する総務省の傘下におく構成とした。

前に述べたとおり、企画院第一部第一課がその要綱案をつくる以前から、いくつもの民間団体が行政機構改革案を発表していた。いずれも強力内閣の確立を求め、たとえば国策研究会の案は総理のもとに総務省を設置すべきだと説き、昭和研究会の案は総理直属の中枢機関をおくようにと主張していた。

それらの案をつくった人びとはいずれも参考にするか、思い浮かべたのは、満洲国総務庁の組織だった。総務庁のもとに六処、六処長をおき、総務長官が直轄する仕組みとなっていた。それをそっくり取り入れたのが菅太郎と美濃部洋次だった。

内閣予算局と内閣人事局を設置するだけでなく、かれらは内閣内務局をつくる案をつくりあげた。菅が日本に帰国する前に総務庁地方処長だったことは前に述べたが、その地方処がかれらの計画の内閣内務局にほかならなかった。

それまでの提案や試案のなかで、内閣内務局を設けるべきだと説く主張はわずかだった。大蔵省から主計局をとりあげようとすれば、大蔵省が猛反対し、にっちもさっちもいかなくなる恐れがあった。さらに内務省を敵にまわしてしまったら、収拾がつかなくなることを覚悟しなければならなかった。大学や民間の研究者はこんな具合に考えて、内務省に手をつけまいとした。

ところが、美濃部や迫水は内務省にまで手をのばそうとした。このさき触れることになろうが、かれらは内務省に悪感情を抱いていた。そして菅が内務省の解体に乗り気になった。かれは満洲でそれをやったばかりだった。満洲国で内務省にあたるのが民政部だった。かれは民政部に大鉈をふるう作業に加わった。民政部を解体し、地方行政を統轄する部門を分離させて地方処とし、総務庁のもとにおくことにし、残る警察部門を独立させ、新設の治安部としてしまった。

ところで、菅と第一課の仲間は、内務省の警保局を独立の一省とせず、これも創設予定の総務省の管轄下におくことにした。内務省を分割、解体するのではなく、内務省の二本の大きな柱である地方局と警保局を総務省に移すだけのことであり、事実上の格上げになるのだから、内務省幹部の反対はいっときのことで終わる、たいしたことにはなるまいと、内務省出身の菅と林は考えた。

総理の近衛はその行政機構改革案に賛成した。企画院第一部第一課の面々は首相のアメリカ行きを待つことになった。ところが、九月半ばになり、九月末になっても、首脳会談は開かれなかった。菅や迫水が苛だち、第一部長の秋永や内閣書記官長の富田に向かって、どのみち内閣制度の改革はやらねばならないのだと主張し、いまただちにおこなうべきだと説くことになった。富田や鈴木がうなずき、近衛も賛成した。

そこで企画院総裁の鈴木貞一は改革案を閣議に提出するための準備にとりかかった。かれは閣僚たちにその案を示し、「内密に願う。行政部局の長官としてではなく、国務大臣として読んでいただきたい」と念を押した。

内務大臣の田辺治通《はるみち》はその中身にびっくりした。企画院はとんでもないことをやると思った。企画院を赤の巣窟と呼び、異端邪教の説を唱えていると非難した平沼騏一郎の言葉を思い浮かべたのであろう。かれは平沼の指示を仰ぎたかったに相違ない。じつをいえば、逓信省出身、そのとき六十三歳の田辺は平沼の子分だった。それだからこそ、平沼の推薦があり、かれのあとを継ぎ、内務大臣となっていたのである。ところが、平沼はテロリストに襲われ、重傷を負ったばかりのときだったから、田辺は親分に相談できなかったのかもしれない。

田辺は意を決し、首相に会った。「内務省は国の背骨といった存在です。その背骨をへし折ってしまったら、あとはいったいどうなると思いますか」と訴えた。平沼前大臣が襲われたことからもわかるように、国内情勢は険悪なのだと説きもしたのであろう。陸軍がやかましく言うものだからと近衛は答えたのだとのちに田辺は述べる。(10)それが事実なら、めんどうくさがり屋の近衛はいつもながらの本領を発揮し、その場かぎりの嘘をついたのである。

そのあとのことであろう。田辺はその改革案を萱場《かやば》軍蔵と橋本清吉に見せてしまった。萱場は内務次官であり、四十八歳、橋本は警保局長、四十三歳、それより二年前、平沼が総理だったときに、萱場は警視総監、橋本は警保局保安課長だった。改革案の写しをつくり、部下の課長たちにもそれを回覧させた。

だれもが怒った。菅太郎がやったことか、内務省に戻ることなく、断りなしに企画院に行ってしまい、こんな大それたことをやりやがってと怒りの声をあげた。美濃部洋次、迫水久常も関与しているのか、早いところあいつらを逮捕しておけばよかったのだという声があがったであろうし、あの連中は内務省に復讐しようとしているのだと口にした者もいたはずだ。

それは当然な反応だった。昇ろうとする星座の革新勢力を叩き潰したのは、ほかならぬかれらだったからである。昭和十五年十二月に平沼騏一郎が内務大臣になり、かれは村田五郎を警保局の保安課長とした。平沼が内務省で一番の信頼をおいていたのが村田だった。そのとき四十一歳の村田がさっそくやったのは、国策研究会の矢次一夫に威しをかけることだった。

村田は矢次を革新系の諸勢力と陸軍軍務局とのあいだを結ぶ調整役、まとめ役と睨んでいた。かれは矢次とその周辺をしつこく洗い、逮捕するぞと脅迫した(11)。だが、村田は陸軍軍務局嘱託の矢次を捕らえることはしなかった。警保局長の橋本と保安課長の村田のコンビは昭和十六年一月に三人の企画院調査官を捕らえた。そして四月には農林省の課長と民間機関の調査マンの五人を逮捕した。

橋本と村田は鶏を殺し、猿を威そうとしたのである。狙ったほんとうの相手はべつだった。猿とはだれのことだったのか。企画院第一部第一課の前身である企画院の審議室に集まっていた各省派遣の中堅幹部だった。貴族院、衆議院、財界、そして内務省の革新嫌いの人びとが警戒し、嫌悪していた顔ぶれがすべてそこに集まっていた。

たとえば商工省物価総務課長の美濃部洋次がいた。審議室の大きなテーブルを囲んで、議論していたが、美濃部も他の者もそのときにはまだ正式に企画院に籍を移していなかった。美濃部は綿業課長だったときに、綿業統制の荒療治をやって、大手紡績会社の首脳から機屋の主人、衣料問屋、小売業者までにその名とその顔をはっきりと覚えられ、憎まれ者となったことは前に述べた。

美濃部以上に警戒されていたのが逓信省官房企画課長の奥村喜和男《きわお》だった。かれは企画院の前身の内閣調査局に出向して、電力業を国家管理とする計画をたて、粘りに粘り、第一次近衛内閣のときにそれを実現してしまった。こうしてかれは五大電力会社と保守勢力から憎まれることになった。

審議室には、ほかに大蔵省理財局企画課長の迫水久常、興亜院経済部第一課長の毛利英於菟《ひでおと》、鉄道省運輸局配車課長の柏原兵太郎といった活力あふれる活動家がいた。菅太郎が「幕末の諸藩有志」と形容したのはぴったりの表現で、かれらは奥村や美濃部ほどの知名度はなかったが、永田町と霞が関ではすでに際立った存在だった。そして審議室の室長が東大経済学部に留学した変わり種の陸軍軍人、前に何回か述べたことのある秋永月三だった。

橋本清吉と村田五郎が企画院調査官を捕らえ、威しをかけたのは、その審議室に向けてのデモンストレーションだった。つけ加えるなら、村田は大臣の平沼の秘書官兼保安課長となる以前、昭和十五年八月から三カ月のあいだ、内務省から派遣されて、その審議室にいた。それゆえに村田は秋永月三が率いるその部屋が企画院の頭脳であるばかりでなく、革新勢力のすべての人びとから新体制運動の牽引車になると期待されていたことを、だれよりも詳しく知っていたのである。

平沼、萱場らは企画院審議室に揺さぶりをかけたばかりでなく、革新勢力のもうひとつの牙城である大政翼賛会の中央本部を攻撃しようとして、それこそ早太鼓を打ち鳴らした。右翼団体を煽動して、中央本部は共産主義運動の策源地だと非難させ、財界をして中央本部に資金をだすのをやめさせ、有馬頼寧《よりやす》、後藤隆之助、亀井貫一郎をはじめ、四百五十人の役職員を辞任に追い込んでしまった。

内務省の警保局と地方局の幹部たちはこんな手洗なことをやったばかりだったから、企画院が内務省解体案を準備していると知って、即座に反応し、これは革新勢力の復讐戦なのだ、敵は反撃にでてきたのだと思い込み、そのような強迫観念にとりつかれたのである。

どうしたらいいかとかれらは考えをめぐらしたのであろう。本来なら心配することはなにひとつなかった。満洲で民政部を解体したようなことは、日本ではとてもできはしなかった。首相、企画院総裁、陸相が手を握り、行政改革案を提出したとしよう。どうということはなかった。内務大臣が断固反対だとがんばれば、首相の側はどうにもならなかった。しかも大蔵大臣が内務大臣と共同歩調をとるであろうし、人事権をとりあげられる他の閣僚も、首相の側につくことはないだろう。首相はどうにもならない。不承不承その案を引っ込めることになる。あるいは閣内不一致の責任をとり、総辞職せざるをえなくなる。

だが、近衛と鈴木の側がそんなまずい手を打つはずはないと内務省の幹部たちは考えたのである。近衛と鈴木は閣議に内務省解体案を上程するに先立ち、内大臣を味方につけるはずであった。

閣議で内務大臣が内務省の解体には反対だと主張し、がんばりつづける。首相は閣議を中断し、執務室に内務大臣を呼び、私に協力できないなら、辞任してくれと言う。絶対にやめないと答える。それでは退陣するしかないと首相が語り、ただちに参内し、総辞職の理由を奏上すると言う。

それから数時間あと、内務大臣が内大臣に呼ばれる。内大臣が言う。陛下はこの未曾有の危機のさなかにこのような問題で内閣が総辞職することを懸念されておられる。再考できないものか。こうして内務大臣は内閣を総辞職に追い込むことができなくなる。単独で引責辞職せざるをえない。それでおしまいだ。総理は内務大臣を兼任する。大蔵大臣が反対しても同じことだ。近衛は大蔵大臣をも兼任する。そして閣議を開き、内務省取潰し案を重ねて上程し、閣議決定となる。あとには枢密院の審議が残っているが、要綱案が可決されることはまちがいない。

これに対抗する手だては内大臣をこちらの味方につけることしかない。だが、近衛と鈴木は内大臣と親密だ。かれらと内府を奪い合って、こちらの側に引っ張り込むことはとてもできないと萱場が語り、橋本らがうなずいたのであろう。

内大臣に探りを入れる。企画院総裁の動きに注意を払う。内務省の幹部たちはそんなことを決め、近衛首相の悪口を語って、うさを晴らすことになったのであろう。かれらは革新派の連中がもういちど近衛を籠絡したのだと思っていたから、自分の考えをもたない。気の変わりやすいお公卿さんだと罵り、あっちにつき、こっちにつく長袖者流《ちょうしゅうしゃ》がと罵倒したのであろう。

古井喜実《よしみ》もその集まりに加わっていたのであろう。かれが末次信正を擁立する運動に加わっていたことは前に述べた。いまやそれどころではなかった。お家の一大事だった。かれはそのとき内務大臣の秘書官であり、人事課長を兼任し、四十一歳だった。かれは企画院にいる内務省からの出向者に鈴木貞一の動きを見張らせ、だれと会ったか、どこを訪問したかを報告させることにした。昼休みに、古井はかれと内務省から一ブロックさきの日比谷公園で会った。木陰のベンチの端と端に坐り、ぼんやり遠くの景色を眺めているようなふりをして、あたりの人影をうかがった。共産党のレポのようだと古井が前を向いたまま言い、相手がかすかに笑った。

そして十月五日に警保局長の橋本が内大臣に会い、十月八日には警視総監の山崎が内大臣を訪ねた。橋本と山崎は国内状況を木戸に説明しながら、行政機構改革案に触れたのであろう。国内の情勢がこのように緊迫し、悪化しているときに、内務省を解体するなど論外だと語って、内大臣の反応をうかがったのであろう。木戸はその計画を承知していたが、橋本や山崎と意見の交換をするつもりはなく、うなずくだけだったにちがいない。

こうして内務省の幹部たちの脳裡は内務省廃止の問題でいっぱいとなり、ほかのことを考える余裕がなくなった。日米交渉がゆきづまったらしいと聞き、総辞職になるのではないかとの噂を耳にしても、池の水を掻きまわして、魚を取ろうとする企画院の連中の見えすいた宣伝だと思うようになった。政変を避けたいと願っている内大臣を脅かし、かれに一役かわせることによって、行政機構改革案を通そうとする首相の側の策略なのだといっそうの猜疑心を燃やすことになったのである。

内務省　対　革新勢力　昭和十六年十月

十月十三日の夜のことになる。古井は聞きずてならない報告を受け取ったのであろう。午後八時に鈴木貞一が赤坂新坂町の内大臣の私邸を訪ねたというのである。

鈴木が木戸の私邸を訪ねるのは月に一度あるかなしだった。ところが、十月に入って、十月一日につづいてそれが二度目の訪問だった。気がかりな点がもうひとつあった。木戸を訪ねたのが夜だということだった。鈴木に限らず、内大臣に用事のある政府高官がかれの邸を訪問するのは、朝の九時か、九時半と決まっていた。どうして鈴木と木戸は翌日の朝まで待つことができなかったのか。どんな重大な用件が内大臣と企画院総裁のあいだにあったのか。

翌十月十四日の深夜、古井は鈴木の行動についてまた新しい情報を耳にしたのであろう。午後十一時すぎ、鈴木は今度は首相の荻窪の私邸を訪ねたというのだ。古井は不安を募らせたのであろう。なんの用事だろうか。昼にも首相官邸で二人は密談したばかりではないか。しかも鈴木は陸軍大臣ともなにやら談合した。

その翌日、十月十五日のことになる。朝、古井は登庁してすぐに新しい情報を受け取ったのであろう。鈴木貞一が午前九時半に木戸の私邸を訪問したというのだ。十月十三日に鈴木は木戸と密議した。一日おいてふたたび内大臣を訪ねる。かつてないことだった。

もちろん、古井とかれの上司たちは総辞職の噂がいたるところに飛びかっていることを承知していた。では、鈴木は木戸と内閣退陣の問題を話し合ったのであろうか。そうではない。鈴木は入念な準備を終えたのだ。内大臣に向かって、いよいよ要綱案を閣議に付すと語り、めんどうが起きたらよろしくお願いすると語ったのだ。内務省の幹部たちはこんな具合に判断した。

午後二時に警視総監の山崎が木戸を訪ねた。もちろん、鈴木総裁の用向きはなんであったのかと聞くことはできなかった。内閣総辞職になるのかと問うたのであろう。総辞職はないと木戸は答え、町にひろがる臆測をはっきり否定したはずであった。

それを聞き、内務省の幹部たちの緊迫の度合は最高に達した。首相官邸が行動を起こすものと信じ込んだ。

鈴木貞一は橋本清吉や古井喜実が想像していたようなことをしていたのか。

たしかに十月十三日の夜、鈴木は内大臣の私邸を訪ねた。だが、かれは行政機構改革案を木戸に説明したわけではなかった。前日の十月十二日、近衛の私邸に陸海両相、外相が集まった。鈴木もその会合に加わった。日米交渉をつづけるかどうかを話し合い、首相が交渉をつづけたいと言い、陸相がそれに反対した。鈴木は木戸にその会談の経緯を説明し、閣内の不統一とゆきづまりを告げたのである。木戸はその日の日記につぎのように記した。「八時、鈴木総裁来邸、政局の緊迫を憂慮し、打開策につき種々話あり」

翌十月十四日の閣議で、陸軍大臣の東条が中国から撤兵しないと説き、心臓まで譲る必要はないと主張したことは前に記した。そのあと近衛が鈴木に会ったこと、そしてその夜に内田信也の邸にいた近衛のところに鈴木から電話がかかり、面会を求めてきたといった話も前に述べた。

近衛と鈴木が行政機構改革案を相談する余裕などあるはずはなかった。閣議のあと、近衛は鈴木に向かって、閣内不一致は東条に原因があるのだから、このあとどうするつもりか、だれを首班に推すのかを尋ねてくれと言ったのだった。そしてその夜にふたたび二人が会ったとき、鈴木は東条の伝言をもたらし、後継首班には東久邇宮しかいないのではないかと語ったのである。

そこで十月十五日の朝に鈴木が木戸の邸を訪ねたのは、行政機構改革の問題なんかであるはずがなかった。木戸は日記につぎのように記した。

「午前九時半、企画院総裁鈴木中将来訪、東条陸相の意向を伝達せらる。概要左の如し。近衛首相にして翻意せざる限り政変は避け難きものと思わる。之が後任に就ては、……東久邇宮殿下の御出馬を煩わすの外なかるべし云々。

余は事皇室に関することなれば慎重なる考慮を要す、……尚、充分研究の要あるべき旨を答う」

ところが、内務省の幹部たちは敵陣営が内務省の取り潰しにとりかかるものと信じきっていた。そして不思議なことが起きた。かれらにとっては不思議なことでもなんでもなく、かれらの予測したとおりのことが起きた。「やってきたのだ」と古井はのちに述べる。なにがやってきたかについては、おかしなことに、かれはなにも言っていない。「大臣にすぐハンコを押させず」、「一晩大臣に態度を保留してもらった」と古井は語るのである。(12)

どういうことだったのであろうか。首相の側は行政機構改革要綱案を持回り閣議で通そうとしたのであろうか。内務省取り潰しを含む重大な案だった。内務大臣は総理の使いに向かって、慎重に検討したいと言い、一週間から十日の時間が必要だと主張して当然なはずであり、秘書官の古井が大臣にそのような助言をして当たり前なはずであった。ところが、萱場や古井は大臣に向かって、一晩態度を保留してもらいたいと語ったというのである。

古井らは内務省に泊まり込んだ。「城をまくらに討ち死にしよう」という意気ごみだった。そして内務省にとって、その夜は「いちばん長い夜」であったとのちに古井は語るのである。内閣書記官長が来て、つぎに企画院総裁が現れ、さらには陸軍軍務局長がやってきて、ハンコを押してくれと迫り、大臣、次官とのあいだで、激しい言葉の応酬があって、ついに田辺はハンコを押さなかったのか。

もちろん、ほんとうはだれも来なかったのである。朝になって、萱場、橋本、古井らは、警視総監や他の者に首相や企画院総裁の前夜の動きを尋ね、さらにあちこちに電話を入れたのであろう。かれらの耳に入ったのは、総辞職となるのはまちがいないという情報ばかりだったはずである。すべての国内情報は内務省に集中し、内務省警保局に集まる仕組みとなっている。

ところが、かれらは首相の側が内務省廃止案をもち込んでくるとなおも思いつづけた。今日こそ、首相はそれをだしてくると信じた。もっとも、ムードは完全に一変し、かれらの胸中にその朝まであった不安はあとかたなく消えてしまっていた。

どういうことだったのか。かれらは前日に内大臣が総辞職を強く否定したという事実になおも拘泥していた。近衛総理がすべてをほっぽりだしてやめてしまうことに内大臣は絶対反対なのだと思った。お上の意思でもあろうと考えた。だが、近衛総理のほうは、対米戦争の決意ができず、対米交渉にも自信を失ってしまい、どうにもならなくなって身をひきたいのであろう。そこでかれは行政機構改革案をもちだし、閣内に反対意見がでるのを待ち、それを総辞職の口実にするつもりなのだ。

内務省の幹部たちはこんな具合に考えた。まだ朝のうちのことであろう。古井喜実は矢部貞治に手紙を書いた。電話ですむ用事だったが、世田谷の矢部の家には電話がなかった。「内閣の命運切迫し、而も、全面的行政機構の改革を問題にして、それを引込みの口実にするらしい[13]」と古井は末尾につけ加えた。

むろんのこと、そのばかげた予測もはずれた。正午近くになって、萱場や古井は新しい情報を耳にした。外務大臣が総理に呼ばれ、総辞職をすると告げられ、その理由の説明を受けたというのである。内務省廃止案などどこにもなかった。内務省の幹部はいずれも狐につままれたような気持ちだった。

内務大臣も総理に呼ばれた。そしてその日の午後五時に首相は天皇に辞表を捧呈した。辞表には辞任の理由をはっきりと書き記していた。閣内の不一致のために総辞職すると述べ、不一致は中国の撤兵の問題が原因であり、陸軍大臣と「懇談四度ニ及ビタルモ終《つい》ニ同意セシムルニ到ラズ」(14)と記していた。

内務省の幹部が、役所のなかの役所といった存在である内務省を守ろうとした話はまだ終わらない。

それから二日あとの十月十八日、古井喜実はいきなり棒でなぐられたような大きな衝撃を受けた。新内閣の顔ぶれを知ってのことだ。企画院総裁の鈴木貞一は留任と決まり、内務大臣は首相東条の兼任となった。

萱場、橋本をはじめ、内務省の幹部たちも顔色を変えた。近衛内閣が総辞職したのを利用し、敵は戦法を変えたのだと気づいた。内大臣をわずらわすことをやめ、単刀直入、ことを決めることにしたのだ。新首相は内務大臣を兼任して、内務省の取り潰しにとりかかるつもりであろう。こうなってしまっては、打つべき対策は皆無である。

十月十九日の朝、古井喜実は陸軍大臣官邸の新内務大臣に挨拶に行くことになった。内務大臣が辞任するときには、次官、警保局長、警視総監の内務三役も辞任するのがしきたりであり、次官も、警保局長もまだ決まっていなかったから、古井が赴くことになったのである。かれはでかける前に冷酒をひっかけた。やけ酒だった。内務省は廃止すると宣告されるのを覚悟して、黙れと怒鳴られるまで、反対意見を開陳しようと思っていたのである。

ところが、東条新大臣は内務省を解体するとは言わなかった。それを隠しているような素振りはまったくなかった。[15] 古井はまたも狐につままれたような気持ちとなった。

古井は飛んで帰った。首を長くし、暗い顔で待っていた萱場、橋本に会談内容を報告した。だれもがほっとし、急にいきいきとして、このさきの対策をたてることになった。今度は先手を打つ。近衛がいなくなったのだから、こそこそとやることはない。東条がそれをやろうという気を起こす前に、その案を徹底的に踏み砕いてしまう。

人事であれ、政策であれ、気に入らない計画をくつがえすには、すべてを暴露してしまうのが決め手となる。あること、ないこと、もっともらしい話をつくりあげ、宣伝することだ。こんな具合にかれらの対策は決まったのであろう。

それから二日あとの十月二十一日、古井は矢部に会った。古井は政変の内幕を語った。矢部はそれを日記に記した。

「古井の話しでは政変の直前に企画院を中心とする数人のものを首相官邸にかんづめにして、全面的行政機構改革案なるものを作り、極秘裡に諸大臣を説服し、最後に内務大臣に持って来たので、内務省では大いに反対したということがあった由で、近衛の方は、これを引込みの遁辞にしようという態度であったとのことだ[16]」

そして古井は真実の手加減を気ままにおこない、「ハンコを押させず」「一日だけ待ってもらった」といった話をつくりあげ、近衛内閣が瓦解したのは、「内務省廃止問題で暗礁にのり上げたのが原因との説を流す人」[17]がいると語ることにもなった。もちろん、そのような話を説いてまわったなかには、古井もいたのである。

そしてふたたび内務省 対 革新勢力

及川古志郎、永野修身をはじめとする海軍首脳たちが大海軍を守ろうとしたのと同じように、まさに同じときに内務省の幹部たちが大内務省を守ろうとした長い話はこれで終わる。繰り返すなら、首相の近衛がアメリカとの戦争を回避しようとして懸命な努力をつづけていたとき、内務大臣の田辺治通、次官の萱場軍蔵、警保局長の橋本清吉、そして大臣秘書官の古井喜実らは、枯れ尾花の内務省廃止案に怯え、そのことだけで頭がいっぱいになり、国の命運を決める重大問題にまったく気づくことがなかったのである。

四月七日昼すぎ、赤坂三河屋における高木惣吉、古井喜実、矢部貞治、天川勇の集まりに戻る。山崎巌を内閣書記官長にすることができずに終わり、海軍と内務省の同盟をつくろうとしたのが、まったく逆のことになってしまった。かつて内務省を潰そうとした連中と陸軍との同盟ができようとするのだ。だれもが陰鬱な気分になって当たり前である。

翰長は山崎次官できまりときめてかかり、私が油断したのが失敗の原因だと高木が頭を下げたのではなかったか。

山崎巌は海軍と気心が合っている。米内が首相だったときに、山崎が警保局長だったのがはじまりだった。警察の元締めの警保局長となって、かれは首相に協力した。こうしてかれは米内に高くかわれ、海軍幹部とつながりができ、昭和十九年には半年ほど海軍司政長官をやったこともあった。そこで高木はたかをくくり、鈴木大将に向かって、米内大臣が山崎次官を強く推していると説けば、それで万事はきまりと思っていた。

昨日、四月六日の朝、高木はゆっくり行動した。まず一番に、麴町三年町の華族会館で内府秘書官長の松平康昌に会った。それが午前十時半だった。じつは岡田啓介が組閣本部でやることのすべてをやりおえ、自宅へ帰ろうとしていたのが同じ時刻だった。高木は岡田がやったことを知っていたら、松平を説いてもむだだと気づいたはずであった。なんといっても岡田と松平は旧藩主と旧家臣の緊密な絆で結ばれている。ところが、高木はなにも知らないものだから、内閣書記官長に山崎を推したいと松平に告げ、内大臣府の支持を得たように思ったのである。高木は海軍省に戻り、組閣本部へ行った米内大臣の帰りを待った。米内の賛同を得て、高木は内務省庁舎の裏にある内務次官の官舎へ行き、そこに待機していた山崎巌、坂信彌とともに丸山町の組閣本部へ赴いた。

鈴木大将が外出していると告げられ、隣の千葉邸に案内されて、そこで待つことにした。ところが、鈴木邸には迫水久常が来ていて、組閣参謀としてふるまっていると知って、高木、山崎、坂の三人はびっくりした。あの容共的で、陸軍にべったりの策士が内閣書記官長になるのだろうか、これは大変だと慌てた。高木は華族会館で近衛公と会見しているという鈴木大将のあとを追うことにした。

高木は鈴木に会って、内閣書記官長に山崎内務次官を充ててもらいたいと頼んだ。そのあと高木は近衛と話し合った。内閣書記官長は迫水にきまってしまったようだ、秋永月三も広島から東京に戻ってくる、迫水の仲間も集まってくると近衛の語る見通しを聞いて、高木はしまったと臍を噬んだ。かれはそれから今日の午前中まで多くの人に会い、山崎を内閣書記官長にしようと努めたが、どうにもならなかった。

高木は古井や矢部に向かって、岡田大将にしてやられたのだと語り、つぎのようにつづけたのであろう。岡田大将は昨日の朝早く鈴木邸に行き、鈴木大将に迫水を押しつけた。そして迫水が来るまで、やってくる平沼系の人たちを鈴木に会わせないようにし、邪魔が入らないようにした。そして迫水が到着するや、鈴木にただちに陸軍省へ挨拶に行けと勧め、閣僚候補の名簿を鈴木に渡し、迫水には留守をとりしきれと言い、自分は自宅へ帰っていったのだ。

じつは高木が知らないことで、岡田がやったことがまだあった。岡田が鈴木に渡した閣僚候補の名簿は陸軍のものだった。岡田は鈴木邸に行く途中、陸軍軍務局嘱託の矢次一夫と会った。鈴木大将も、自分も、閣僚の適任者を知らないと岡田は矢次に語り、陸軍の閣僚候補者名簿があるのなら、それを参考にさせてほしいと頼み、その名簿を大蔵省の迫水久常に渡してもらえまいかと言った(18)。岡田は陸軍御用の矢次に向かって、迫水が内閣書記官長になるのだと仄めかし、迫水を通じて、陸軍と新内閣との協力態勢をつくりたいと暗示したのである。

高木や古井は岡田が陸軍の新大臣と陸軍次官を懐柔するためにそこまでやったとはまったく気づいていない。それでもかれらは岡田大将の狡猾さにしてやられたと口々に語り、組閣本部には菅太郎も来ていたのだとだれかが語り、迫水や菅に対する非難がつづき、昨年末から今年はじめにかけての岸信介や千石興太郎、柏原兵太郎らが組み、かれらがつくろうとした生産軍と新党の話になり、かつて秋永月三のもとにいた連中がすべてその工作に加わっていたのだといった話がつづいたのであろう。そしてあの連中と陸軍との同盟を潰さなければならないとだれかが言い、ほかの者がうなずいたのである。

家に戻って、矢部貞治は日記につぎのように記した。

「朝起きて掃除を始めたら七時二十分頃警報で、大編隊が北上中とのこと、九時過ぎ空襲警報が出て東京の空にも百機位B29とP51が現れたが大して投弾せず関東北部に向ったらしい。P51が来たのは始めてで硫黄島の戦果が現れ出した証左だ。

十一時頃解除になったので約束により赤坂の三河屋へ行く。途中交通機関の無秩序と混雑は言語道断だ。

高木少将、古井、天川と会同。組閣の経過を聞いて憤慨に堪えぬ。閣僚の顔振れもお話にならぬが、迫水が書記官長だというに至っては情けない。岡田大将の私心と迫水の小才子と野心とそして陸軍の少壮派の謀略の結合に他ならぬ。尽忠至誠の鈴木大将を台なしにするのみでなく、国を亡ぼすやり方だ。最上の顔振れを揃えて万死以て国難に殉ずべきのとき、醜態未熟の手合の蠢動《しゅんどう》するのには痛憤を禁じ得ぬ。一同最後の努力をして見ることに話し合せ散会(19)」

志賀直哉の問い

夜に入る。同じ四月七日のことである。近衛文麿は世田谷深沢の長尾欽弥の邸にいる。近衛が荻窪の自宅にいないのは、電話と来客を嫌ってのことだ。友人や知人からつまらぬ情報を聞かされ、意見を求められるのが迷惑だからである。そして吉田茂から電話がかかり、小畑敏四郎や岩淵辰雄がやってくれば、さらにめんどうだと思ったのである。

じつは吉田、真崎、小畑らは思いちがいをしている。かれらは二月十四日に近衛が天皇に陸軍の現指導部を更迭しなければならぬと上奏したことを承知している。そしてかれらは近衛が梅津一味の正体を暴露したことが宮廷に大きなショックを与えたと信じ込み、今回の政変に大きな夢を描いてきている。

実際には近衛が陸軍指導部を粛清しなければならぬと主張したのにたいし、天皇はなんの関心も示さず、それを話題にしたくないといった態度をとった。天皇が近衛に向かってだれを推すのかと尋ねたのは、検討と討議の必要があると思ってのことではなく、上奏者の近衛への儀礼上の配慮からだった。近衛はたしかにそのとき真崎と小畑の名前を挙げた。その話を吉田や小畑にしたから、かれらは喜んでいるのだが、近衛は天皇に向かって、宇垣一成、石原莞爾、山下奉文、阿南惟幾の名も挙げていたのである。

上奏のあと、近衛は天皇を説得できなかったことを無念に思った。そしてそのあとになれば、他の重臣たち、平沼騏一郎、若槻礼次郎、岡田啓介らが天皇に向かって、戦争をやめねばならないと述べることなく、陸軍指導者の更迭をすべきだと主張しなかったと知って、ひどく失望したのである。

近衛はそうしたことのすべてを吉田や小畑に語っていなかった。そこでかれらは望みなき期待を抱きつづけてきている。今回の政変で、真崎と小畑は自分たちのどちらかが陸軍大臣になれるかもしれないと思い、少なくとも国務大臣になれるだろうと思い込んでいる。

かれらは組閣の状況が気がかりであろうから、なにか言ってくるにちがいないと近衛が思うのは、こうしたわけからである。どうして組閣本部からなにも言ってこないのだろう、またも内大臣が邪魔をしたのであろうかといった問いに答えるのがめんどうだから、近衛は長尾邸にいるのである。

もちろん、松平康昌や富田健治、高村坂彦には、長尾のところにいると告げてあるから、組閣の情報はかれの耳に逐一入る。世田谷は都心と即時通話ができない。ところが、長尾の家の電話は四谷分局に区域外の加入をしており、その回線にはつねに交換手が注意を払っているから、待たされることがない。

長尾邸の客は近衛のほかにもう二人いる。児島喜久雄と志賀直哉である。長尾欽弥の妻の米子が近衛に向かって、だれかみえるのですかと問い、予定はないと近衛が答え、志賀先生をお呼びしましょうかと米子が言ったのであろう。志賀の家は近い。歩いて五分ほどのところにある。そこで児島喜久雄が志賀の家に電話をかけ、関白がおいでだ、でてきませんかと誘ったのである。

児島喜久雄は長尾家の常連である。かれについて触れておこう。五十七歳になる。東京帝大文学部の教授であり、専門は西洋美術史である。学習院出身のかれは志賀の後輩である。少年時代には直哉と喜久雄は口をきいたことがなかった。二人が接触するようになったのは、明治四十三年に同人雑誌の「白樺」を発刊し、ともに同人となってからである。

近衛も学習院の出身だが、かれが四級上の児島と親しくなったのは、長尾の邸で顔を合わせるようになってからである。酒が入り、興がのると、近衛は筆をとり、色紙に若山牧水の短歌を書くことがある。近衛は手紙を書くことはほとんどないが、習字はよくやり、字は上手である。児島がその色紙に絵を描いた。かれは少年時代に水彩画を習い、学習院中等科のときから与謝野鉄幹の短歌雑誌「明星」のカットを描いたことがあり、上野の展覧会に出品したこともあった。

空襲がはじまる直前の昨十九年十月に近衛は先祖の遠忌《おんき》法要のために京都、奈良へ行ったことは前に触れた。家族のほかに、山本有三、細川護貞、長尾欽弥を伴っての大名旅行だったが、児島もお伴の一員だった。

喜久雄は学生時代にはよく勉強した。ドイツ語はできたし、本もよく読んだ。だが、仕事が遅かった。「白樺」に載せるかれの原稿が締め切りに間に合うことはなかった。志賀は児島の小難しい論文を読んだことはなかったが、そのつぎの号にかならずかれの長い訂正文が載るのを見て、苦笑したものだった。

こうした完全主義が災いしたのであろう。喜久雄が美術史や美学についての研究を発表することは滅多になかった。はたから見れば、かれは怠け者である。長尾の邸の客間に坐り込み、つぎからつぎへと煙草に火をつけ、喋りつづけている。かれは長尾米子のお気に入りのひとりなのである。

長尾米子は五十五歳になる。招宴好きで、政治家、高級軍人、大学教授を三日とあけずに招待していることは前に記したし、長尾家のあふれる富の源泉である製薬工場が玉川線終点の砧《きぬた》にあることは、これも前に触れた。女傑と呼ばれる彼女と三歳年下の夫の欽弥についてはこのさき触れる機会があるだろう。

志賀直哉は誘いがかかってうれしかった。今日は午後一時半から三年会の会合があるはずだった。ところが、内閣総辞職となり、集まりは中止となってしまい、かれはずっと家にいた。長尾邸に招かれてうれしいのは、目と胃袋を十二分に楽しませてもらえるからである。ときたま長尾家から招待の電話があって、自分が招かれたように喜ぶのが妻の康子だった。直哉が帰ってきて、どのような御馳走がでたのかを尋ね、二人はもういちど楽しんだ。

直哉は近衛から重大な話を聞くことができると思い、胸が躍った。

直哉は前に近衛と何回も会ったことがある。昨年六月には近衛から昭和十六年十月の辞表の写しを見せてもらったことがあるのは前に述べた。直哉と近衛を結んでいるのは、児島と近衛との関係と同じように、長尾邸なのだが、二人の関係はそれだけではない。二人のあいだには志賀直方の存在があった。直方は直哉の父の直温《なおはる》の弟だった。

志賀直方については前に触れたことがある。かれは近衛家二代にわたっての忠臣だった。第一次近衛内閣の書記官長は風見章だったが、かれを近衛に推薦したのが直方だということも前に記した。

直方と近衛家との結びつきは、新聞が美談として掲げ、雑誌が載せたことがあるから、多くの人が記憶している。志賀直方は近衛篤麿公の恩誼に酬いるために、遺児の文麿公が成人となるのを楽しみ、公を通じて国に奉公したといった物語である。

直方は学習院で学んだ。つけ加えるなら、直方の父、直哉の祖父の直道は明治維新まで相馬中村藩の普請奉行であり、明治になってからは足尾銅山の開発に尽力した。こうして志賀家は地方門閥であったことから、子弟たちは学習院に通うことになったのである。

そこで直方だが、中等部にいたとき、夜遊びにでようとして、これをとがめた守衛をなぐってしまった。退学処分を受けたかれは院長の近衛篤麿に泣きついた。篤麿が復校を許し、みずから保証人となって、直方は卒業できた。かれは士官学校に学び、少尉に任官したとき、篤麿が没した。一年あとに直方は日露戦争に出征し、奉天の戦いで右の目を失い、現役を去った。それからかれはずっと近衛文麿の側近のひとりとして活動し、近衛の大久保彦左衛門といった存在になった。

ところで、直方は精神主義者であり、守旧派だった。若い近衛に自分の考えを吹き込み、自分と同じ考えの仲間たちをかれに紹介した。直方は士官学校で四期上の荒木貞夫を高くかっていた。荒木を中心とする皇道派の将軍たちを近衛に近づけたのが直方だった。そこでかれのことを近衛公の右翼探題だといったのは評論家の山浦貫一だった。直方は昭和十二年十一月に没した。かれにとって幸せだったのは、それより半年前に近衛が首相となっていたことだった。

こうしたわけで、近衛は直方と近縁の直哉に親近感を抱いてきた。だが、直哉が近衛にもつ感情はもうすこし複雑である。国士志賀直方の献身といった話に反発する気持ちが当然ながらある。そこでかれの近衛観は少々皮肉っぽいものとなっている。かれは三年会の熱心なメンバーだが、山本有三のように近衛擁立といった考えをもってはいない。

さて、長尾家の御馳走は相変わらずである。日本酒とワインがでて、色、形さまざまな小鉢が並ぶ。そして手提げ弁当には焼きもの、揚げもの、煮ものがついて、すっぽんのお椀がでる。すっぽんはいうに及ばず、脂がのった小鴨、白米の御飯、なにもかも、近衛、志賀、児島、どこの家庭でもお目にかかったことのない食べ物ばかりである。

だれもがほろ酔い気分になり、満腹になった。志賀が近衛に向かい、どうして小磯大将はやめたのかと尋ねたのであろう。陸軍と衝突し、外務大臣とも喧嘩したようだと近衛は答えたのではなかったか。倒閣は木戸が仕組んだものだということを近衛はまだ知らない。つぎに日ソ中立条約の廃棄をソ連が通告してきたというニュースが話題になり、四月末にサンフランシスコで開かれる国際会議を警戒しなければならないといった話になったのであろう。

食後には苺《いちご》がでた。真っ赤に熟れた福羽《ふくば》苺である。砂糖の白さが目にしみる。苺の季節なのだと志賀も、近衛も思う。そして新首相の話になった。

志賀は鈴木貫太郎について思いだすことがある。網野菊が鈴木大将の家人から聞いたという話だ。直哉の弟子の網野は鈴木一の妻の布美と日本女子大学で同クラスだった。網野は鈴木布美から聞いたのである。鈴木大将は「日本がこの戦争に勝っても負けても三等国になる」と言ったというのだった。シンガポールを占領した直後のことであり、直哉はラジオ放送で「若い人びとに希望の生まれたこともじつに喜ばしい。われわれの気持ちは明るく、非常に落ち着いてきた(20)」と喋ったばかりのときだった。直哉は鈴木の言葉の真意をつかみかね、不思議に思い、現在まで忘れないできたのである。

直哉はその疑問を近衛に尋ねてみようと思い、鈴木大将はこの戦争をはじめから避けたいと思っていたのではないかと問うたのであろう。近衛は気乗りのしない返事をしたにちがいない。枢密院で三国同盟条約案を審議したとき、枢密院副議長だった鈴木が日米戦争は回避できないとはっきり述べたことを近衛は記憶している。どんなものでしょうねと直哉に語るかれの言葉数は少なかったのであろう。直哉はさらにつづけて議論を交わすだけの情報をもたなかったから、黙り込んだ。

女中が告げにきて、近衛は、これで何度目のことになるか、またも電話室にたった。

組閣の状況を伝えてくる電話である。これらの電話をつなぎあわせれば、つぎのようになるのであろう。

〈お聞き及びと思うが、昨日のことからお知らせする。華族会館で鈴木大将は公爵に入閣を勧めたように、岡田啓介大将、南次郎大将、広田弘毅氏にそれぞれ入閣を求めた。また鈴木大将は広瀬豊作と連絡をとり、かれの義父の勝田主計《しょうだかずえ》氏を呼んでくれとも言った。

公爵を除けば、六十七歳の広田氏がいちばん若い。七十五歳、七十七歳になる老人を集め、大物内閣、はっきりいえば大時代な老人内閣をつくるつもりだった。だが、公爵が反対し、岡田大将、勝田氏も賛成しないために、鈴木大将の計画は反古となった。

岡田大将は娘婿の大蔵省銀行局長の迫水久常を書記官長に推し、勝田主計氏は婿の広瀬豊作を大蔵大臣に推薦した。広瀬は第二次近衛内閣のときに大蔵次官だったから、御承知であろう。広田弘毅氏は東郷茂徳氏を外務大臣に推した。

まず内閣書記官長のポストだが、重臣たちが激しく争った。鈴木大将をひとりほうっておいては心もとないという懸念があるからであろう。鈴木大将自身は現役時代の部下だった左近司政三中将を翰長にしたいと考えていた。内大臣は自分の子分の広瀬久忠を推した。海軍は内務次官の山崎巌を推薦した。平沼男爵はこれまた子分の太田耕造を推した。広瀬は問題にならなかった。この二月に翰長になりながら、一週間でやめたとい

う前科が災いした。つぎに山崎だが、かれを書記官長にしては、内閣の海軍寄りの姿勢

があまりに露骨になる。そして平沼には陸海軍の支持がない。こうして迫水が残り、か

れに決まった。かれは昨日から今日にかけて組閣本部に詰め、人びとを応対し、組閣参

謀長となっていたことから、先手をとった岡田啓介大将の作戦勝ちといえよう

電話による報告はさらにつぎのようにつづいたのであろう。

〈もちろん、翰長が迫水と決まって、反対の声、警戒の声は大きい。迫水本人は、新潟県知事の町村金五が書記官長になるというのなら、自分は身をひくつもりだったが、広瀬、山崎、左近司と比べるのなら、自分のほうがいいとがんばったのだという。町村が内大臣に翰長就任を勧められながら、固辞したという事実を知ったうえでの発言である。

迫水は陸軍軍務局長と電話連絡をとりながら、組閣工作をすすめてきた。当然ながら陸軍は翰長が迫水に決まったことで満足している。近いうちに広島にいる中国軍需管理部次長の秋永月三中将が東京へ戻ってくることになろう。公爵が懸念されたように、秋永・迫水ラインができ、政策決定の中心となるのではないか。

陸軍は米内大将の海軍大臣留任にたいする反対を取り下げた。新陸軍大臣の阿南大将が軍務局長に反対するのをやめよと言ったようだ。内大臣がなにやら示唆をしたのかもしれない。それはともかく、陸軍側が提出した三条件を鈴木新首相が呑んだという事実は残る。

外務大臣は東郷茂徳氏となるようだ。かれは軽井沢にいるから、上京は今夜遅くなる。重光葵氏留任の噂が最初にあり、重光氏は帝国ホテルで待っていたにもかかわらず、なぜか鈴木大将はかれと会見しなかった。小磯前首相が重光の留任に反対したという情報がある。

大蔵大臣のポストには、陸軍側が渋沢敬三日銀総裁を推していたが、広瀬豊作氏に決まった。

内務大臣の椅子は陸軍に渡すという話だった。迫水がやろうとしたことだ。かれは阿南大将が兼摂するようにと主張した。阿南が辞退し、迫水は鈴木大将と協議のあと、陸軍次官の柴山兼四郎を内務大臣にしようとした。だが、陸軍側は考えを変えたようだ。今日の昼すぎ、組閣本部に安倍源基《げんき》が呼ばれ、かれに決まった。長州出身の安倍は木戸系である。内府の推薦があったのではないか。

石黒忠篤《ただあつ》氏が農商大臣となった。日本放送協会会長の下村宏氏が情報局総裁になった。法制局長官は村瀬直養《なおかい》氏である。村瀬氏は綜合計画局長官を兼任するようだが、このポストが秋永中将にまわるのであろう。一時期、綜合計画局長官のポストには美濃部洋次が坐るという情報もあった〉

そしてつぎのように締めくくったのであろう。〈新内閣親任式は今夜九時すぎになりましょう〉

近衛は富田健治、松平康昌、高村坂彦からこのような報告を受け取ったのであろう。昨日のうちに知ったことと大差はなく、希望がもてるような新事実はない。電話室から戻ってくる近衛の表情は冴えない。

志賀のほうも腑におちない。鈴木大将は取り巻きも子分ももたない。首相になりたいようなそぶりを示したこともないのだという。どうして首相になったのであろうか。

現在のこの危機は鈴木大将も百の承知のはずだ。敵の攻撃のテンポは飛躍的に速くなっている。三年会の集まりで、外相秘書官の加瀬俊一がテンポが速くなっていると喋るのを聞いてから、ほんとうにそのとおりだと直哉は思うようになっている。三年前、小さなガダルカナルの戦いは半年にわたってつづいた。そしてそのとき戦場はそこだけだった。ところが、いまはフィリピンの戦いが終わらないうちに、敵は沖縄に上陸してしまう。三カ月のあいだをおくだけだ。

しかもそのあいだに敵は日本本土への空襲を開始した。日本中のすべての都市が灰になってしまうのに、半年はかからないであろう。そして食糧だが、主食がどうやら足るのは半年あとの九月までだと三年会の三月三十日の集まりで聞いたばかりだ。

日本は万策つきようとしているのではないか。鈴木大将はこの戦争を終結させる決意で首相となったのではないか。

直哉は近衛に尋ねた。「この内閣で戦いは終わりになるのではないのですか[21]」

近衛はすぐに答えなかったのであろう。二日前に大船駅の車中で考えたことがかれの脳裡にふたたび浮かんだのではないか。昨年七月、東条内閣の打倒に先立ち、重臣たちと協議し、連合艦隊が潰滅したときには、戦いをやめねばならないとの合意を得た。東条内閣は倒れた。ところが、連合艦隊が全滅してしまう直前に、海軍は大勝利したと嘘をついて、私の構想を潰してしまった。そこで今年二月の重臣たちの上奏に先立ち、私は重臣たちに向かい、本土の戦いをやってはならない、そのような致命的な愚行を犯してはならないと説き、皆の賛成を得た。だが、私を除いて、牧野伸顕、岡田啓介、若槻礼次郎、平沼騏一郎のうちのだれひとり、本土の戦いをしてはならないと天皇に申し上げようとしなかった。かれらがそれを上奏していたら、情勢は大きく変わったにちがいない。多数派の重臣と内大臣は新首相に向かって、新内閣がやらねばならないことを告げることになったはずだ。

近衛はゆっくりと顔を横に振り、志賀に向かって言った。「鈴木大将は早々に陸軍の要求を容れてしまいました。本土決戦を認めてしまいました」

大和と名発の終焉

海軍省庁舎内の軍務局員の部屋には、まだ局員が残っている。組閣の状況を語る者はもはやいないのであろう。かれらの脳裡に思い浮かぶのは今日の午後三時に入ったニュースである。大和の沈没を告げたものだった。大和は沖縄に到達することなく、嘉手納《かでな》沖に突入することなく、屋久島のはるか西方の海上で沈められてしまった。

それを聞いて、動転する者はいなかった。五時間たったいまもいない。ミッドウェー海戦で、赤城、加賀、蒼龍、飛龍の四隻の空母が失われたと聞いたときには、海軍省内のだれもがしばらく信じることができなかった。間違いのない事実と知って、ある者は体が震え、ある者は顔が火照《ほて》った。そしてマリアナ沖海戦で、大鳳と瑞鶴を失ったとの悲報を耳にしたときには、だれも足元が崩れ落ちるような思いとなった。今日はそんな眩暈《めまい》がするような衝撃はない。あるのは悲しみと悔しさである。

力と威厳にみちた世界最大の戦艦はとうとうお披露目の機会なしに、輝かしい戦果をただの一回もあげることができないまま、伊藤整一中将をはじめとする二千七百人以上の乗組員と巡洋艦矢矧《やはぎ》と二隻の駆逐艦の乗組員一千人近くとともに、深い海底に永遠の眠りについてしまった。明日はともかく、明後日にはその事実を発表しなければならないが、戦艦と巡洋艦、駆逐艦の沈没と述べるだけのことになろう。

海軍軍務局員たちはこんな具合に考えている。戦闘旗を掲げた軍艦が出撃することはもはやこのさき永久にないのだと思えば、だれもが互いに話し合う元気もない。

そしてもうひとつ、べつの悪いニュースが入っている。その情報は市谷台にも届いている。陸軍幹部にとっては、ソ連が日ソ中立条約の不延長を告げてきたのにつづく凶報である。

とうとう名発がやられてしまった。関東では防空戦闘機が懸命に戦い、中島飛行機武蔵製作所の被害はそれほど大きくなかった。ところが、三菱重工業名古屋発動機製作所は致命的な損害を受けた。八回目の今日の敵の目標照準は正確だった。六百発を超す爆弾が名発の構内で爆発した。(22) 工場の全機能は麻痺してしまった。ジェット・エンジンをつくろうとしていた試作工場も潰滅してしまった。


高見順と妻の秋子、友人の画家の三雲祥之助《みくもしょうのすけ》の三人が北鎌倉駅の近くを歩いている。星空だが、月はない。足元は真っ暗だから、縦に一列に並んで歩き、前にだす足は摺《す》り足である。極楽寺に住む中山義秀の家からの帰りである。高見と同じく、中山も小説家である。かれから蓼科への疎開を誘われたのだが、そんな田舎に引っ込んで、生活できるあてがないから、断りに行ってきたのだった。江ノ電の終電には間に合ったが、鎌倉駅九時四十七分発の東京行きの横須賀線の終電車に乗りそこない、鎌倉から北鎌倉まで夜道を歩いてきたのである。

互いの足音が聞こえるだけの真夜中の静寂のなかで、どこからか声が聞こえてきた。ラジオである。空襲を告げる声とはちがう。ラジオ放送は九時のニュースが最後のはずだから、いまごろなにごとかと三人は足をとめた。大臣の官職名と大臣の名前が聞こえてくる。親任式が終わって、新内閣の顔ぶれを発表する臨時ニュースである。[23] ひっそりと静まり返った暗闇のなかで、米内光政、豊田貞次郎、桜井兵五郎、左近司政三、下村宏といった名前がつづく。三人は黙って歩きはじめた。

（第4巻、了）

引用出典及び註

(1) 特に重要と思われるものについてのみ出典を明記した。
(2) 引用中の旧仮名は新仮名に改めた。また、読みやすさを考慮し、表記を改めたり、言葉を補ったりした場合がある。
(3) 「木戸幸一日記」「天羽英二日記」等、文中で出典が明らかなものは、初出のみ採用した。
(4) 同一資料が二度以上出てくる場合は、発行所及び発行年度は初出だけにとどめた。

15　徳川慶喜の影

(1) 伊藤隆ほか編〈沢本頼雄海軍次官日記〉「中央公論」昭六三・一月号　四五二頁
(2) 「鏑木清方文集2」白鳳社　昭五四　八八頁
(3) 鏑木清方「続こしかたの記」中央公論美術出版　昭四二　三三〇頁
(4) 小泉信三「今の日本」慶友社　昭二五　二六二頁
(5) 「河田烈自叙伝」昭四〇　一五八頁
(6) 「ひびや・東京都立日比谷図書館報」第五巻第六号　一〇—一一頁
(7) 小泉策太郎「懐往時談」中央公論社　昭一〇　四七八頁
(8) 「河田烈自叙伝」一三八頁
(9) 正岡容「寄席恋慕帖」日本古書通信社　昭四六　一二〇頁
(10) 「渦の中・賀屋興宣遺稿」昭五四　三二一頁
(11) 「岡本綺堂戯曲選集8」青蛙房　昭三四　八八頁
(12) 「日本経済新聞」昭五九・三・一一
(13) 渋沢敬三「犬歩当棒録」角川書店　昭三六　一三三頁
(14) 渋沢栄一「徳川慶喜公伝　巻一」龍門社　大正六　一八—一九頁
(15) 渋沢雅英「父・渋沢敬三」実業之日本社　昭四六　三四頁
(16) 大内兵衛「経済学五十年」東京大学出版会　昭三五　三一九頁
(17) 田中惣五郎〈近衛と慶喜〉「革新」昭一四・八月号　二五四頁
(18) 有馬頼寧「友人近衛」弘文堂　昭二三　二八頁
(19) 富塚清「ある科学者の戦中日記」中央公

論社　昭五一　九一頁
(20) 山本有三「濁流」毎日新聞社　昭四九　三一頁
(21) アーネスト・サトウ、塩尻江市訳「幕末維新回想記」日本評論社　昭一八　一二頁
(22) 山本有三「濁流」五一頁
(23) 「近衛日記」共同通信社開発局　昭四三　三三―三四頁
(24) 「近衛日記」四九頁
(25) 「郡山市史　第十巻」郡山市　昭四九　二七五頁
(26) 塩野入万作編集・発行「学童疎開の記録」昭四六　一二三頁

16　組閣人事㈠

(1) 岡田啓介「岡田啓介回顧録」毎日新聞社　昭二五　二三五頁
(2) 江藤淳監修・栗原健・波多野澄雄編「終戦工作の記録　下」講談社　昭六一　三三頁
(3) 額田坦「陸軍省人事局長の回想」芙蓉書房　昭五二　一八二頁
(4) 「戦史叢書　大本営陸軍部⑽」朝雲新聞社　昭五〇　一四二頁
(5) 小磯国昭「葛山鴻爪」小磯国昭自叙伝刊行会　昭三八　八三〇頁
(6) 「岡本伝之助随想録」株式会社さいか屋　昭五九　一〇七頁
(7) 「木戸幸一日記　下巻」東京大学出版会　昭四一　一八八頁
(8) 「海軍航空概史」朝雲新聞社　昭五一　四一四頁
(9) 「戦史叢書　大本営海軍部・連合艦隊⑺」朝雲新聞社　昭五一　三八三頁
(10) 庭田尚三〈建艦秘話10〉「船の科学」昭三九・一一月号　一〇五頁
(11) 「回想の百年史」三菱重工業株式会社長崎造船所　昭五〇　四四二頁
(12) 「三菱長船　電気ものがたり」三菱重工業株式会社長崎造船所　昭五二　一二六頁
(13) 「東京芝浦電気85年史」昭三七　七三二頁
(14) 上原正稔訳編「沖縄戦アメリカ軍戦時記録」三一書房　昭六一　五一頁
(15) 原田熊雄「西園寺公と政局　第四巻」岩波書店　昭二六　三五九頁
(16) 「木戸幸一日記　下巻」八一九頁

(17)「木戸幸一日記　下巻」八一二頁
(18)「木戸幸一日記　下巻」八二三頁
(19)野村実「天皇・伏見宮と日本海軍」文藝春秋　昭六三　一六六頁
(20)「豊田貞次郎回想録」日本ウジミナス株式会社　昭三七　一四三頁
(21)「木戸幸一日記　下巻」八二三頁
(22)「木戸幸一日記　下巻」八九六頁
(23)「木戸幸一日記　下巻」八九六頁
(24)野村実「天皇・伏見宮と日本海軍」一七六頁
(25)「海軍大将小林躋造覚書」山川出版社　昭五六　九九頁
(26)「海軍大将小林躋造覚書」一〇〇頁
(27)「海軍大将小林躋造覚書」一〇一頁
(28)〈沢本頼雄海軍次官日記〉「中央公論」昭六三・一月号　四五〇頁、四六〇頁
(29)石川準吉「国家総動員史資料編　第八巻」国家総動員史刊行会　昭五四　七七三頁
(30)石川準吉「国家総動員史資料編　第八巻」七七四頁
(31)「矢部貞治日記」読売新聞社　昭四九　四五一頁
(32)伊藤隆「昭和十年代史断章」東京大学出版会　昭五六　一四四頁
(33)「矢部貞治日記」四五二頁
つけ加えるなら、高木惣吉は自分の回顧録のなかでは、昭和十六年八月から開戦までのあいだにかれ自身がやったことについては一言も触れていない。「私観太平洋戦争」（文藝春秋　昭四四）、また「自伝的日本海軍始末記」（光人社　昭四六）においても、かれがおこなった末次信正擁立工作、かれがアメリカとの戦争は不可避と考えていたことについての記述はない。
(34)「戦史叢書　大東亜戦争開戦経緯(4)」朝雲新聞社　昭四九　五二五頁
(35)馬淵逸雄が陸軍報道部長を解任されたいきさつについては、平櫛孝がつぎのように述べている（平櫛孝「大本営報道部」図書出版社　昭五五　二一頁）。
「昭和十六年九月一日、日比谷公会堂における関東大震災十九周年記念日の馬淵の講演は、『関東大震災で、十数万人が死んでいるが、その大部分は、二次災害の火災によるものである。現在、東京には消防自動車が百二十台しかない。もし、東京に関東

大震災級の火災または人災がおこったら、その被害たるや……』といったような主旨のもので、その卓見は驚くべきものがあったが、この講演会は中野正剛を主賓とする講演会で、馬淵がこのことを知ったのは会場に着いてからだった。東条英機と中野正剛の確執は当時周知の事実だった。馬淵は東条から『軍の報道部長が中野なんぞの講演会に出席して講演するとは何ごとか』と叱責された。こうして馬淵は、開戦前夜の日本の上層首脳の間を大きくひきさいていたクレバスに落ちこんで、その犠牲になった。

間もなく馬淵は、報道部長を追われ、朝鮮の連隊長に転出させられた。その送別の宴で報道部員・記者クラブの新聞記者を前にして『バカになれ。バカになることだ……』と叫びながら、中央を離れていった」

平櫛孝は昭和十六年に陸軍報道部に勤務していた。そのときかれは馬淵より十歳若く三十三歳だった。もっともかれが報道部員となったのは、馬淵が更迭されたあとのことだったから、かれの叙述はいずれもあとになってほかから聞いた話だったのであろう。

九月一日の馬淵の講演は日比谷公会堂でおこなわれたのではなく、神田共立講堂だった。馬淵は講演のはじめに関東大震災について語ったのかもしれないが、もちろん、講演の主旨はちがっていた。

また震災記念国民大会は中野正剛が主催したものではなかった。

馬淵が中野正剛の率いる東方会で演説したことはあった。海軍次官の沢本頼雄は九月十九日付の日記につぎのとおり記している。

「馬淵は東方会の演説会の際、壇上に軍服の儘にて坐し、警視庁も演説の内容の善悪に関せず、阻止し得ざりしと」

九月一日の講演につづき、馬淵は積極的に各地で主戦論を説いて回ったのであろう。なおつけ加えれば、昭和十六年九月に東条英機と中野正剛とのあいだにはなんの確執もなかった。

馬淵の運命を一年前に予測したのは山浦貫一だった。山浦が馬淵論を書いていたことは本文で述べたとおりだが、つぎのように書き加えている（山浦貫一「近衛時代の人物」高山書院　昭一五　三二四頁）。「情報部長とか報道部長とか云う役は極めて派手な存在である。馬淵や松村の談話は常に発表されるし、彼等の思惑は打てば響く如く内外に伝わる。陸軍大臣や総司令官より彼等の方が有名になる。それにいい気持になっていると胴上げをされた挙句、大地へ叩きつけられるような憂き目を見ないとは限らぬ」

(36)〈沢本頼雄海軍次官日記〉「中央公論」四八〇頁

(37)〈沢本頼雄海軍次官日記〉「中央公論」四六一頁

(38)〈沢本頼雄海軍次官日記〉「中央公論」四六二頁

(39)〈沢本頼雄海軍次官日記〉「中央公論」四五六頁

(40)　石川準吉「国家総動員史資料編　第八巻」七七八頁

(41)　沢本頼雄は昭和三十七年に記した〈大東亜戦争所見〉（「歴史と人物　増刊」昭五八　二七六頁）のなかで、昭和十六年十月十七日、東条内閣成立のとき、海軍大臣として豊田副武を推薦することを頑強に主張していたらどうであったかと記し、同年十月三十日、海軍大臣が開戦の決意を表明したとき、艦政本部長、航空本部長、海軍大臣とともに辞職を申し出たとしたら、海軍大臣の決心を変更せしめることはできなかったであろうかと述べた。

そしてつぎのように記した。「昭和十六年十月初旬海軍先輩の助力を得るため、海軍次官は岡田・米内両大将（既に予備役にて重臣待遇なりき）等を訪問し、その所見を求めたるところ、何れも平和手段を主唱せられ、自己の平和主義に確信を得たるも、その際更に大々的方途を講ずれば、或いは避戦に効果をもたらすこと可能なりしに非ざるか」

沢本は筆を抑え、岡田・米内にたいする批判を避けているが、重臣会議が開催できなかったことをかれが無念に思っていたのは、まちがいない事実だったのである。

(42)「戦史叢書　大東亜戦争開戦経緯(5)」朝雲新聞社　昭四九　一四一頁

(43)　内田信也「風雲五十年」実業之日本社　昭二六　二八八頁

(44) 「海軍大将小林躋造覚書」一〇五頁
(45) 松平康昌〈天皇・嵐の中の二十五年〉「文藝春秋」昭三〇・一月号 一〇一頁
矢部貞治の日記には、末次擁立運動をはじめるにあたっての記述があったあと、その運動がどうなったかについての記述はまったくない。矢部とかれの仲間をひどく失望させるなにかがあり、かれらはその運動を断念したのであろう。そのなにかとは内大臣秘書官長が語った言葉であったと思われる。じつは松平康昌のここに引用した発言は戦後になって矢次一夫に語ったものである。昭和十六年に松平が高木・天川グループの一員に語ったとしたのは、引用者の想像である。
(46) 「海軍大将小林躋造覚書」一〇二頁
(47) 「海軍大将小林躋造覚書」九一頁
(48) 田中申一「日本戦争経済秘史」同書刊行会 昭四九 八二—三頁
(49) 深井英五「枢密院重要議事覚書」岩波書店 昭二八 二〇七頁
(50) 〈沢本頼雄海軍次官日記〉「中央公論」四五六頁
(51) 〈大本営機密戦争日誌〉「歴史と人物」昭四六・一一月号 二九八頁
(52) 江藤淳ほか「終戦工作の記録 下」四四頁
(53) 日本国際政治学会編「太平洋戦争への道 第四巻」朝日新聞社 昭三八 一〇頁
(54) 江藤淳ほか「終戦工作の記録 下」四四頁
(55) 油橋重遠「戦時日ソ交渉小史」霞ヶ関出版 昭四九 一九五頁

17 組閣人事(二)

(1) 「高見順日記 第三巻」勁草書房 昭三九 三二五頁
(2) 渡辺洋二「本土防空戦」朝日ソノラマ 昭五七 三〇五頁
(3) 大木操「大木日記」朝日新聞社 昭四四 二八一頁
(4) 柳田国男「炭焼日記」修道社 昭四七 二二五頁
(5) 「東京大空襲時における消防隊の活躍」昭三二 二八二頁、「東京大空襲秘録写真集」雄鶏社 昭二八 一四八頁
(6) 中村隆英ほか編「現代史を創る人びと

(7)　(1)」毎日新聞社　昭四六　二五四頁
田中申一「日本戦争経済秘史」一七二頁
田中はつぎのように記している。かれはそのとき企画院調査官であり、物資動員計画を所管とする第四部の物動総務班にいた。
「十六年十月第三次近衛内閣総辞職寸前、企画院に対し、わが目を疑う次のような特別作業が突如総理―総裁の直接ルートで極秘裡に下命されたのである。
（特別作業命令）
(イ)　独伊両枢軸国ト断交シ、米国と友好関係ヲ回復ス。
(ロ)　従ッテ独伊期待物質ノ輸入ハ杜絶スルモ米国ヨリノ輸入ハ復活ス。
(ハ)　右状況下ニ於ケル国力ニ及ボス影響如何。
近衛総理が、米大統領ルーズベルトと太平洋上で両国の国交調整につき重要会談を行うらしいとの機密情報が乱れ飛んだその頃である」

つけ加えるなら、田中が近衛総理からの特別作業命令を十月に受け取ったと述べているのは、記憶違いであろう。その命令を受け取ったのは、首脳会談の開催を求めた近衛親書にルーズベルトの応諾の意向の表明があった直後のことであり、八月末か、九月はじめであったはずである。
(8)　行政機構改革案の作成がアメリカとの関係を正常化したあとの経済見通しの作成と関連した作業であったことは、林敬三氏の平成元年二月十七日の教示による。本文で述べたとおり、林氏は昭和十六年に企画院第一部第一課にいて、行政機構改革案をつくる作業に加わった。
(9)　中村隆英ほか編「現代史を創る人びと(1)」二五四頁
(10)　田辺治通伝記編纂会「田辺治通」逓信協会　昭二八　二六一頁
(11)　矢次一夫「矢次一夫対談集Ⅱ　昭和政界秘話」原書房　昭五六　八七頁
(12)　「日本経済新聞」昭五四・七・三〇
(13)　「矢部貞治日記」四六五頁
(14)　細川護貞「細川日記」中央公論社　昭五三　一三七頁
(15)　「日本経済新聞」昭五四・七・三〇
(16)　「矢部貞治日記」四六八頁
(17)　「日本経済新聞」昭五四・七・三〇
(18)　矢次一夫「昭和動乱史　下」経済往来社

昭四八　四六一頁
(19)「矢部貞治日記」七八七頁
(20)「志賀直哉全集　第七巻」岩波書店　昭四八　三〇七頁
(21)「志賀直哉全集　第七巻」三二六頁
(22)「往事茫々　第三巻」菱光会　昭四六二頁
(23)「高見順日記　第三巻」昭三九　三二六頁

＊本書は、一九九〇年に当社より刊行した著作を文庫化したものです。

草思社文庫

昭和二十年
第4巻 鈴木内閣の成立

2015年4月8日 第1刷発行

著　者 鳥居 民
発行者 藤田 博
発行所 株式会社 草思社
〒160-0022 東京都新宿区新宿 5-3-15
電話 03(4580)7680(編集)
03(4580)7676(営業)
http://www.soshisha.com/

本文印刷 株式会社 三陽社
付物印刷 日経印刷 株式会社
製本所 大口製本印刷 株式会社
本体表紙デザイン 間村俊一

ISBN978-4-7942-2124-7 Printed in Japan

鳥居民著　昭和二十年　シリーズ13巻

第1巻　重臣たちの動き ☆

1月1日〜2月10日

米軍は比島を進撃、本土は空襲にさらされ、日本は風前の灯に。近衛、東条、木戸は正月をどう迎え、戦況をどう考えたか。

第2巻　崩壊の兆し ☆

2月13日〜3月19日

三菱の航空機工場への空襲と工場疎開、降雪に苦しむ東北の石炭輸送、本土決戦への陸軍の会議、忍び寄る崩壊の兆しを描く。

第3巻　小磯内閣の倒壊 ☆

3月20日〜4月4日

内閣は繆斌工作をめぐり対立、倒閣へと向かう。マルクス主義者の動向、硫黄島の戦い、岸信介の暗躍等、転機の3月を描く。

第4巻　鈴木内閣の成立 ☆

4月5日〜4月7日

誰もが徳川の滅亡と慶喜の運命を今の日本と重ね合わせる。開戦時の海軍の弱腰はなぜか。組閣人事で奔走する要人たちの4月を描く。

第5巻　女学生の勤労動員と学童疎開

4月15日

戦争末期の高女生・国民学校生の工場や疎開地での日常を描く。風船爆弾、熱線追尾爆弾など特殊兵器の開発にも触れる。

第6巻　首都防空戦と新兵器の開発

4月19日〜5月1日

厚木航空隊の若き飛行機乗りの奮戦。電波兵器、ロケット兵器、人造石油、松根油等の技術開発の状況も描く。

第7巻　東京の焼尽

5月10日〜5月25日

対ソ工作をめぐり最高戦争指導会議で激論が交わされるなか帝都は無差別爆撃で焼き尽くされる。市民の恐怖の一夜を描く。

第8巻　横浜の壊滅

5月26日〜5月30日

帝都に続き横浜も灰燼に帰す。木戸を内大臣の座から逐おうとするなど、戦争終結を見据えた政府・軍首脳の動きを描く。

第9巻　国力の現状と民心の動向

5月31日〜6月8日

資源の危機的状況を明らかにした「国力の現状」の作成過程を詳細にたどる。木戸幸一は初めて終戦計画をつくる。

第10巻　天皇は決意する

6月9日

天皇をめぐる問題に悩む要人たち。その天皇の日常と言動を通して、さらに態度決定の仕組みから、戦争終結への経緯の核心に迫る。

第11巻　本土決戦への特攻戦備

6月9日〜6月13日

本土決戦に向けた特攻戦備の実情を明らかにする。グルーによる和平の動きに内閣、宮廷は応えることができるのか。

第12巻　木戸幸一の選択

6月14日

ハワイ攻撃9日前、山本五十六と高松宮はアメリカとの戦いを避けようとした。隠されていた真実とこれまでの木戸の妨害を描く。

第13巻　さつま芋の恩恵

7月1日〜7月2日

高松宮邸で、南太平洋の島々で、飢えをしのぐためのさつま芋の栽培が行われている。対ソ交渉は遅々として進まない。

☆は既刊。以降、各偶数月に1巻ずつ刊行予定。

草思社文庫既刊

鳥居 民
毛沢東 五つの戦争

朝鮮戦争から文革まで、毛沢東が行なった五つの「戦争」を分析し、戦いの背後に潜む共産党中国の奇怪な行動原理を驚くべき精度で解明する。いまなお鋭い輝きを放つ鳥居民氏処女作、待望の文庫化！

鳥居 民
「反日」で生きのびる中国

中国各地で渦巻く反日運動——その源流は95年以降の江沢民の愛国主義教育に遡る。中国の若者に刷り込まれた日本人への憎悪と、日本政府やメディアの無作為。日本人が知らない戦慄の真実が明かされる。

鳥居 民
原爆を投下するまで日本を降伏させるな

なぜ、トルーマン大統領は無警告の原爆投下を命じたのか。なぜ、あの日でなければならなかったのか。大統領と国務長官のひそかな計画の核心に大胆な推論を加え、真相に迫った話題の書。